THE PRESENTATION OF SELF IN EVERYDAY LIFE

〔美〕欧文·戈夫曼 著
（Erving Goffman）

冯钢 译

日常生活中的自我呈现

（中译本第二版）

北京大学出版社
PEKING UNIVERSITY PRESS

著作权合同登记号　图字：01-2007-4597

图书在版编目(CIP)数据

日常生活中的自我呈现：中译本 /（美）欧文·戈夫曼（Erving Goffman）著；冯钢译. -- 2版. -- 北京：北京大学出版社，2025.4.（戈夫曼文集）. -- ISBN 978-7-301-36068-2

I. C912.1

中国国家版本馆CIP数据核字第2025EX0630号

The Presentation of Self in Everyday Life
Copyright © 1959 by Erving Goffman
ALL RIGHTS RESERVED
FIRST ANCHOR BOOKS EDITION：1959
PUBLISHED BY DOUBLEDAY

This edition published by arrangement with Doubleday, an imprint of The Knopf Doubleday Publishing Group, a division of Penguin Random House LLC.

书　　　名	日常生活中的自我呈现(中译本第二版) RICHANG SHENGHUO ZHONG DE ZIWO CHENGXIAN (ZHONGYIBEN DI-ER BAN)
著作责任者	〔美〕欧文·戈夫曼(Erving Goffman)　著　冯　钢　译
策划编辑	周丽锦
责任编辑	武　岳
标准书号	ISBN 978-7-301-36068-2
出版发行	北京大学出版社
地　　址	北京市海淀区成府路205号　100871
网　　址	http://www.pup.cn
新浪微博	@北京大学出版社　　@未名社科-北大图书
微信公众号	北京大学出版社　　北大出版社社科图书
电子邮箱	编辑部 ss@pup.cn　　总编室 zpup@pup.cn
电　　话	邮购部 010-62752015　　发行部 010-62750672 编辑部 010-62753121
印　刷　者	大厂回族自治县彩虹印刷有限公司
经　销　者	新华书店
	650毫米×980毫米　16开本　20.5印张　232千字 2008年4月第1版 2025年4月第2版　2025年4月第1次印刷
定　　价	69.00元

未经许可，不得以任何方式复制或抄袭本书之部分或全部内容。
版权所有，侵权必究
举报电话：010-62752024　电子邮箱：fd@pup.cn
图书如有印装质量问题，请与出版部联系，电话：010-62756370

导　读

这世界，其实就是一场婚礼[*]

周晓虹[**]

在社会心理学的理论溯源中，社会角色理论和符号互动论经常被置于同一种智力框架之下讨论。众所周知，在社会学和社会心理学中，角色概念直接的创用者是乔治·米德（George Mead）和罗伯特·帕克（Robert Park）[①]，而意念则借自戏剧舞台，当然这并非一种牵强的比附。人类将社会生活编成戏剧搬上舞台，舞台成了生活的缩影，而生活又何尝不是一个无墙的大舞台？最早察觉社会舞台与戏剧舞台之间的内在联系，并将其用明确的语言

---

[*] 本导读部分内容刊于《社会学评论》2024年第4期。

[**] 周晓虹，南京大学人文社会科学资深教授，曾任中国社会学会副会长（2014—2020）、中国社会心理学会会长（2014—2016）。

[①] 当然，我们只是从最为直接的意义上说，米德和帕克是角色或社会角色这一概念的创用者。事实上，在一众社会学大师的早期论述中，都可以发现这一概念的理论雏形。比如，埃米尔·涂尔干（Émile Durkheim）在《自杀论》中论述过"失范"行为、在《宗教生活的基本形式》中论述过道德行为，这都是以对角色的遵从或偏离为依据的；马克斯·韦伯（Max Weber）在科层制中对组织角色也有论述，而他对"天职"（calling）或职业的论述也触及职业角色的问题。同样，格奥尔格·齐美尔（Georg Simmel）也一样讨论过"职业"概念，"这是作为角色理论渊薮的另一智力来源"。（Sheldon Stryker and Anne Statham, "Symbolic Interaction and Role Theory," in Gardner Lindzey and Elliot Aronson, eds., *Handbook of Social Psychology*, Vol. 1, 3rd ed., Random House, 1985, p. 332.）

表达出来的是英国戏剧家威廉·莎士比亚（William Shakespeare）。莎士比亚在《皆大欢喜》中写下了这样一段著名台词：

> 全世界是一个舞台，
>
> 所有的男男女女不过是一些演员；
>
> 他们都有下场的时候，
>
> 也都有上场的时候。
>
> 一个人一生中扮演着好几个角色……①

这样的比喻之所以能够为人们普遍接受，并成为20世纪符号互动论者建构社会角色论的基石，根本在于社会与舞台、社会中的人与舞台上的演员有着惊人的相似之处："演员在舞台上有明确的角色，社会中的行动者也占据明确的地位；演员必须按照写好的剧本去演戏，行动者在社会中也要遵守规范；演员必须听从导演的命令，行动者也必须服从权势之人或大人物的摆布；演员在台上必须对彼此的演出做出相应的反应，社会成员也必须调整各自的反应以适应对方；演员必须与观众呼应，行动者也必须扮演各种不同的观众或'一般他人'和概念化的角色；技能不同的演员赋予角色以独特的解释意义，行动者也由于各自不同的自我概念和角色扮演技巧而拥有独特的互动方式。"②

---

① 莎士比亚：《莎士比亚全集》第2卷，朱生豪等译，人民文学出版社1994年版，第139页。

② 乔纳森·H. 特纳：《社会学理论的结构》，吴曲辉等译，浙江人民出版社1987年版，第430页。

尽管角色论将社会中的人与舞台上的演员加以比附的思想由来已久，并成了超出专业范围而为普通大众知晓的少数社会学与社会心理学理论之一，"但是正是欧文·戈夫曼（Erving Goffman，1922—1982）才把这种极为模糊的比拟转变成一种强有力的戏剧分析观点"。"尽管戈夫曼在许多方面丰富了社会心理学和微观社会学，但他通过对戏剧学模式的精心构造而发展出的角色理论，才是他最标新立异又至为重要的贡献。"① 戈夫曼以自己独特新奇的研究方法，向人们证实了上述自莎士比亚起，虽一再得到重复但未能获得深刻阐述的观点：人生是个大舞台，我们每个人只是这个舞台上的一名演员。

一、戈夫曼的另类生命史，或一种加密版传记的解读

首次系统阐述"人生是个大舞台"观点的著作，是戈夫曼1956年出版的《日常生活中的自我呈现》。该书是在这样两项研究的基础上形成的：其一是戈夫曼为了撰写博士论文，在英国北部苏格兰地区的设得兰群岛中的安斯特岛（Unst）进行的为期18个月的社区生活调查②，在这项调查的基础上戈夫曼写成了题为《一个岛屿社区的沟通行为》③的博士论文；其二是博士毕业后，

---

① Lewis A. Coser, *Masters of Sociological Thought: Ideas in Historical and Social Context*, 2nd ed., Rawat Publications, 2001, p. 576.
② Philip Manning, *Erving Goffman and Modern Sociology*, Polity Press, 1992, p. 7.
③ Erving Goffman, "Communication Conduct in an Island Community"（未发表的博士论文，芝加哥大学社会学系，1953年）.

戈夫曼在芝加哥大学教授爱德华·希尔斯（Edward A. Shils）的指导下从事的社会分层研究。这两项研究引发了戈夫曼对微观社会过程的兴趣，也为他描述人们在日常生活中的面对面互动提供了丰富的细节。

　　实事求是地说，戈夫曼对微观社会过程的研究兴趣及其不同凡响的成功，并非完全得自上述两项实地调查，还得自他独特的另类生命史和在芝加哥大学社会学系所受的系统训练。尽管戈夫曼生前就谨慎地保护自己的个人信息，讲演时禁止人们录音和拍照，甚至在生前就封存了自己的档案，只希望他人根据自己的出版物来评价自己，[①] 但他的成功依旧引发了人们极大的兴趣。其实，《第二个芝加哥学派？——战后美国社会学的发展》（*A Second Chicago School? – The Development of a Postwar American Sociology*）的主编加里·艾伦·法恩（Gary Alan Fine）早在20世纪60年代与戈夫曼在宾夕法尼亚州立大学共事时，就曾因这种兴趣提议借自己的婚礼进行一场参与者观察研究，并与戈夫曼共同完成一份自我民族志。本来，这一提议与戈夫曼的名言"这世界，其实就是一场婚礼"（the world, in truth, is a wedding）[②] 无比契合，但却因戈夫曼笃信"只有傻瓜才研究自己的生活"[③] 而不幸夭折。不

---

① Yves Winkin, "Erving Goffman: What Is a Life? The Uneasy Making of Intellectual Biography," in Greg Smith, ed., *Goffman and Social Organization: Studies in Sociological Legacy*, Routledge, 1999, pp. 19–41.

② Erving Goffman, *The Presentation of Self in Everyday Life*, Doubleday, 1959, p. 36.

③ Dmitri N. Shalin, "Interfacing Biography, Theory and History: The Case of Erving Goffman," *Symbolic Interaction*, Vol. 37, No. 1, 2014, pp. 2–40.

过,作为社会心理学大师,戈夫曼应该懂得,一个人越是掩饰自己,他人的窥视欲望就会越强。戈夫曼去世30多年后,德米特里·沙林(Dmitri N. Shalin)在查阅了大量档案后说:"戈夫曼的大部分作品都是(他的)加密版传记,他的社会学想象力来自其个人经历,而他的智力生涯中的那些关键转折无一不反映了他的人生轨迹和自我更新的尝试。"①

1922年,欧文·戈夫曼出生于加拿大艾伯塔省曼维尔的一个乌克兰犹太移民家庭。20世纪初其父母跟随俄罗斯移民大潮抵达加拿大。戈夫曼出生后其父在曼维尔的商店破产,仓促间逃往曼尼托巴省西部的小镇多芬,开了一间成衣店,同时出入曼尼托巴省温尼伯证券交易所,并因此致富。聪明早慧的戈夫曼虽与自己的犹太血统刻意保持距离,但他既热爱科学,也喜欢戏剧。戈夫曼对戏剧的爱好有家族背景,他的母亲曾业余出演话剧,大他三岁的姐姐弗朗西丝·戈夫曼-贝(Frances Goffman-Bay)长大后成了演员,而他自己在高中时代也出演过《哈姆雷特》。因为中学时代就爱好化学实验,1939年戈夫曼考入曼尼托巴大学主修化学,但三年后离开,前往渥太华的加拿大国家电影局工作,同时因认识了社会学家丹尼斯·朗(Dennis Wrong)而对社会学产生兴趣,于1945年获得多伦多大学社会学和人类学学士学位,并在帕克的弟子埃弗里特·休斯(Everett Hughes)的劝说下,考入芝加哥大学社会

---

① Dmitri N. Shalin, "Interfacing Biography, Theory and History: The Case of Erving Goffman," *Symbolic Interaction*, Vol. 37, No. 1, 2014, pp. 2-40.

学系攻读博士学位。此后，虽然戈夫曼在定量课程上成绩不佳，但他思维敏捷，很快成为芝加哥大学"社会学系的明星学生"。①

1945年，戈夫曼移居美国时，尽管芝加哥社会学派的影响在以塔尔科特·帕森斯（Talcott Parsons）、罗伯特·默顿（Robert Merton）为代表的结构功能主义的冲击下已远不如从前，但当时在芝加哥大学执教的赫伯特·布鲁默（Herbert Blumer）、希尔斯、休斯以及整个社会学系还是以其独特的魅力，吸引了年轻的戈夫曼。其实，稍后一点吸引戈夫曼的还有晚他一年进入芝大的安杰莉卡·乔特（Angelica S. Choate）。戈夫曼与出身波士顿显赫世家的乔特小姐于1952年结成秦晋之好，多年以后还被好事者用来揣测"地位意识、争强好胜和'凤凰男'（social climber）所面临的丢面子这类危险，是如何成为戈夫曼作品的基本主题的"②。不过，1949年戈夫曼动身前往刚刚建立社会人类学系的爱丁堡大学，并转道前往设得兰群岛研究当地居民的沟通行为，其背后的原因却是他的前女友此时正好赴伦敦政治经济学院（LSE）任教。后来两人鸾凤分飞、一别两宽，但戈夫曼毕竟在设得兰群岛最北端的安斯特岛的巴尔塔桑德（Baltasound）社区完成了自己的田野研究。

如果考虑到这段未修成正果的恋情在戈夫曼的研究中所起的不容小觑的作用，你就自然会联想到另一段十分相似但更为惊世的恋情也曾以同样的方式发生在地处伦敦市中心的LSE：从波兰

---

① Philip Manning, *Erving Goffman and Modern Sociology*, Polity Press, 1992, p. 3.
② Dmitri N. Shalin, "Interfacing Biography, Theory and History: The Case of Erving Goffman," *Symbolic Interaction*, Vol. 37, No. 1, 2014, pp. 2-40.

雅盖隆大学获得物理学博士学位后跑到德国莱比锡的马林诺夫斯基（B. K. Malinowski）在1910年发现，"他真正的职业不是物理，而是民族学；不是物理化学，而是社会学"①，而此时恰逢他两年前曾努力压抑的一段不可遏止的恋情的主角——比他大10岁的寡妇安妮去了伦敦。马林诺夫斯基尾随至伦敦，并因此在LSE攻读人类学博士学位。尽管两段恋情都无疾而终，但男主角们都留下了到今天仍有人捧读的名作。

因为第一次世界大战期间往返英伦不易，也因为民族志研究对田野工作的时间及次数要求严苛，马林诺夫斯基在当时由澳大利亚托管的新几内亚滞留达六年之久（尽管其间他多次往返于墨尔本和特罗布里恩德群岛之间）。相比之下，社会学给予了戈夫曼更大的自由，在巴尔塔桑德社区断断续续待了一年半后，1952年，戈夫曼在巴黎与乔特小姐共度浪漫蜜月期间，完成了自己的博士学位论文。

1953年，在系主任休斯的力挺下，戈夫曼获得芝加哥大学博士学位。随后，因为无法获得终身教职，他先为希尔斯的社会分层项目短期打工，然后在华盛顿美国国家心理健康研究所社会环境研究实验室度过了研究生涯的最初三年（1954—1957），这为他后来撰写涉及精神病人的两本著作《精神病院》（1961）和《污名》（1963）奠定了基础。而布鲁默在几年前竞争芝加哥大学社会学系

---

① 迈克尔·扬：《马林诺夫斯基——一位人类学家的奥德赛，1884—1920》，宋奕、宋红娟、迟帅译，北京大学出版社2013年版，第150页。

主任职位时受挫，但在转入加州大学伯克利分校后却如日中天。在他的邀请下，1957年戈夫曼重返社会学界①，并于第二年晋升加州大学伯克利分校社会学系副教授。虽然包括布鲁默本人在内，诸多同事对其提名并非没有犹豫，但戈夫曼获得了同校人类学家戴维·施耐德（David Schneider）的鼎力支持。施耐德强调，不仅在著述数量上欧美学界无人能与戈夫曼匹敌，就是在智力水平上也难有人能与之相提并论。② 1961年，戈夫曼顺利晋升教授。

晋升副教授后的一段时光，戈夫曼一直讳莫如深。1959年，戈夫曼请了一年学术假去"赌城"拉斯维加斯，申请担任赌场发牌员，借此将赌场作为自己新的研究田野。尽管戈夫曼深信"赌博是（各类）行为的原因"③，但其本人对赌场的兴趣恐怕并非仅限于田野研究那么简单。在《交互性传记：理论和历史——戈夫曼的案例》一文中，德米特里·沙林在细数包括戈夫曼的父亲、叔叔在内的整个家族对赌博的兴趣后写道："相对来说，戈夫曼对赌场社会学的兴趣是比较新的，但他个人对赌博的参与则大有时

---

① 在菲利普·曼宁（Philip Manning）撰写的《欧文·戈夫曼与现代社会学》中，戈夫曼赴加州大学伯克利分校的时间被写成1961年（Philip Manning, *Erving Goffman and Modern Sociology*, Polity Press, 1992, p. 4），但经德米特里·沙林考证，这个日期应为1957年（Dmitri N. Shalin, "Interfacing Biography, Theory and History: The Case of Erving Goffman," *Symbolic Interaction*, Vol. 37, No. 1, 2014, pp. 2-40）。考虑到1959年戈夫曼还在拉斯维加斯赌场当发牌员的一段经历，沙林的考证似乎更为可靠，而1961年应是戈夫曼晋升教授的时间。

② Dmitri N. Shalin, "Interfacing Biography, Theory and History: The Case of Erving Goffman," *Symbolic Interaction*, Vol. 37, No. 1, 2014, pp. 2-40.

③ Erving Goffman, *Interaction Ritual: Essays on Face-to-Face Behavior*, Pantheon, 1982, p. 186.

日……戈夫曼谈到那些愿意将毕生积蓄押在一次赌注上的赌徒时（甚至）会流露出崇敬之情。"① 相比情场得意，戈夫曼在赌场的遭遇喜忧参半：虽然他打扑克时总是输——据同事回忆，他玩扑克时完全无法有效管理自己的表情（印象），换句话说，他摆不出来面无表情的"扑克脸"（poker face），但却擅长玩21点②这种需要"记忆和算法"的游戏，有一次甚至在一个周末赢了一辆红色捷豹（Jaguar）轿车回来。虽然充满争议，但可以确信，戈夫曼对赌场社会学的研究不仅催生了诸如"主要参与""次要参与""主导参与""从属参与"等社会学术语，也促进了他对越轨行为和社会控制的研究，而赌场上从不动声色到拼命一搏那些特定的互动情形还对这位社会学大师产生了不同凡响的影响。③

这样看来，戈夫曼的一生虽然写得很苦（所有成功者的"著述等身"，都是必然牺牲个人生活的偶然结果），玩得似乎也很

---

① Dmitri N. Shalin, "Interfacing Biography, Theory and History: The Case of Erving Goffman," *Symbolic Interaction*, Vol. 37, No. 1, 2014, pp. 2–40.

② 21点又名黑杰克（Black Jack），是源于法国的一种纸牌玩法，赌局常由2—6人参与，使用除了大小王之外的52张牌，游戏者的目标是使自己手中牌的点数之和不超过21点且尽量大。

③ 其实，即使在赌场上，从民俗学方法论的角度看，不同的人群或族群的思维方式也不同。以赌大小为例，三只骰子，掷出来的点数3—10为小，11—18为大。比如某些影视剧的桥段，一般来说，当某张赌桌连续出现5—6个同色（大为红色，小为黄色）时，马上赌徒云集，但不同的人出手方式却大相径庭。据说在澳门赌场，操普通话的内地人一般都押相反花色，逻辑是"概率"（其实，这依旧是误解了概率），但操粤语的人却大抵会继续押同一花色。内地人常常会疑惑地问那些操粤语的玩家，既然已经连续五六个大，为什么还押大。或答，大的气来了；或答，大的运来了；再或答，大的势来了！考虑到"气""运""势"皆为"泛灵论"或人文主义立场的表征，而讲求概率则是科学主义的表征，我们自然会想到，即便是在赌桌上人类也逃不脱这两种思维范式的羁绊。

"嗨"。据说，除了社会学著述外，他还喜欢写散文、迷恋烹饪、热衷股市，尤其是"从古玩中获得了极大乐趣——无论是寻找稀有的物品，还是与有同好者神侃"①，甚至不顾社会学系同仁的不快，执意将办公室选在人类学博物馆旁边。

1964年，妻子乔特因不堪长期的疾病困扰自杀后，戈夫曼动了离开伯克利前往美国东部的念头。1967年，他先在哈佛大学访问一年。1968年，为今天的加州大学伯克利分校镀上"造反"传统的学生运动风起云涌，最终促成戈夫曼决定转任宾夕法尼亚大学讲座教授。1981年，戈夫曼再婚，娶了社会语言学家吉莉恩·桑科夫（Gillian Sankoff）。1982年，福祸同降：喜的是桑科夫生下了日后同为社会学家的女儿爱丽丝·戈夫曼（Alice Goffman），声名大噪的戈夫曼也当选美国社会学协会主席；悲的是那时的戈夫曼已经病入膏肓，以致不能出席象征自己人生巅峰的会议。但是，戈夫曼用生命的余烬做了最后一次"布道"，他递交了堪称"绝响"的长篇讲演——《互动秩序》，不仅道出了自己一生的研究主题，而且呼吁人们"要保持一种汪洋恣意、不求喝彩的探索精神，秉持除了关注自身而绝不四下顾盼的智慧"②。当年年底，戈夫曼因胃癌恶化撒手西归，年仅60周岁。

---

① Allen D. Grimshaw, "Erving Goffman: A Personal Appreciation," *Language in Society*, Vol. 12, No. 1, 1983, pp. 147-148.

② Erving Goffman, "The Interaction Order: American Sociological Association, 1982 Presidential Address," *American Sociological Review*, Vol. 48, No. 1, 1983, pp. 1-17. 一直到生命的最后一刻，戈夫曼还在与人讨论如何将这篇在美国社会学协会上发表的主席就职讲演修改得尽善尽美。（参见 Allen D. Grimshaw, "Erving Goffman: A Personal Appreciation," *Language in Society*, Vol. 12, No. 1, 1983, pp. 147-148。）

二、 基于自我呈现描写寻常之序

戈夫曼一生著述等身。他的第一本著作就是在博士学位论文基础上修改而成的《日常生活中的自我呈现》(1956,1959),其后《精神病院》(1961)、《邂逅》(1961)、《公共场所的行为》(1963)、《污名》(1963)、《互动仪式》(1967)、《框架分析》(1974)、《性别广告》(1979)和《谈话的形式》(1981)等一系列著作相继问世,系统地建构了享誉社会学界的戏剧理论,而想到"戈夫曼的拟剧论,每个人都会想到印象整饰(impression management)①的例子"②。其实,《日常生活中的自我呈现》1956年在爱丁堡大学出版时波澜不惊;但1959年在美国出版的锚点(Anchor)版本,却为他赢得了巨大的声誉,到其去世前共售出60万本。③《美国社会学杂志》(*American Journal of Sociology*, *AJS*)和《美国社会学评论》(*American Sociological Review*, *ASR*)两本杂志更是毫不吝啬地称该书为"这一代人对社会心理学最睿智的贡献之一",人生"最精彩的华章,必须直接触摸才能感受其丰腴之美"。④

---

① "impression management"可以直译为印象管理,但我以为,社会心理学中通常的译法"印象整饰"更透露出人们在表演时对自我行为或形象的修饰意味。

② Philip Manning, "Goffman and Empirical Research," *Symbolic Interaction*, Vol. 39, No. 1, 2016, pp. 143-152.

③ Allen D. Grimshaw, "Erving Goffman: A Personal Appreciation," *Language in Society*, Vol. 12, No. 1, 1983, pp. 147-148.

④ 参见 Erving Goffman, *The Presentation of Self in Everyday Life*, Doubleday, 1959, 封面。

《日常生活中的自我呈现》一书的基本主题是：人们在社会互动过程中，是如何用各种复杂的方式在他人心目中塑造自己的形象的。戈夫曼认为，作为人生这个大舞台上的表演者，我们都十分关心如何在众多的观众（与我们互动的他人）面前塑造他人能够接受的形象。而要做到这一点，也像在舞台上一样，我们应把能为他人和社会所接受的形象在前台表演（performance）出来，而把他人和社会不能或难以接受的形象隐匿在后台。如果"'表演'一词指的是个体在持续面对一组特定的观察者时表现出的并对后者产生了某种影响的全部行动"的话，那么与此相关的"前台（front），就是个体在表演期间有意或无意使用的某种标准的表达性装置"①，是让观众看到并从中获得特定意义的情境场合，而后台（backstage）则是针对前台而言的，"相对于一个确定的表演，后场或后台可以被界定为这样一种地方，在那里表演所营造的印象理所当然地被故意否定掉"②。或者说，表演者在后台为前台表演做准备，掩饰在前台不能表演出来的东西。在后台，表演者可以得到放松、休息，以补偿在前台区域的紧张。此时，他们可以使用在前台所不能使用的动作和语言，"后台的语言包括直呼其名，共做决定，言语猥琐、含有公开的性内容，当面发牢骚或'吞云吐雾'，衣着随便，'横七竖八'地站或坐，使用土话或不太规矩的语言，嘀嘀咕咕或大声喧哗，举止轻率

---

① Erving Goffman, *The Presentation of Self in Everyday Life*, Doubleday, 1959, p. 22.
② Ibid., p. 112.

放肆、尽情胡闹……后台行为具有心理学家所谓'退行性'(regressive)的特征"①。

由于后台是相应于前台而言的,所以它并不是一个固定的地点。例如,相对于工作单位而言,人们回到家里便是退回到后台,在家里夫妻间吵嘴撒气都是正常的;但如果碰巧有客人来访,那么,门一打开,后台便成了前台,刚才还打得不可开交的夫妻不但会立即休战,而且会共同上演和睦恩爱的场景。戈夫曼认定社会行动者总是处在同他人交往的状态中,并且总是有意或无意地用某些技巧控制自己给人的印象,所以,在社会心理学中,人们又将他的"拟剧论"称为"印象整饰理论"。

前台和后台的划分,使得日常生活中的"表演一般都在有明确边界的区域内进行……通常还会加上时间的限制"②。如此一来,表演使得人们常常表现出假装作为,但有时又表现出假装不作为。就前者来说,不仅如戈夫曼所说,当管理者出现在车间里时,工头会提醒工人"赶紧干活","千万别让他看见你坐着";而且我们知道,在职场中对上司最大的尊敬是,哪怕他是在说些"废话",你也应该一本正经地在笔记本上"划拉"。而就后者来说,戈夫曼援引的一段对19世纪早期没落的上流社会家庭的日常生活的描述则颇为妥帖:

---

① Erving Goffman, *The Presentation of Self in Everyday Life*, Doubleday, 1959, p. 128.
② Ibid., p. 106.

上流社会的家庭有一种说法：女士们在晚餐后从不做任何正经的或有用的事情……因此，如果（有人来访时）女孩子们正忙于什么有用的活儿，她们就会立即将其塞到沙发底下，装出正在看书、画画、织毛衣，或者正在讲着什么轻松时髦话题的样子。①

戈夫曼以极其娴熟的技巧，从戏剧学中借用了全套术语来说明人们在日常生活中的社会互动。除了前台与后台外，最为核心也最为贴切的是他对"表演"的借用和描述。戈夫曼将人的表现分为两类：一是用各种语言符号或其替代物进行的明显的表达；二是通过广泛的行动流露出的隐含的意义。他认为，表演主要是指后一类表现，以及对这类表现加以控制或整饰的技巧。因为自然流露的意义虽是真实的，但未必是为他人所接受的，所以人们在互动中要造成某种印象的话，总少不了对这部分"未加控制"的流露进行控制。不过，自然的表演总是被施加了控制，又显得未加控制。控制的痕迹过重，也就是我们常常说的"做作"。戈夫曼对表演的理解是同他对角色的文化背景的考虑一致的。比如，他生动而形象地指出，由于我们文化中的性别角色刻板印象总是认为女不如男，所以聪明的女孩子为了维护其与男友的互动，往往会装得很笨：

---

① Erving Goffman, *The Presentation of Self in Everyday Life*, Doubleday, 1959, p. 111.

她们会听男友不厌其烦地向她们解释她们早已知道的东西，会向才智不如自己的男友隐瞒自己精通数学的天赋，也可能在最后关头输掉本已胜券在握的乒乓球赛。……这样一来，男性天生的优越感彰显无遗，而女性的孱弱角色也得到了确认。①

一直到多年以后，在《两性间的安排》一文中，戈夫曼还继续写道："性别即生物学"这一谬论根植于"根深蒂固的制度实践，其效果是将社会情境转化为两性性别主义的表演场景"。② 当然，此时的戈夫曼已经意识到了自己早年对男性气概的叙事多少具有性别歧视的倾向，但有关表演的解释既然一直还是他理论的核心概念，那么传统两性间的"双推磨"（对子戏）或我们即将讨论的由两人组成的"剧班"（夫妻）琴瑟和谐的演出，就必然是常备的剧目之一。戈夫曼敏锐地观察到，一对夫妻在面对熟悉程度不同的新老朋友时，相互间的角色扮演或作为剧班成员间的相互衬托是不一样的：在面对新朋友时，丈夫的支配地位是通过妻子的恭敬或中国人所谓的女性的"贤淑"体现出来的；但是，在老朋友面前，妻子的举手投足或"出演"就要率性得多。

"剧班"（team）或"表演剧班"，确实是《日常生活中的自我呈现》一书从戏剧学中成功借用的一个贴切的术语，它指的是

---

① Erving Goffman, *The Presentation of Self in Everyday Life*, Doubleday, 1959, p. 39.

② Erving Goffman, "The Arrangement between the Sexes," *Theory and Society*, Vol. 4, No. 3, 1977, pp. 301–331.

"合作出演同一剧目的任何一群人"①。在给出剧班的定义前,戈夫曼专门讨论了当局外人在场时,即使是熟客或是好友之间,也会公事公办地相互称呼,尤其是下级称呼上级。比如,在我们身边,这一点就有所体现:没有外人在场时,你可以对担任不同领导职务的同学、同事或好友直呼其名,以示熟悉甚至亲密,而一旦有外人介入,就会瞬间转称"×部长"或"×校长"……恭敬者和被尊称者彼此都理解和适应这种"转换"(这是从后台到前台的自然过程),用戈夫曼的语言来说,这是剧班成员间的一种共谋(collusion)或"约定"。②

在日常生活中,不消说常规剧班的合作演出随处可见,更值得注意的是,这些年来大规模的人口流动和受教育水平的提高让人们在不同程度上日益见多识广,原本由单个骗子施行的骗术失灵,于是骗子们也"与时俱进",发展成由规模不等的"剧班",共同上演一场场大剧。最简单的剧班由两人配合,一如东北的"二人转"或越剧和锡剧里的"双推磨":一方电话告诉你有违规行为或灾难有可能降临,再给你一个所谓公安或纪检部门的电话,你拨通后,对方煞有介事地告诉你这是某某部门,你该如何如何……当然最终免不了让你把钱打入某个账号"保存起来"。复杂的剧班有时需要即兴表演的天赋和严丝合缝的配合,稍有破

---

① Erving Goffman, *The Presentation of Self in Everyday Life*, Doubleday, 1959, p. 79.
② Ibid., p. 80.

绽即所谓"穿帮"就有可能翻船。①

剧班表演具有这样两个特点：（1）一个剧班的任何成员都有权放弃或破坏表演，因此，表演的成功与否有赖他们彼此间的配合；（2）如果一个剧班的成员必须通过合作在观众面前维持特定的情境定义，那么他们彼此间就很难保持这种特定的印象。显然，因为彼此熟知，要想在其他剧班成员面前维持"前台"的形象太难了。戈夫曼认为，不能将剧班视为个体表演者的简单相加，因为如果说个体表演者表现的只是自己的特征，那么剧班表现的则是成员间的关系和出演的剧目的特征（如一对夫妻表现的是他们的婚姻关系和家庭生活）。从这个意义上说，剧班的表演比个体表演更有价值，也更富技巧，因为它涉及剧班成员为共同表演一套常规剧目而进行的相互配合。

就《日常生活中的自我呈现》的主题来说，与其最为接近的应是戈夫曼在精神病院田野基础上写成的《污名》一书。② 如果说

---

① 记得有一年去香港，我在深圳黄田（现称宝安）机场坐大巴到罗湖附近，拎着行李刚刚下车准备过关，背后就有人喊"钱包掉了"。我本能地转过身，见一个男人拿着一个咖啡色的钱包迎面走来，因为我双手拿着行李腾不出手来摸口袋，那钱包又恰巧和我的同色（男人的钱包似乎只有两种颜色——黑色或咖啡色），于是我就驻足看了一眼：打开的皮夹里还有几张港币。因为我那时只有人民币，故判断这不是我的，但还没来得及反应，周围三四个男人就围拢上来。有人双臂张开做出围拢成圈的姿态，说了句"别吵，我们几个分了"。我脑子里倏地冒出戈夫曼的"剧班"概念，也想起北方人说的"托儿"，南方人称的"媒子"，于是大大方方地对这群人说："钱不多，你们分吧！"语毕，扬长而去。回头瞥了一眼，整个剧班的成员面面相觑。

② 尽管《污名》一书1963年才出版，但在戈夫曼结束圣伊丽莎白精神病院的田野研究后的第二年（1957），他就发表了4页纸的简本（summary version）。（参见 Erving Goffman, *Stigma: Notes on the Management of Spoiled Identity*, Prentice-Hall, Inc., 1963, p. 9。）

《日常生活中的自我呈现》一书讨论的是普通人在日常生活中通过对自我呈现进行整饰进而表现出的互动世界的正常之序,那么《污名》一书则关注的是两个彼此相关的另类群体——遭贬者(the discredited)和可能遭贬者(the discreditable)在背负"污名"的互动处境下,如何通过对污名的管理或整饰维持自我呈现的非常之道。

三、定性研究的情智考量

在符号互动论中,存在着芝加哥学派和艾奥瓦学派的差异,这一差异投射到角色论上则是过程角色论和结构角色论。前者的巨擘是布鲁默,后者的旗手则是曼福德·库恩(Manford Kuhn)。布鲁默主张用过程的观点看待人的行为,把自我看作"主我"和"客我"相互作用的过程,因此,在他看来,互动是在操演的过程中被建构或创造出来的;[①] 库恩则强调互动是被结构决定并释放出来的,因此互动的个体从根本上说受到自我态度和各种角色期望的支配。虽然布鲁默和库恩都对人类"大脑中的"东西感兴趣,都认为个体及其对情境的定义应成为社会学方法论的中心,但对于具体如何加以研究,他们的路径却大相径庭。布鲁默强调人类行为的选择性、创造性和非决定性,强调包括社会学在内的整个行为科学的独特性,认为人类行为的研究者应该进入行动者的世

---

① Herbert Blumer, "Sociological Implications of the Thought of George Herbert Mead," *The American Journal of Sociology*, Vol. 71, No. 5, 1966, pp. 535-544.

界,他们注意的中心是人的经验世界。从这样的立场出发,布鲁默原则上反对库恩提倡的操作主义定义,反对在社会心理学中采用测验、量表、实验等实证主义的研究方法:

> 通向经验有效性的道路并不存在于玩弄探讨方法之中,而存在于对经验世界的考察中。而要做到这一点,不能靠建立和解释骗人的理论,不能靠设计精巧的模式,不能靠追赶自然科学的先进程序,不能靠采用最新的数学或统计学方案,或创造新的概念,也不能靠发展精密的定量技术或坚持某种调查统计的规则。……需要的是走向经验的社会。①

基于此,布鲁默提出了由探索和检验组成的对社会现象直接考察的方式,并提倡使用生活史、自传、个案研究、日记、信件、非结构性访谈和参与观察等一系列人文主义的研究方法。就戈夫曼而言,他的研究及方法,在某种程度上是对芝加哥学派和艾奥瓦学派的兼容并蓄。具体地说,在对角色及角色间的互动的论述上,他是结构论者。他不仅从社会地位出发来界定角色,而且认为人们永远无法摆脱根据他人的期待来塑造自己行为的倾向。②

---

① Herbert Blumer, *Symbolic Interactionism: Perspective and Method*, University of California Press, 1986, p. 34.

② 英国社会心理学家彼得·兰特(Peter Lunt)和奈杰尔·沃伯顿(Nigel Warburton)曾提出该书不应名为 *The Presentation*(呈现)*of Self in Everyday Life*,而应名为 *The Performance*(表演/表现)*of Self in Everyday Life*,因为"自我呈现"这一概念似乎意味着,在我们进入社会之前,已有一个自我(self)。(参见彼得·兰特、奈杰尔·沃伯顿:《论戈夫曼》,席志武译,《美育学刊》2018 年第 2 期,第 69—73 页。)但如果你知道戈夫曼是一个结构角色论者,就会明白他为何选择 presentation 而不是 performance 了。

在戈夫曼那种使人感到"太透彻""过于冷静"的描述中,"人们永远被捆绑在印象整饰的伊克西翁之轮①上,永远被囚于情境的偶然性和决定性桎梏之中,我们不得不继续上演自己生活的悲喜剧,只要我们活着就必须持续这场演出"。②

戈夫曼卓尔不群的研究方法明显不同于结构论者如艾奥瓦学派的库恩提倡的科学主义的那一套。在这一点上,他凭自己的才情充分论证了布鲁默的非量化方法的合理性与有效性。几乎所有的社会学家在这一点上都达成了共识,那就是戈夫曼对自己的方法总是闪烁其词。他几乎不谈论方法,但却热衷于从报纸、偶然的观察和小说中收集各种资料。③ 据分析,戈夫曼的方法主要包括三类。(1)隐喻。他"直接将隐喻视为一种探究方式",比如戏剧的隐喻,在他看来这是"一种(开始)应该竖起来,但着眼于拆掉"④ 的脚手架。(2)非系统观察。戈夫曼提倡和齐美尔所提倡的相似的非系统的自然观察,尽管这对"可靠研究是一种嘲弄"。(3)系统观察。比如,他在设得兰群岛对农户的观察、在华盛顿圣伊丽莎白精神病院对病患的观察,以及在拉斯维加斯赌场对赌徒的观察。⑤ 这种反实证主义倾向的解释性社会学在第二次世界

---

① 在古希腊神话中,伊克西翁因欺男霸女,被宙斯打入地狱的底层,并捆绑在一个永远转动的火轮上。故人们用"伊克西翁之轮"(Ixion's Wheel)代表万劫不复的地狱。

② Lewis A. Coser, *Masters of Sociological Thought: Ideas in Historical and Social Context*, 2nd ed., Rawat Publications, 2001, p. 576.

③ Philip Manning, *Erving Goffman and Modern Sociology*, Polity Press, 1992, p. 142.

④ Erving Goffman, *The Presentation of Self in Everyday Life*, Doubleday, 1959, p. 254.

⑤ Philip Manning, *Erving Goffman and Modern Sociology*, Polity Press, 1992, pp. 141-155.

大战后的美国社会学界确实独树一帜。尽管戈夫曼的研究未运用精确的测量、结构式访谈和问卷调查，但他的敏锐观察和鞭辟入里的分析，使人不得不承认"在戈夫曼的著作中关于人类事件的报告比许多具有大量定量数据和统计分析的研究更富有客观性和真实性"[①]。

单以戈夫曼对个人生活史或生命史的使用来看，作为第二个芝加哥学派的代表人物，他从踏进社会学系的那天起，就深受威廉·托马斯（William Thomas）和弗洛里安·兹纳尼茨基（Florian Znaniecki）在《身处欧美的波兰农民》一书中对生活史的借用和生命轨迹的叙事的影响。并且从一开始，戈夫曼对个人生命史的考量就是双重的：一方面，他像其他定性研究者一样，除了常规的观察和访谈外，对日记、自传和信件等各种反映研究对象个人生命史的资料都十分关注，在《日常生活中的自我呈现》、《精神病院》和《污名》等一系列著作中，他大量使用了这类定性经验资料；另一方面，他和一般的定性研究者又不同，就像我们已经提及的那样，戈夫曼信手拈来的个人生命史资料大量来自其本人既丰富多彩又隐秘另类的私人生活。

对整个社会学界和读者来说，戈夫曼用不着掩饰的是，他对戏剧舞台及相关术语的娴熟借用，与他自己及整个家族对戏剧表演的酷爱不无关联。但是，戈夫曼不同程度地加以掩饰的是，他

---

① 雷蒙德·保罗·库佐尔特、艾迪斯·W. 金：《二十世纪社会思潮》，张向东等译，中国人民大学出版社1991年版，第394页。

之所以会关注污名现象，并将拟剧论成功地植入对污名者或潜在污名者日常行为的分析，与由一系列难以言说的种族、生理和个人遭遇带来的内心痛楚密切相关。首先，就种族来说，尽管晚了大半个世纪，时代已经发生了巨大变化，但犹太社会学家齐美尔当年遭受的污名化和歧视，对戈夫曼来说依旧是一种躲避不开的冷酷现实。他曾谈及，在自己的家乡小镇多芬，流行的是比希伯来语的象征地位低的意第绪语（Yiddish），如果谁换一种语言，"就会被怀疑是同性恋者"①。这多少说明，"犹太人的成长过程，对于那个后来将污名化带到社会学分析中心舞台的人来说，是一种污名化的经历"②。其次，就生理特征来说，戈夫曼在《污名》一书中列举了一系列美国男性应有的特征，包括是白人、身材高大、具有体育天赋，如不具备这些特征就会遭受歧视。而据戈夫曼的姐姐弗朗西丝回忆，弟弟不仅长得矮小，也没有什么体育特长。③ 因此，彼得·曼宁认为，"《寂寞芳心小姐》中的引用（其实）是深层的戈夫曼"④。换言之，正是身材矮小使他更加能够理

---

① D. Hymes, "On Erving Goffman," in Gary Alan Fine and Gregory W. H. Smith, eds., *Erving Goffman*, Sage, 2000, p. 59.

② Dmitri N. Shalin, "Interfacing Biography, Theory and History: The Case of Erving Goffman," *Symbolic Interaction*, Vol. 37, No. 1, 2014, pp. 2-40.

③ 据估计，戈夫曼的身高为 5 英尺 2—3 英寸，也就是说在 1.57—1.60 米之间。（参见 Dmitri N. Shalin, "Interfacing Biography, Theory and History: The Case of Erving Goffman," *Symbolic Interaction*, Vol. 37, No. 1, 2014, pp. 2-40。）

④ Peter Manning and Dmitri N. Shalin, "Manning and Shalin on Goffman," September 15, 2007, https://digitalscholarship.unlv.edu/goffman_archives/84, 2024 年 7 月 26 日访问。

解那个天生没有鼻子的小姑娘所遭受的污名压力。① 最后，就个人遭遇而言，对戈夫曼影响至深的是与乔特小姐刻骨铭心的爱恋。这场以罗曼蒂克开场的婚姻的悲喜两面，都影响到戈夫曼的研究：喜剧的一面反映在《日常生活中的自我呈现》中，在那里他通过自反性研究发现，包括"凤凰男"在内的工于心计者常常都是"精通舞台表演的行家里手"②；悲剧的一面则体现在《污名》中，事实上，与戈夫曼婚后不久，乔特就罹患精神疾病，并为此受困多年，最终以自杀谢世。这不仅是戈夫曼精神病研究的缘起，而且"是其生活和工作戏剧性叠加的又一领域"③，甚至在相当程度上造就了他有关精神疾病的建构主义激进观。

从更广泛的角度说，戈夫曼对精神疾病及其他各类污名现象所持的社会建构论观点，还影响到了后来同样闻名遐迩的霍华德·贝克尔（Howard Becker）及其社会标签理论，他们的思想"多少有些沾亲带故……两人都以他们的方式奉献于涂尔干，都对语言和行动之间的社会底层区域怀有浓厚的兴趣"④，也因此都

---

① 《污名》一书开篇所引的给《寂寞芳心小姐》去信的小姑娘，就是一个天生没有鼻子并"习惯了遭人取笑""绝望的"残疾人。（参见 Erving Goffman, *Stigma: Notes on the Management of Spoiled Identity*, Prentice-Hall, Inc., 1963, p. 7。）

② Erving Goffman, *The Presentation of Self in Everyday Life*, Doubleday, 1959, p. 251.

③ Dmitri N. Shalin, "Interfacing Biography, Theory and History: The Case of Erving Goffman," *Symbolic Interaction*, Vol. 37, No. 1, 2014, pp. 2-40.

④ Charles Lemert, "The Pleasure of Garfinkel's Indexical Ways," in Harold Garfinkel, *Ethnomethodology's Program: Working Out Durkheim's Aphorism*, Rowman & Littlefield Publishers, 2002, p. x.

具有鲜明的"芝加哥—加州"视角①。贝克尔与戈夫曼都受教于休斯,也"经常依赖戈夫曼的社会形象(image of society)作为自己的展示舞台"②,并一直被视为第二个芝加哥学派中堪与戈夫曼比肩的重要代表③。在《圈外人》一书中,贝克尔写道:"通过确定违背一些规则即越轨,社会群体造就了越轨;同时通过将这些规则用于那些特殊的人而将其标定为圈外人。"④ 这与戈夫曼对精神病患的形成的分析有异曲同工之妙。

戈夫曼去世后,艾伦·格里姆肖曾无比崇敬地写道:

> 戈夫曼承认肯尼斯·伯克(Kenneth Burke)是其戏剧视角的灵感来源;那些不太了解伯克的社会学家,视戈夫曼为我们时代的齐美尔。《纽约时报》的评论人称他是社会学领域的弗朗茨·卡夫卡(Franz Kafka)或马塞尔·普鲁斯特(Marcel Proust);⑤ 读到他漠然的"新闻报道"式文字的愤世

---

① 在《"标签论"的兴衰:一个社会学稻草人的搭建和拆毁》一文中,迈克尔·彼得鲁尼克之所以使用"芝加哥—加州社会学家"的称谓,是因为"他们或在芝加哥大学、西北大学、加州大学接受教育,或主要在那里工作"。(Michael Petrunik, "The Rise and Fall of 'Labelling Theory': The Construction and Destruction of a Sociological Strawman," *Canadian Journal of Sociology*, Vol. 5, No. 3, 1980, pp. 213-233.)

② Suzie Guth, "Becker, Howard (1928-)," in James D. Wright, ed., *International Encyclopedia of the Social & Behavioral Sciences*, 2nd ed., Elsevier Ltd., 2015, p. 401.

③ Gary Alan Fine, ed., *A Second Chicago School?-The Development of a Postwar American Sociology*, University of Chicago Press, 1995, p. xii.

④ Howard S. Becker, *Outsiders, Studies in the Sociology of Deviance*, Free Press, 1963, p. 9.

⑤ 弗朗茨·卡夫卡(1883—1924),犹太人,奥匈帝国小说家,现代派文学的奠基人之一;马塞尔·普鲁斯特(1871—1922),法国小说家,意识流文学的先驱性人物。

嫉俗的大学生们，有时会看到能与尼科洛·马基雅弗利（Niccolò Machiavelli）比肩的睿智。当然，戈夫曼本就是一个真正的创造者，他在所谓"日常生活"中发现了阐释社会互动精致有序的新方法。戈夫曼的数据五花八门，从戏剧、传记、报纸专栏的趣闻逸事到他自己细心记录下来的观察结果。……我从来没有见过，一个人在阅读戈夫曼的作品时，会不理解平凡之奇，即寻常之序（the orderly in the ordinary）；安东尼·吉登斯（Anthony Giddens）说过，戈夫曼的天赋在于，他就是能够犀利地指出社交生活中那些完全崭新又即刻可辨的事物。①

当然，最后应该指出的是，戈夫曼的论述容易使人敏感并因此往往容易使其遭受抨击的地方在于，他为我们描绘的人的形象似乎过多地强调了人的行为的虚伪性和欺骗性。因此，在《西方社会学面临的危机》一书中，阿尔文·古尔德纳（Alvin W. Gouldner）对戈夫曼、哈罗德·加芬克尔（Harold Garfinkel）连带乔治·霍曼斯（George Homans）的理论都予以猛烈的抨击：如果说这一干众生都"沉迷于日常生活中的鸡零狗碎"，那么戈夫曼的理论更是一种"出卖灵魂的社会学"。② 当然，趁火打劫的远不止古尔德纳一个，有人甚至将加芬克尔的"日常生活方法论视为

---

① Allen D. Grimshaw, "Erving Goffman: A Personal Appreciation," *Language in Society*, Vol. 12, No. 1, 1983, pp. 147–148.

② Alvin W. Gouldner, *The Coming Crisis of Western Sociology*, Basic Books, 1970, p. 383.

药物尤其是LSD（麦角酸二乙基酰胺）体验的结果"①，认为其与拟剧论、社会标签论一样都是所谓"加州主体性方法"（Californian way of subjectivity）的体现②。不过，具有讽刺意味的是，几十年后在社会学领域首先被抬进"阅读坟场"的恰是当年挥斥方遒的古尔德纳，但"谁会想到加芬克尔和戈夫曼（却依旧）活跃在他们所拥有的社会理论的前沿？"③。

---

① Norbert Wiley, "Interview with Harold Garfinkel," *Human Studies*, Vol. 42, 2019, pp. 165-181.

② Dirk vom Lehn, *Harold Garfinkel: The Creation and Development of Ethnomethodology*, Routledge, 2014, p. 79.

③ Charles Lemert, "The Pleasure of Garfinkel's Indexical Ways," in Harold Garfinkel, *Ethnomethodology's Program: Working Out Durkheim's Aphorism*, Rowman & Littlefield Publishers, 2002, p. x.

面具是凝滞的表情，是绝佳的情感回声，同时又是忠实可信、小心谨慎和无与伦比的。与空气接触的生物必定会有一层角质层，角质层不会因为不是心脏而遭到否定；然而，有些哲学家却似乎因为形象不是实物、词语并非真情实感而恼怒。词语与形象就像外壳，与它们所覆盖的东西一样，都是自然界不可分割的组成部分，但更适于视觉，更易于观察。我不想说，本质因外表而存在，或脸庞因面具而存在，或激情因诗歌和美德而存在。自然界中没有任何事物是为了别的事物而产生的；所有这些阶段和产物都平等地涉入存在的轮回……

——乔治·桑塔亚纳（George Santayana）[1]

---

[1] George Santayana, *Soliloquies in England and Later Soliloquies* (New York: Scribner's, 1922), pp. 131-132.

致 谢

呈现给读者的这份报告是基于以下两项研究写就的：一项是我为爱丁堡大学社会人类学系和社会科学研究委员会（Social Sciences Research Committee）所做的关于互动的研究，另一项是由芝加哥大学的希尔斯（E. A. Shils）教授主持、福特基金会（Ford Foundation）资助的关于社会分层的研究。我对这些指导和资助表示感谢。我想要对我的老师哈特（C. W. M. Hart）、沃纳（W. L. Warner）以及休斯（E. C. Hughes）表示感谢。我也要感谢在研究的开始阶段给予我帮助的伊丽莎白·博特（Elizabeth Bott）、詹姆斯·利特尔约翰（James Littlejohn）以及爱德华·班菲尔德（Edward Banfield），同时感谢在研究后期给予我帮助的芝加哥大学的同学们。没有我的妻子安杰莉卡·戈夫曼（Angelica S. Goffman）的协作，这份研究报告也不会诞生。

序　言

　　我想让这份报告成为一个手册，详细讲述如何以社会学的视角对社会生活进行研究，尤其是在建筑物或工厂的有形界限内组织的社会生活。我将描述一组特征，它们共同构成一个框架，这个框架适用于任何具体的社会机构，无论是家庭机构、工业机构，还是商业机构。

　　本报告所使用的视角是戏剧表演的视角，由此引出的是拟剧论的原理。我将讨论个体在普通的工作情境中向他人呈现他自己和他的活动的方式，他引导和控制他人对他形成印象的方式，以及他在他人面前表演时可能会做或不会做的各种事情。在使用这个模型时，我尽量不轻视它明显的不足之处。舞台呈现的事情是虚构的，生活呈现的事情很可能是真实的，只是有时没有很好地排练。也许更重要的是，在舞台上，一个演员在其所扮演的角色的掩护下，向其他演员所扮演的角色呈现自己；观众构成了该互动的第三方——这是极其重要的一方，然而，如果舞台表演是现实的话，他们就不会出现在那里。在现实生活中，三方并为两方；一个个体扮演的角色迎合其他在场的人扮演的角色，而这些他人同时构成了观众。这个模型还有另外一些不恰当之处，我们将在后文讨论。

本研究使用的例证材料是混合型的：有些取自高质量的研究，这些研究对显示出规律性的现象做出了合理的概括，而这些规律性是以可靠的方式被记录下来的；有些取自各色人等所写的非正式的回忆录；更多的是介于二者之间的材料。此外，我还经常使用我自己对设得兰岛（Shetland Island）一个佃农经济（自给的农场经营）社区所做的研究中的材料。[1] 这么做的理由（我认为这也是齐美尔这么做的理由）是，这些例证结合在一起，形成了一个连贯的框架，这个框架把读者已经具有的零散经验联结在一起，并在对制度化的社会生活的个案研究方面，为研究者提供了一种值得检验的指导。

本研究报告是按照逻辑步骤搭建此框架的，故而导论部分必然是抽象的，可以略过不读。

注释

1. 其中一部分载于 E. Goffman, "Communication Conduct in an Island Community"（未发表的博士论文，芝加哥大学社会学系，1953 年）。这个社区（community）在下文中被称为"设得兰岛"。

目　录

导　论　／ 001

第一章　表　演　／ 019
  相信自己所扮演的角色　／ 019
  前　台　／ 024
  戏剧实现　／ 033
  理想化　／ 038
  表达性控制的维持　／ 055
  误　传　／ 063
  神秘化　／ 072
  现实与人为　／ 076

第二章　剧　班　／ 091

第三章　区域与区域行为　／ 125

第四章　不协调的角色　／ 163

第五章　角色外的沟通　/ 193

　　缺席对待　/ 196

　　上演闲谈　/ 202

　　剧班共谋　/ 203

　　再合作的行为　/ 218

第六章　印象管理艺术　/ 241

　　防卫性的品质和措施　/ 246

　　保护性措施　/ 263

　　有关巧妙的巧妙　/ 267

第七章　结束语　/ 274

　　框　架　/ 274

　　分析的背景　/ 276

　　人格—互动—社会　/ 278

　　比较与研究　/ 280

　　表达的作用在于传达自我印象　/ 286

　　舞台表演与自我　/ 289

导　论

当人们面前出现一个人时，他们通常会想寻求关于这个人的信息，或调用他们已掌握的有关这个人的各种信息。他们会对他的一般社会经济地位、自我观念、对他们的态度、能力、可靠程度等产生兴趣。虽然看起来寻求这类信息仅仅是为了达到某个目的，然而，在其背后却往往存在着一定的实用原因。获得个体的信息，有助于定义情境，能使他人预先知道该个体对他们寄予了什么期望，以及他们或许可以对该个体寄予什么期望。获悉了这些方面的情况，他人自会明晓，为了唤起期望的回应，如何行动最为恰当。

对于那些在场的人来说，不难发现有众多的信息源，许多载体或"符号媒介"（sign-vehicles）都可以传递这种信息。即使与个体素昧平生，观察者也能从他的行为举止与外表中搜集某些线索，因为这些举止与外表允许观察者运用以往与类似的人交往的经验，或者，更重要的是，允许他们在他身上运用那些未经证实的刻板印象。他们也能根据以往的经验假定：在某种特定的社会环境中，只可能发现某些特定类型的个体。他们可以根据个体所谈论的有关他自己的情况，或者个体所提供的有关他是谁、是干什么的书面证明来进行判断。如果他们在这次互动之前就认识或者听说过这个人，那么他们就能依据关于心理特质的持续性和普遍性的假定，来预测他现在和将来的行动。

然而，如果个体直接面对他人，就很难有什么事情能直接为他人提供结论性的信息，而他人要想明智地行事，这种信息又是必需的。许多关键事实存在于互动的时间与地点之外，或隐匿于互动之中。例如，个体"真实的"或"真正的"态度、信念和情感，也许只有间接地通过他的坦白承认，或几乎是不知不觉地表现出来的行为才能弄清。同样，如果个体向他人提供一种产品或服务，后者通常会发现，在互动期间不具备时空条件来当场检验这种产品或服务的质量。他们被迫接受一些事情，将其视为感官无法直接感知的传统的或自然的迹象。用古斯塔夫·伊克海泽（Gustav Ichheiser）[1]的话来说，个体不得不采取行动有意或无意地表现（express）自己，反过来，其他人又不得不基于个体表现自己的某种方式形成对他的印象（impressed）。

个体的表现（因而连同他给他人制造印象的能力）看起来涉及两种截然不同的符号活动：他给予（gives）的表现和他流露

（gives off）出来的表现。前者包括各种语言符号或它们的替代物，个体使用这些符号只是为了传达他和其他人都知道的附加在这些符号上的信息。这是传统意义上的和狭义的沟通。后者被他人视为表明行动者特征的范围广泛的行动，这里的预期是，个体表现出来的行动是由某些原因导致的，而这些原因并不能通过第一种符号活动获知。正如我们将会看到的那样，这种区分的有效性是有限的。当然，个体会运用这两种沟通方式来有意传达错误信息：第一种涉及欺骗，第二种涉及虚假。

从沟通的狭义和广义两方面来看，人们会发现，当个体直接面对他人时，他的活动会具有一种承诺的性质。他人很可能会发现，他们必须完全相信个体，当他在场时，给予他应有的回应，以交换某种东西，但这种东西的真实价值只有在他离开之后才能确定（当然，他人在与物理世界打交道时，也要靠推论生活；但是只有在社会互动的领域中，推论的对象才会故意促成或阻碍这种推论过程）。当然，他们对该个体所做的推论的可靠性，自然取决于诸如他们已经拥有的关于该个体的信息量这样一些因素，但是，不管这种过去的证据有多少，也不能完全排除根据推论而行动的必要性。正如威廉·托马斯（William I. Thomas）所表明的那样：

> 对于我们来说，认识到下面这一点是极为重要的：在日常生活中，实际上我们并没有按照统计学或者科学的指导过日子、做决定和达成目标。我们靠推论生活。比如说，我是

你的客人。你无法知道，也无法科学地断定，我会不会偷你的钱或者汤匙。但是你根据推论认为我不会，于是你就根据推论把我当作一位客人来招待。[2]

现在，让我们换一个角度，不再从他人的立场上看问题，而是从他人面前的个体的立场来看。他可能希望他人对他有很高的评价，或者认为他对他们有很高的评价，或者察觉到他对他们的实际感受，或者无法获得任何明确的印象；他可能希望确保气氛是和谐的，以便互动能够持续，或者他想欺骗他们、摆脱他们、迷惑他们、误导他们、反抗他们或侮辱他们。不管个体心怀何种特定目的，也不管他怀有这种目的的动机何在，控制其他人的行为，尤其是他们对待他的方式，都符合他的利益。[3] 这种控制主要是通过影响他人正在形成的情境定义而实现的。他能通过表现自己来影响这种定义，给他人留下一种印象，这种印象将引导他们自愿按照他的计划行事。因此，当个体在他人面前出现时，他通常总有某种理由来展开积极的活动，以便向他人传达一种符合其利益的印象。因为一个姑娘的室友会从她接电话的次数来判断她受欢迎的程度，所以我们可以猜想，某些姑娘会有意安排别人给她们打电话。因此，威拉德·沃勒（Willard Waller）的发现就在预料之中了：

> 很多观察者报告说，在集体宿舍中，一个被传达室喊去接电话的姑娘经常会故意让值班人员多次呼叫，以便其他姑娘有充分的机会听到有人在打电话找她。[4]

在给予的表现与流露出来的表现这两种沟通方式中，本研究报告将主要关注后者，即更具戏剧性和场景性的那种表现，非言语的、可能是无意为之的那种表现，而不论这种沟通是不是蓄意谋划的。作为我们必须考察的事情的一个例子，我想详细引用一部小说中的描述，那是关于普里迪（Preedy），一个正在度假的英国人，第一次在下榻的西班牙避暑旅馆的海滩上露面的情形：

但是，不管怎样，他都小心翼翼地避免引起任何人的注意。首先，他必须让那些可能和他一样在度假的人知道，他们对他完全无关紧要。他的视线穿过他们、绕过他们或越过他们，目光迷失在虚空中。海滩上仿佛已是空空如也了。如果偶尔有个球朝他的方向扔过来，他会显露出一副惊讶的模样；然后，脸上溢出一丝愉快的笑意（和善的普里迪），茫然地四下打量着，发现海滩上竟还有其他人，带着揶揄自己而不是面向他人的微笑把球踢回去，然后，照旧漫不经心、若无其事地用目光探索天空。

但是，是时候适当炫耀一下了，理想的普里迪的炫耀。他巧妙地拿着一本书，以便任何想要瞟他一眼的人都有机会看到标题——这是荷马著作的一个西班牙译本，经典却不张扬，还带有国际性的特征。然后，他整理好他的沙滩巾放入包内，把包放在一个干净的避沙处（有条理和理智务实的普里迪）。接着，他缓缓起身，悠闲自得地舒展一下自己那宽大结实的身躯（如狮似虎的普里迪），并把凉鞋踢到一边（毕竟是无忧无虑的普里迪）。

　　普里迪投入了大海的怀抱！他可以用两种方式完成这个仪式。一种是，由漫步闲逛变为奔跑，接着一头扎入水中，然后平稳地过渡到自由泳，不溅起任何水花，有力地向远处的地平线游去。当然，并不是真的游向地平线。他会突然翻身仰泳，用腿拍打出一片白花花的水花，从而以某种方式表明，如果他愿意的话，他可以游得更远；然后，他站起身来，露出半个身子，好让大家都能看清楚他是谁。

　　另一种方式更简单，避开了寒冷水流的冲击，也避免了表现得兴奋过头的危险。关键在于，要表现出对于大海，即地中海，以及这片特定的海滩，无比熟悉，以至于在海里和在岸上没什么两样。他在沙滩上漫步，缓缓走到水边，甚至没有注意到脚趾已经湿了，陆地与大海对他来说毫无二致！他抬头凝视天空，严肃地观察着别人看不出的天气变化的预兆（当地捕鱼人普里迪）。[5]

小说家意欲使我们看到，普里迪不恰当地关注自己纯粹的身体动作向周围的人传达的大量印象，他认为别人对他形成了某种印象。我们可以进一步诋毁他，认为他的行为仅仅是为了制造特定的印象，而这是一种错误的印象。其他在场的人，要么根本没有形成任何印象，要么更糟糕，形成了这样一种印象，即普里迪正在矫揉造作地试图使他们形成某种印象。但是对我们来说，这里的重要之处在于，普里迪自以为他正在制造的那种印象，实际上正是他人从他们当中的某些人那里正确或不正确地搜集到的那种印象。

我已经说过，当一个个体出现在他人面前时，他的行动将会影响他人对当时所处情境的定义。有时，个体的行动方式基于缜密的算计，他以一种既定的方式表现自己，其目的纯粹是给他人造成某种印象，使他们做出他预期获得的特定回应。有时，个体会在行动中费心算计，而他自己并没有意识到这一点。有时，他会有目的、有意识地以某种方式表现自己，但这主要是因为他所属的群体或社会地位的传统习惯要求这种表现，而不是因为这种表现可能会唤起那些形成印象的人的特定回应（除了含糊的接受或赞同）。有时候，个体所属的传统会引导他所扮演的角色呈现出某种类型的巧妙设计的形象，然而，不管是有意还是无意，他也许都不愿意制造这样的印象。再看他人的情况，他们可能会因为个体努力传达了某种信息而形成了恰当的印象，或者可能对情境产生了误解，得出了既不符合个体的意图也不符合事实的结论。无论如何，只要他人的行动似乎能表明个体已经传达了某种特定的印象，我们就可以采取一种功能性的或实用性的观点，说明个体已经"有效地"预设了一种特定的情境定义，并且"有效地"培养了对某一特定状态的理解。

关于他人的反应，这里有一个需要特别说明的方面。他人知道个体也许会以一种对个体自己有利的方式来表现自己，因而他们也许会把目睹的事件分为两部分：一部分是个体相对容易随意操纵的，主要是他的言语；另一部分则是个体看起来几乎没有留意或加以控制的，主要是他流露出来的表现。因此，他人可以利用他们认为他表现出的行为中难以控制的那些方面，来对照检查那些可控制的方面所传达出来的信息的真实性。关于这一点，沟通过程显示出一种极不对称的现象：个体可能仅仅意识到他的沟通中的一个方面；而观察者不仅意识到了这一方面，还可能意识到了另一方面。例如，在设得兰岛，一个农场佃户的妻子在招待一名英格兰的游客吃当地菜时，会带着礼貌的笑容留神听这位客人彬彬有礼地对食物表达赞美；同时，她会注意这位客人将叉子或汤匙送到嘴边的速度、把食物送入口的急切程度以及咀嚼食物时所表现出来的兴致，用这些迹象来对照检查客人口头表达的赞美是否真实。同样，如果这个妇女想要知道某个熟人（甲）"实际上"对另一个熟人（乙）的看法，她就会等待这样一个时机：甲在场，但乙在和另一个人（丙）交谈。然后，她会暗中窥视甲的面部表情，此时甲正注视着与丙交谈的乙。由于没有与乙交谈，而且没有被乙直接观察到，甲有时会摆脱平时的约束，放弃圆滑的欺瞒，自由地表现他"实际上"对乙的看法。简言之，这个设得兰岛人会注意观察那些没有意识到自己在被观察的观察者。

因为他人常常会凭借行为的那些不太可能控制的方面来对照检查那些更可控制的方面，所以我们可以预料到，个体有时会设法利用这种可能性，即通过那些被人认为是传达了可靠信息的方式来引导他给人留下的某种印象。[6] 例如，为获准进入一个联系紧密的社交圈子，参与观察者不仅在倾听一位信息提供者讲话时可能面露同意的神色，而且在观察这位信息提供者与其他人讲话时也小心地面带同样的神色；这样，对这名观察者进行观察的人就同样很难发现他的实际立场。可以用设得兰岛上的一个具体例子来说明这一点。当一个邻居顺便到某家串门喝茶时，他在穿过房门进入农舍的时候，一般至少会带着一种可以预料到的温暖微笑。由于农舍前没有物体遮挡，加之屋内又无灯光，因此人们很容易观察到来访者接近屋子时的表情变化，而他自己并不知道有人在观察他。所以，岛上居民时常会以察看来访者的表情变化为乐趣，看他在接近屋子时如何收起他原本的表情，而在跨入门的一刹那代之以友善的面目。然而，有些来访者因为估计到有人在进行这种观察，所以在距离屋子很远的地方就会赶忙换上一副社交面孔，从而在他人面前保持了其一贯的形象。

就个体来说，这种控制恢复了沟通过程的对称性，并为一种信息游戏——一种可能的隐匿、发现、虚假披露、再发现的无限循环——设置了舞台。另外还应补充的是，因为他人可能对个体行为中未被操纵的一面更为信任，所以个体可以对这一面加以控制，从而获取更大的益处。当然，他人也可能觉察到，个体正在操纵他的行为中那些看似自发的方面，而且他们也会在这种操纵行为中，搜索某种个体还未顾得上加以控制的行为的踪迹。这再一次为检验个体行为提供了机会，这一次个体可能未经谋划的行为重新建立起了沟通过程中的不对称性。这里，我只想补充说明一点，即识破个体精心设计的无意之举的艺术，要比操纵自己行为的能力更容易得到发挥，因此，无论信息游戏历经多少反复，观察者都可能比行动者占有更大的优势，沟通过程中最初的不对称性很可能会一直保持下去。

如果我们承认个体在他人面前出现时会预设一种情境定义，那么我们也必须看到，其他人不管处于多么被动的角色地位，也会通过他们自己对个体的回应和他们向个体发起的行动，来有效地预设自己这一方的情境定义。一般来说，几个不同的参与者预设的情境定义，足以相互协调，而不至于发生公开的冲突。但是，我这样说并不意味着会出现如下共识，即每一在场的个体都坦率地表达了自己的真情实感，并真诚地认同其他在场者所表达的感想。这种和谐只不过是一种乐观的理想，无论在何种情况下，对于社会的平稳运行来说，它都不是必不可少的。相反，每个参与者都被期待压制自己内心的即时感受，只传达那些他感到其他人至少能暂时接受的对当下情境的看法。这种一致的表面、共识的外壳，之所以能够维持，是因为每个参与者都把自己的欲望藏匿于他所维护的社会准则的表述之后，而在场的每个人都感到不得不对这种表述给予口头支持。进一步来看，其间通常还存在着一种明确的分工，即允许每个参与者做出一些初步的裁定，以便处理那些对自己至关重要而对他人没有直接重要性的事务。例如，对自己以往行为的合理化解释和正当性辩护。作为对这种恩惠的报答，每个人都会在对他人至关重要而对自己无直接重要性的事务上保持沉默或含糊其词。于是，我们有了一种互动中的"临时妥协"(*modus vivendi*)。参与者共同促成了唯一的、全面的情境定义，这并不是说参与者对情境的定义真正达成了一致，而是说在什么问题上谁的观点暂时最能为人们所接受真正达成了一致。当然，也存在真正的一致，那就是一致期望避免发生关于情境定义的公开冲突。[7]我们把这种水平上的一致性称为"操作共识"(working consensus)。应该理解的是，在一种互动环境中建立起来的操作共识，在内容上总是不同于在另一种环境中建立起来的操作共识。因此，两个朋友在一起吃午餐时，相互之间会表示喜爱、尊敬和关心对方；在服务行业中，专业人士在处理客户的问题时需要保持一种公正无私的形象，同时，客户以对专业人士的能力和诚信的尊重作为回应。然而，无论内容如何不同，这些操作的一般形式是相同的。

既然我们知道参与者倾向接受在场的其他人提出的明确主张，我们也就知道个体最初拥有或获取有关其他参与者的信息是多么至关重要了，因为个体正是根据这种初始信息来开始定义情境并着手制定各种响应的行动方针的。个体最初对情境所做的定义迫使他不得不始终坚持他计划成为的模样，并要求他放弃一切成为另外模样的伪装。随着参与者之间互动的进行，对初始信息状态的补充和修正当然会发生，但从本质上说，这些后来的变化应与这几个参与者最初采取的立场并行不悖，甚至就是在这些最初的立场上建立起来的。看来，在相遇之初，个体更容易对他要求别人对待他的方式以及他自己对待其他在场者的方式进行选择，但是，在互动开始以后，再要改变正在进行的对待方式就没那么容易了。

当然，在日常生活中，大家都知道第一印象是重要的。因此，服务行业从业者的工作能力经常取决于其是否能够抓住和把握服务关系中的主动权，这种能力要求服务者在其社会经济地位低于顾客的情况下必须表现出一种微妙的进攻性。怀特（W. F. Whyte）以女服务员为例说明了这一点：

> 第一点很明显，那就是承受压力而不气馁的女服务员，并不只是简单地回应顾客。她会用某种技能来控制顾客的行为。当我们观察服务关系时要提的第一个问题是："是女服务员先发制人，还是顾客先发制人？"有经验的女服务员深知这个问题的重要性。……
>
> 有经验的女服务员自信而且果断地应付顾客。例如，她也许发现，一位新来的顾客在她还没能收拾掉残羹剩菜并换掉餐桌布之前，就径自抢先入座。现在，他正倚靠着餐桌看菜单。于是，她向他表示欢迎，说："请让我换一下餐桌布，好吗？"并且不等顾客回答便从他那里取走菜单，迫使他离开餐桌，接下来，她便着手干起活来。对这种关系处理得既不失礼貌又很果断，并不会遇到谁支配谁的问题。[8]

当"第一印象"所引发的互动本身仅仅是一系列涉及相同参与者

的扩展互动中的初始互动时,我们说这是"旗开得胜",这正是我们认为至关重要的。因此,据说有些教师有这样的看法:

> 无论如何,你都不能让他们占上风,否则你就完了。所以,我一开始就很强硬。来到新班级的第一天,我便让他们知道谁是"老大"。……假如你一开始就强硬,那么以后就省心多了。如果你一开始就平易近人,那么当你想要强硬起来的时候,他们只会冲着你发笑。[9]

同样,精神病院的护理人员也许有体会,如果在病人到来的第一天就让他受到严厉的管束,并让他明白谁是"老大",那么将来就会省去许多麻烦。[10]

如果说个体出现在他人面前时都会有效地预设一种情境定义,我们就可以假定,在互动中也许会发生抵触、不信任或以其他方式对这种定义产生怀疑的事件。当这些破坏性的事件发生时,互动本身可能会陷入一种混乱且窘迫的停滞状态。据以推断参与者反应的一些前提假设就变得站不住脚了。参与者发现自己陷入了一种互动,在其中,情境已经被错误地定义,而现在又不再被定义。此时,其自我呈现不被信任的个体也许会感到十分羞愧,而在场的其他人也会感受到敌意,所有参与者也许都会变得不自在、进退维谷、失去镇定、窘迫不安,深切体验到那种面对面互动的微小社会系统瓦解时所造成的反常状态。

个体最初对情境所预设的定义往往是为了给后续的合作活动

提供一个计划。我们在强调这一行动观点时，切不可忽视另一关键性事实：任何一种对情境做出的预设定义都具有独特的道德特征。在这份研究报告中，我们主要关心的正是这种预设的道德特征。社会根据下述原则组织起来：任何具有某些社会特征的个体都拥有一种道德权利来要求他人以适当的方式评价和对待自己。与此相联系的第二条原则是，任何一个明示或暗示具有某些社会特征的个体，实际上就应该是其所声称的那种人。因此，当个体对情境预设一种定义并由此或明或暗地声称自己是某种类型的人时，他就必然对他人施加了道德要求，迫使他们以他这种类型的人有权期望的方式来评价他和对待他。他也隐含地摒弃了所有自称是他看起来并不是的那些个体的东西[11]，因而也放弃了那些个体应得的恰当对待。于是，其他人发现这个人已经告诉他们何为是什么以及他们应该如何看待"是什么"。

我们不能用定义受到干扰的频率来判断其重要性，显然，若非经常采取预防措施，它们会更加频繁地发生。我们发现，人们不断地采取预防措施来避免这些窘境，同时不断地用校正措施来补偿没能成功避免的窘困局面。当个体使用这些策略和方法来保护他预设的情境定义时，我们可以把它们称为"防卫性措施"（defensive practices）；当一个参与者用这些方法来保全另一个人所预设的情境定义时，我们称之为"保护性措施"（protective practices）或"巧妙"（tact）行为。防卫性措施和保护性措施共同构成了个体在他人面前维护自己印象的技巧。还有一点必须指出：虽然我们都很容易意识到，如果不使用防卫性措施，就很难建立起任何可以留存下来的印象，但是我们却不容易发现，如果那些接受印象的人在接受印象时不以"巧妙"行为相配合，也同样几乎没有什么印象能够幸存。

除了采取预防措施来防止预设定义受到干扰外，我们还会注意到，对于这些干扰的强烈兴趣，在群体的社会生活中发挥着重要作用。恶作剧和社交游戏时常上演，人们在这些活动中会故意制造一些没必要太当真的窘境。[12]破坏性的暴露过程会催生各种幻想。以往那些奇闻逸事，不管是真实的、添油加醋的，还是完全杜撰的，被讲述并被一再重复，细致地描绘出那些真实发生的、几乎要发生但终究没发生的，或是虽然发生了但已妥善解决的干扰。每一群体手头似乎都拥有大量这类游戏、幻想和警世故事，它们被当作幽默的源泉，用以宣泄焦虑，并为引导个体提出适当要求和合理预期提供约束力。个体通过梦境向自己讲述其陷入的绝境。有的家庭的成员会说，有一次一个客人记错日期突然造访，但家里既没有为他准备房间，家庭成员也没有做好接待他的准备。记者们会讲到，那些非常严重的印刷错误使努力营造客观性或体面形象的报纸名誉扫地。公务员们在一起谈论某位可笑的客户怎样误解了表格指令，填写了稀奇古怪、莫名其妙的内容，对情境做了意想不到的古怪定义。[13]海员们离家在外，构成清一色的血性男儿群体，他们会讲述回到家时，无意中说的粗话，比如要母亲"把该死的黄油递给我"[14]。外交官们讲述了一位近视的女王向共和国大使询问其国王健康状况的故事。[15]

综上所述，我假定，当个体出现在他人面前时，他往往会有许多动机试图控制他人对当下所处情境的印象。本研究报告关注的是人们为了维持这种印象所使用的一些常见技术，以及与使用这些技术相联系的一些常见的意外事件。这里的讨论范围，并不涉及个体参与者所呈现的任何活动的具体内容，也不涉及这些内容对一个正在进行的社会系统内的相互依存的活动所起的作用；我们的讨论仅仅涉及参与者呈现在他人面前的活动的戏剧学问题。表演技术和舞台管理所涉及的问题有时看似微不足道，但却相当普遍；这些问题在社会生活中几乎比比皆是，为正式的社会学分析提供了一个明确的范围。

在导论的最后，我将给出一些定义，这些定义已暗含于上文，并且对后面的讨论也是必需的。就这份研究报告来说，互动（interaction，即面对面的互动）大致可以被定义为，当若干个体面对面在场时，彼此行为的交互影响。一次互动（an interaction）可以被定义为，一组特定的个体持续在场，他们从头至尾彼此间发生的一切互动；一次相遇（an encounter）也可以如此定义。"表演"（performance）可以被定义为，特定的参与者在特定的场合，以任何方式影响其他任何参与者的所有活动。以某一特定的个体和他的表演为基点，我们可以把那些提供其他表演的人称为观众、观察者或共同参与者。在表演期间展开并可以在其他场合从头至尾呈现或演绎的预先设定的行动模式，可称为"角色"

（part）或"常规程序"（routine）。¹⁶这些情境术语很容易与惯常的结构术语联系起来。当一个个体或表演者在不同场合对同样的观众扮演同一角色时，就可能会催生一种社会关系。如果把社会角色（social roles）定义为对系于特定身份之上的权利与义务的规定，那么，我们就可以说，一种社会角色总是包含一个或多个角色，而这些不同角色中的每一个角色都可由表演者在一系列场合向同类观众或由同类的人组成的观众呈现。

注释

1. Gustav Ichheiser, "Misunderstandings in Human Relations," Supplement to *The American Journal of Sociology*, LV, September 1949, pp. 6-7.

2. 转引自 E. H. Volkart, ed., *Social Behavior and Personality*, Contributions of W. I. Thomas to Theory and Social Research (New York: Social Science Research Council, 1951), p. 5。

3. 这里，我应该提到，爱丁堡大学的汤姆·伯恩斯（Tom Burns）未发表的论文使我受益匪浅。他提出了如下观点：在所有互动场合，一个基本的潜在主题是，每个参与者都期望引导和控制在场的其他人所做出的回应。杰伊·黑利（Jay Haley）在最近一篇未发表的论文中提出了同样的论点，不过它涉及一种特殊的控制，这种控制与定义参与互动的那些人之间的关系性质有关。

4. Willard Waller, "The Rating and Dating Complex," *American Sociological Review*, II, 1937, p. 730.

5. William Sansom, *A Contest of Ladies* (London: Hogarth, 1956), pp. 230-232.

6. 斯蒂芬·波特（Stephen Potter）那些被广泛阅读且颇具说服力的著作，在一定程度上描述了一些可以被设计出来的符号。这些符号可以给精明的观察者提供他们所需要的能够明显察觉的线索，从而发现欺骗者实际上并不具备的隐藏美德。

7. 当然也可以设置一种互动,使人们可以在不同的时间和地点发表不同的意见。但是在这种情况下,参与者必须注意和睦相处,不要在说话的语气、用词、表达所有论点的认真程度上发生分歧,不要影响到意见不同的参与者之间必须小心表现的相互敬意。这种讨论式的或学术性的情境定义还可以被迅速和明智地调用,作为一种把严重的观点冲突变为可以在所有在场者都能接受的框架内得到解决的方式。

8. W. F. Whyte,"When Workers and Customers Meet," Chap. VII, W. F. Whyte, ed., *Industry and Society*(New York:McGraw-Hill, 1946),pp. 132-133.

9. 此段教师访谈,转引自 Howard S. Becker,"Social Class Variations in the Teacher-Pupil Relationship," *Journal of Educational Sociology*, XXV, 1952, p. 459。

10. Harold Taxel,"Authority Structure in a Mental Hospital Ward"(未发表的硕士论文,芝加哥大学社会学系,1953年)。

11. 存在主义者强调了目击者在限制个体能成为什么样子方面所起的作用,认为这是一种对个体自由的基本威胁。参见 Jean-Paul Sartre, *Being and Nothingness*, trans. Hazel E. Barnes(New York:Philosophical Library, 1956),p. 365 ff。

12. Goffman, *op. cit.*, pp. 319-327.

13. Peter Blau,"Dynamics of Bureaucracy"(博士论文,哥伦比亚大学社会学系,即将由芝加哥大学出版社出版),pp. 127-129.

14. Walter M. Beattie, Jr.,"The Merchant Seaman"(未发表的硕士报告,芝加哥大学社会学系,1950年),p. 35.

15. Sir Frederick Ponsonby, *Recollections of Three Reigns*(New York:Dutton, 1952),p. 46.

16. 关于区分互动的常规程序与该程序在具体执行时的任何特殊情况之重要性的评论,见 John von Neumann and Oskar Morgenstern, *The Theory of Games and Economic Behaviour*(2nd ed.;Princeton:Princeton University Press, 1947),p. 49.

第一章
表 演

相信自己所扮演的角色

当一个人扮演一个角色时,他隐含地要求他的观众认真对待他在他们面前所建立起来的印象。他想要他们相信,他们眼前的这个角色确实具有他要扮演的那个角色本身具有的品质,他的表演不言而喻将是圆满的,总之,要使他们相信,事情就是它所呈现的那样。与此呼应的一种流行的看法是,个体是"为了他人的利益"而呈现自己的表演。在开始探讨表演之前,我们不妨将问题倒过来,先看一下个体自己在多大程度上信任他在他周围那些人心目中所留下的现实印象。

在一个极端,人们发现表演者可能完全进入了他所扮演的角色,他可能真诚地相信,他所呈现的现实印象就是真正的现实。当他的观众也如此相信他所扮演的角色时——这似乎是一个典型的案例——至少在这一时刻，也许只有社会学家或对社会不满的人，才会对表演的"真实性"有所怀疑。

在另一个极端，我们发现表演者可能并未完全投入自己所扮演的角色。这种情况也不难理解，因为没有人能比表演者本人占据更为有利的位置，去识破他所呈现的表演。再加上表演者有可能操纵观众的信念，仅仅把他的表演作为达到其他目的的一种手段，至于观众对他本人或情境会有怎样的看法，他则毫不关心。当个体并不相信自己的表演，也不在乎观众是否相信时，我们可以将之称为"玩世不恭者"（cynical），而把"虔信者"（sincere）这个词献给那些相信自己的表演所呈现的印象的人。需要明确的是，尽管玩世不恭者可以不受职业所牵累，却能够从他的伪装中获得非职业性的乐趣，他能随意戏弄那些观众必须认真对待的事情，并从中体验到一种令人兴奋的精神侵犯。[1]

当然，这并不是说所有玩世不恭的表演者，都热衷于为了"自身利益"或个人获益而哄骗观众。一个玩世不恭者也可能为了他所认为的观众的利益，或者是为了集体利益等而哄骗观众。为了证明这一点，我们大可不必拿马可·奥勒留（Marcus Aurelius）*或荀子那样的可悲觉醒的表演者举例。我们知道，在服务行业中，有些本可能真诚的从业者，却在某些时候因为顾客由衷

---

* 马可·奥勒留（121—180），古罗马皇帝、哲学家。——译者

的要求而被迫去哄骗他们。那些不得不为病人开一些并无实际治疗作用的安慰剂的医生，那些无奈地为焦躁不安的女司机一遍遍检查轮胎压力的加油站工作人员，那些卖给顾客实际合脚的鞋却违心地告诉顾客这正是她想要的尺码的鞋店售货员都是玩世不恭的表演者，因为观众不允许他们真诚。同样，精神病院中那些富有同情心的病人，有时会装出有一些稀奇古怪的症状，好让实习护士不至于因为他神志正常的表演而感到失望。²类似的情况还有，下级在招待来访的上级表现出极度的慷慨，其主要的动机也许并非满足赢得上级好感的私欲，而是圆滑世故地设法营造一种上级所习以为常的环境，使上级感到舒适自如。

我已经阐述了两个极端：个体或是完全投入自己的角色，或是采取玩世不恭的态度。这两个极端不仅仅是一个连续统一体的两端。每一极端都为个体提供了一个阵地，这个阵地有其特定的保障和防御，因此，那些已经接近其中一极的人往往倾向于完成这次旅行。如果一个个体在一开始就对自己所扮演的角色缺乏内在信念，那么他可能会遵循帕克（Park）所描绘的自然运动：

"人"这个词，最初的含义是一种面具，这也许并不是历史的偶然，而是对下述事实的认可：无论在何处，每个人总是或多或少有意识地在扮演一个角色……正是在这些角色中，我们互相了解；也正是在这些角色中，我们认识了我们自己。³

从某种意义上说，只要这种面具代表了我们已经形成的自我概念——我们努力去扮演的角色——这种面具就是我们更加真实的自我，也就是我们想要成为的自我。最终，我们关于自身角色的观念会成为我们的第二天性，成为我们人格中不可分割的一部分。我们作为个体来到这个世界，经过努力形成了个性，并成为人。⁴

这一点可以在设得兰岛的社区生活中得到证明。⁵ 过去的四五年里，岛上的一对佃农出身的已婚夫妇开设并经营着一家观光旅馆。一开始，主人只是被迫抛开自己原先的生活观，在旅馆中提供全套中产阶级的服务和便利设施。然而最近，经营者对他们所呈现的表演似乎没有那么玩世不恭了，他们自己也逐渐成为中产阶级，并且越来越倾心于宾客所赋予他们的自我。

在军队的新兵中可以发现另一个例证。新兵最初只是为了避免受体罚而遵守军规，但后来却变成为了不给他的部队丢脸并得到长官与战友的尊重而遵守军队纪律。

正如前文已表明的那样，从不相信到相信的循环也可以朝另一个方向运行，即从坚信或不牢固的抱负开始，而以玩世不恭的态度告终。被公众以类似宗教的敬畏之心看待的那些职业经常会使新加入的成员沿着这一方向发展，这些新成员之所以朝这个方向发展，并不是因为他们慢慢地意识到了他们正在哄骗观众——因为从普遍的社会准则来看，他们的主张也许是十分正当的——而是因为他们能够用这种玩世不恭的手段，把自己内心的自我与观众隔绝开来。我们甚至可以期待找到典型的信仰性职业生涯（careers of faith），个体从一种潜心于他需要提供的表演开始，然后多次往返于真诚和玩世不恭之间，最后完成他这种身份的人应具有的自我信念的所有阶段和转折点。因此，医学院的学生的情况表明，那些有着远大理想的学生在最初入校时，也往往需要把他们的神圣抱负暂时搁置一段时间。在大学生活的头两年，学生们发现他们必须放下对医学的兴趣，因为他们几乎要把所有的时间都用于学会通过考试。在接下来的两年中，他们又忙于学习各种病理知识而疏于关注患者。只有在他们的学业结束后，他们才有可能重拾自己最初对医疗服务的理想。[6]

虽然我们可以预料到在玩世不恭与真诚之间会有那种来回往返的自然运动，但我们切不可排除那种靠一点自我幻想的力量就能维持的转折点。我们发现，个体也许会试图诱使观众以某种特殊的方式对他和情境做出评判，他可能会把追求这种评判本身当作最终的目标，但是，他可能并不完全相信自己应该得到他所要求的这种对自我的评价，或者说不完全相信他所建立起来的现实印象是有效的。克罗伯（Kroeber）在对萨满教（shamanism）的讨论中揭示了玩世不恭与信念的另一种混合：

  接下来，还有欺骗这个古老的问题。世界各地的大部分萨满教僧或巫医在医治病人，尤其是展示其实力时都要借助一些小花招。这些花招有时是有意使用的；但在许多场合，他们也许并未清楚地意识到这一点。无论是否受到压制，这种态度似乎都是一种虔诚的欺骗。田野民族志学者似乎普遍确信，甚至那些意识到了自己在医治时行骗的萨满教僧也对自己的实力，尤其是对其他萨满教僧的实力深信不疑：因为当他们自己或他们的子女生病时，他们也会求助于这些萨满教僧。[7]

前　台

我一直用"表演"一词来指代个体在持续面对一组特定观察者时所表现出的并对那些观察者产生了某些影响的全部活动。为了方便起见，我们将个人表演中经常以一般和固定的方式有规律地为观察者定义情境的部分称为"前台"。那么，前台就是个体在表演期间有意无意使用的某种标准的表达性装备。为了达到预期目标，我们最好一开始就区分并标示出前台的标准部件。

首先是"舞台装置"（setting），包括舞台设施、装饰品、布局，以及其他一些为人们在舞台空间各处进行表演活动提供舞台布景和道具的背景项。从地理角度来说，舞台装置往往是固定的，因此无论谁想要把一种特定的舞台装置当作表演的一部分，都只有置身于适当的装置中才能开始他们的表演，而离开了舞台装置，表演也就随之结束了。只有在个别例外的情况下，舞台装置才会伴随着表演者移动，这些情况可见于送葬行列、市民游行队伍以及国王或女王梦幻般的列队。大体上说，这些例外情形仿佛为神圣的或一时变得高度神圣的表演者提供了某种额外的保护。当然，这些显赫人物与贩夫走卒阶层中的凡俗表演者是不同的，后者经常被迫改变工作场所，因而表演场所也是飘移不定的。表演者安置舞台装置需要有一个固定的场所，在这个问题上，统治者也许过于神圣，而贩夫走卒则可能过于凡俗。

在考虑前台的场景问题时，我们往往会想到一所房子中的客厅，以及为数不多的能够完全在其中实现自我认同的表演者。我们对大量表演者可以在短期内将之视为己有的符号装备（sign-equipment）集合体关注不够。大量奢侈豪华的舞台装置，可为任何能够支付费用的人所租用，这正是西欧国家的特点，无疑也是这些国家保持稳定的一个原因。我们可以从一个对英国高级文官的研究中引证的实例来说明这一点：

> 对于那些擢升至行政机构高层职位的人来说，如何带有与其出身阶层不同的"腔调"或"神态"，这是一个微妙又棘手的问题。与这个问题相关的唯一确切的信息是伦敦各大俱乐部的会员人数。在我们的高级行政官员中，有四分之三的人是一个或几个高级奢华俱乐部的会员，这些俱乐部的入会费就要20几尼（guineas）或更高，此外，还需交纳12—20几尼不等的年费。这些俱乐部按其场所、设备、生活方式以及整个气氛来说，都属于上流阶层（甚至不是中上阶层）。虽然许多会员并非很富有的人，但只有富人才会按他在联合俱乐部、旅行者俱乐部或改革俱乐部同样的享用标准，凭自己的

实力为自己和家人提供活动场所、饮食、服务以及其他生活便利设施。[8]

医疗行业的最新发展为我们提供了另一个例证。我们发现，对一个医生来说，是否能登上由大医院提供的精良的科学舞台变得越来越重要了。因此，越来越少的医生认为，那种到了晚上就可以关门歇业的小诊所会是他们的舞台装置。[9]

如果我们用"舞台装置"这一术语来指称表达性装备的场景部分，那么我们不妨用"个人前台"（personal front）这个术语来指称表达性装备中最能使我们与表演者产生内在认同的那些部分，同时我们也自然而然地认为这些装备会随着表演者的移动而移动。个人前台的组成部分可能有：象征官职或官阶的徽章；衣着服饰；性别、年龄、种族特征；身材和外貌；坐姿或站姿；言谈方式；面部表情；体态；等等。在这些用于传递符号的载体中，有一些对个体而言是相对固定的——如种族特征，在一段时间内并不会因情境的变化而变化；还有一些符号载体则是相对易变的，或者说是暂时的，譬如说面部表情，这些载体在表演中随时随地会发生变化。

个人的前台是由各种刺激构成的，有时我们可以根据这些刺激传递信息的功能将其分为"外表"（appearance）和"举止"（manner）。"外表"可被理解为具备即时向我们传递表演者社会地位的功能的那一类刺激。这类刺激还会告诉我们表演者当时处于怎样的仪式状态。也就是说，他是在从事正式的社交活动、社会工作，还是在进行非正式的消遣娱乐活动；他是否正在庆祝季节循环或生命周期中的一个新阶段。"举止"是指这样一类刺激，即其功能是当下让我们知道，表演者希望在即将到来的情境中扮演怎样的互动角色。因此，某种傲慢的、带有攻击性的举止，就可能会让我们预先知道表演者期待引起一场争吵并希望支配整个过程；而某种温顺的、谦逊的举止则可能给人留下这样的印象，表演者希望听从他人的领导，或至少他可以被引导这样做。

当然，我们往往期望在外表与举止之间有一种确定的一致性；我们还期望互动者之间的社会地位差异能以某种方式，通过预期的互动角色所做出的指示的相应差异表现出来。前台的这种一致性可以在下述例子中得到证明，它描述了一位旧时中国的达官贵人的随行队列通过城市街头时的场面：

> 紧随其后的……是这位官员那奢华的轿子，由八个轿夫抬着，占满了街道的空间。他是府台大人，实际上也是当地最有权力的人。从外表上看，他是一位理想的官员——身材魁梧，神态威严而坚定；在人们看来，这种神态对于任何希望其臣民安守本分的地方行政官员来说都是必不可少的。他的表情严肃，令人生畏，仿佛正在出发前往刑场处决犯人的途中。这就是官员们在公众面前出现时所摆出来的那种架势。在中国生活多年的经历中，我从未见过有任何大小官员在因公出行，坐轿经过街道时，是面带笑容或露出一丝怜悯民众的神色的。[10]

但是，外表与举止当然也可能相互矛盾。比如，一名看似比观众地位更高的表演者出人意料地以一种平等、亲切或带有歉意的方式行事，或者一名衣着华贵的表演者在比自己身份地位高很多的人面前表现自己。

除了期望外表与举止之间的一致性外，我们自然还期望舞台装置、外表、举止之间的一致性。[11]这种一致性代表了一种理想类型，为我们提供了一种促使我们注意和关心例外情况的手段。在这一点上，研究人员得到了记者的帮助，因为与舞台装置、外表、举止之间预期的一致性相悖的情况，为许多职业提供了趣味与魅力，也为许多杂志文章提供了卖点。例如，《纽约客》(*The New Yorker*) 关于罗杰·斯蒂文斯 (Roger Stevens)（一位大房地产代理商，曾一手经办了帝国大厦的出售事务）的人物特稿，就谈到了令人吃惊的事实：斯蒂文斯竟然只有一所很小的房子、一间简陋的事务所，而且他使用的信笺都没有抬头。[12]

为了更全面地探讨社会前台的几个组成部分之间的关系，有必要在这里考察一下由前台传递出来的信息的一个重要特征，即它的抽象性和一般性。

一个常规程序不管如何独特和特殊，它的社会前台，连同某些例外情况，往往与其他多少有些不同的常规程序一样，都会对某些事实提出要求和主张。例如，许多服务行业为客户提供的表演，都以戏剧化的表现形式为特点，包括干净整洁、现代性、技能娴熟和童叟无欺等。尽管事实上这些抽象的标准在不同的行业表演中具有不同的意义，但是我们鼓励观察者重视这种抽象的相似性。这对观察者来说，确实是一种十分精妙的便利，尽管有时候也可能是灾难性的。因为观察者不必对每一个略有差异的表演者和表演持有不同的预期和响应模式，相反，他可以把这一情境置于一个宽泛的范畴中，对此，他很容易调用自己以往的经验和刻板印象。这样，观察者只需熟悉一点易于掌握的前台术语，并知道应该如何对其做出响应，就能使自己适应各种具体情境。因此，在伦敦，清扫烟囱的工人[13]和销售香水的店员都穿实验室的白大褂，因为这样更容易让顾客认为，这些人所干的是精细活儿，并且是以一种标准化了的、娴熟的、应该被信任的方式进行的。

我们有理由相信，社会组织中的一种自然发展趋势，就是从为数不多的前台背后，呈现出大量不同的行动。拉德克利夫-布朗（Radcliffe-Brown）已经指出这一点，他认为，也许只有在一些很小的社区中，才有可能使用那种给每个人都提供一个独特位置的"描述性"亲属关系系统；而随着社区人数的增加，作为提供一种不太复杂的身份识别和处理系统的手段，宗族分化也就成为必然。[14]我们在工厂、兵营以及其他大型社会机构中都发现了这种趋势。这些机构的组织者发现：一方面，他们不可能为机构中每一个职能部门及其工种提供专门的自助食堂、专门的薪金支付方式、专门的休假权利和专门的卫生设施；但另一方面，他们也感到，确实不应该将不同身份的人不加区别地统一安置或凑在一块儿。于是，他们提出了一种折中方案——将整个机构中为数众多的各类人等基于几个关键点划分开来，使得所有那些被划分在某一特定分类中的人获准或不得不在某些特定的情境下维持相同的社会前台。

除了不同的常规程序可以使用相同的前台这一事实外，我们还应注意到，一种特定的社会前台往往会因其引发的抽象刻板的期待而被制度化，并且往往会在当下以其名义进行的具体工作之外获得一种意义和稳定性。这种前台已成为一种"集体表象"和独立存在的事实。

当某个演员扮演一种既定的社会角色时，他通常会发现，一种特定的前台已经为他设置好了。不管他扮演这个角色的主要动机是想完成既定的任务，还是想维持相应的前台，他都会发现，这两件事他都必须去做。

此外，如果某人承担了一项不仅他不熟悉，而且在社会上也是闻所未闻的任务，或者如果他试图改变别人对其工作的看法，那么他可能会发现已经存在几种设定好的前台，他必须从中做出选择。因此，当某项工作被赋予一种新的前台时，我们很难发现被赋予的那个前台本身就是全新的。

前台易于选择而难于创设，所以我们可以预料到，当执行某项既定任务的人不得不在几种完全不同的前台中做出自己的选择时，麻烦可能就会出现。因此，军事组织中总会出现这样一些任务——相对某个级别所维持的前台来说，完成这些任务所需的权限和技能实在太多，难以执行；而相对另一级别所维持的前台来说，完成这些任务则轻而易举，几乎不需要什么权限和技能。由于各级别之间存在着较大的跨度，因此执行这类任务，要么是"小材大用"，要么是"大材小用"。

如今，美国各医疗机构对麻醉剂的使用，也是一个有趣的例证，它也是有关必须从若干并不十分合适的前台中选择一种适当前台的两难困境。[15]在一些医院里，麻醉工作仍由护士在前台背后完成，这种前台是允许护士这样做的，但无论护士执行什么医疗任务，这种前台却要求其在礼仪上服从医生且领取相对较低的工资。为了将麻醉学确立为医学院博士研究生的专业，相关医务工作者不得不大肆鼓吹：实施麻醉是一项相当复杂和性命攸关的工作，因此从事此项工作的人毋庸置疑应该得到与医生相同的地位和酬金。显然，护士所维持的前台与医生所维持的前台差别巨大；许多可为护士所接受的事情，对医生来说却是有失身份的。因此，一些医务人员感到，就承担麻醉工作而言，护士的级别"在其下"，而医生的级别又"在其上"，如果在护士与医生之间能确立一个中间地位，也许问题就迎刃而解了。[16]同样，如果加拿大陆军能在上尉与中尉之间设置一个中间军阶——两星半，而非要么两星要么三星，那么牙医队（Dental Corps）的上尉们（他们大多出身卑微）就可以被授予一个在陆军看来比目前授予他们的更为合适的军阶。

在此，我不想特别强调正式组织或社团的看法和立场；作为一个拥有有限符号装备的人，个体也必须做出一些同样不那么愉快的选择。因此，在笔者所研究的佃农社区中，主人通常会给来访的朋友准备一小杯烈酒或一杯葡萄酒，或者是一些自酿啤酒，再不然就是一杯茶，他用这种方式来区别对待他的客人。来访者的等级或暂时的礼仪地位越高，就越可能受到靠近烈酒这端的饮品的款待。但是，这种符号装备的等级性会带来相应的问题。有的佃户很穷，拿不出一瓶烈酒，因此葡萄酒往往成为他们所能给予客人最奢侈的款待。但更为常见的困难是，某些来访者无论就其永久性的地位，还是就其眼下应受礼遇的暂时性地位而言，给他喝某一种饮料明显是怠慢了他，但是他又不够资格享用更好的饮料。于是就常常存在一种危险，要么是来访者会觉得受到了侮辱，要么是主人家昂贵而又有限的符号装备被滥用了。在我们中产阶级家庭招待客人时，也会出现类似的情况，女主人要决定是否应该使用最好的银器餐具，或者穿哪件衣服更合适，是穿她最好的便宴服，还是穿最朴素的晚礼服。

我已提出社会前台可分为舞台装置、外表、举止等几个传统的部分，此外（由于不同的常规程序可能会在同一个前台背后呈现出来），我们可能无法在表演的特有品质和它在我们看来的一般社会化伪装之间找到一个完美的契合点。综合考虑上述两种事实，我们可以认识到，某一特定常规程序社会前台上的项目，不仅存在于一整套常规程序的各种社会前台上，而且包含某一项符号装备的这一整套常规程序，总是不同于包含同一社会前台上的另一项符号装备的那套常规程序。因此，一名律师可能会在一个仅以社交为目的（或为了一项研究）的场合与其客户交谈，但他在这种场合所穿的衣服，同样适用于与同事吃饭或与妻子看戏的场合。同理，他办公室墙上的装饰画和地板上的地毯，在家中也同样适用。当然，在高度礼仪化的场合，舞台装置、举止、外表也许都是独一无二的、特设的，仅仅适用于常规程序中单一类型的表演，但符号装备的这种独家限用只是例外，而非通则。

戏 剧 实 现

一般说来，当他人在场时，个体常常会在他的活动中注入各种各样的符号，这些符号戏剧性地突显并描绘出了若干原本隐而不显或含混不清的证实性事实。这是因为，个体的活动若要对他人变得意义非凡，他就必须使他的活动在互动过程中表现出他所希望传递的内容。事实上，表演者不仅要在整个互动过程中表现出自己声称的各种能力，而且要在互动的某一瞬间也做到这一点。因此，如果一名棒球裁判想要给人一种他对自己所做裁决坚信不疑的印象，他就必须放弃能使他确信自己裁决无误的片刻思考。他必须瞬间做出裁决，这样才能使观众深信，他对自己做出的裁决坚信不疑。[17]

值得注意的是，以某些身份进行的戏剧化呈现是不会出现任何问题的，因为其中对于完成这种身份的核心任务来说必不可少的某些行动，在沟通方面也是生动传递表演者所宣称的素养与品质的绝佳手段。职业拳击手、外科医生、小提琴手和警察的角色就是很好的例子。他们的活动被允许有如此之多的戏剧化自我表现，以至于他们中一些模范的实践者——不管是真实的还是虚构的——闻名遐迩，并在国家商业上组织化的幻想中被赋予了一个特殊的位置。

然而，在许多情况下，人们若要将自己的工作戏剧化，还的确面临问题。我们可以从医院的研究报告中援引一个事例。在医院里，内科护理人员经常会碰到一个对于外科护理人员来说并不存在的问题：

> 外科护士为那些手术后的病人所做的护理工作的意义往往非常明显，甚至连那些不熟悉医院工作的病人也能意识到这一点。例如，病人在看到护士为自己换绷带、固定矫正架时，就能够意识到这些都是有明确意图的活动。所以，即便是护士不在病人身边，病人也能尊重她这些有明确意图的活动。
>
> 内科护理也是一项技术性很强的工作。……内科医生的诊断必须依赖对病症持续、细致的观察，而外科医生的诊断在很大程度上依赖于明显看得见的东西。缺乏明显可见性会给内科治疗带来麻烦。病人可能看见他的护士和邻床的病人在聊天，但他却不知道这是护士在观察病人呼吸的深浅和皮肤的色泽。他会觉得她是在那儿闲聊呢。唉，他的家属可能

也这样认为，并得出结论，这些护士不太敬业。如果护士在邻床停留的时间比在自己这儿长，病人就会觉得自己受到了轻视……除非护士们一直忙于做诸如皮下注射那种看得明白的工作，否则她们便是在"浪费时间"。[18]

同样，服务机构的老板也许会发现，很难将为顾客所做的实际工作戏剧化，因为顾客根本"看不见"他们所获得服务的间接成本。因此，殡葬业服务者必须对明显可见的产品——变得像首饰盒一样昂贵的棺椁——索要高价，因为操办葬礼产生的许多其他费用是不易戏剧化的。[19] 商人们也发现，他们必须对那些看上去非常昂贵的东西索要高价，以弥补那些顾客看不见的诸如保险、淡季等方面的昂贵开支。

要使我们的工作戏剧化，所涉及的问题并不仅仅是把无形成本显性化。一些必须由具有某种身份的人来做的工作，往往设计得很难表现出它期望传递的意义，以至于如果表演者想要把他所扮演的角色特征戏剧化，就必须转而投入更多的精力致力于此。并且，这种转向沟通的活动，往往需要一些与正在被戏剧化的活动不尽相同的品质。因此，要想把房子布置得简洁、高雅，主人也许就不得不奔走于拍卖市场，与古玩商讨价还价；并且为了找到合适的墙纸和窗帘，跑遍当地所有的商店。为了使电台播音让人听起来真正感到亲切、自然和轻松，播音员就必须精心构思播音稿、斟酌措辞，使之与日常谈话的内容、语言、节奏和速度相一致。[20] 同样，一个 Vogue 杂志的模特儿，通过她的衣着、姿势和面部表情，就能够惟妙惟肖地表现出她对手中用于摆样子的书"颇有修养"的理解；但是，如此煞费苦心想要恰如其分地表现自己的人，是不会有什么时间来阅读的。正如萨特（Sartre）所说："一个试图显得全神贯注听讲的学生，两眼紧盯着老师，竖起耳朵，投入全部精力用来扮演一个专心听讲者的角色，以至于最后什么也没听到。"[21] 所以，人们经常会发现自己陷入了表现与行动对峙（versus）的困境。那些有时间和才能把某项工作做得很出色的人，可能就因为这种对峙，而没有时间和才能将其出色的工作能力表现出来。为了化解这一困境，一些组织便把这种戏剧化功能正式委托给一位专家来负责，这位专家会把自己的时间完全用于对工作意义的戏剧化表现，而不是用于实际参与这项工作。

如果我们暂时改变一下我们的参照系，从特定的表演转向那些呈现特定表演的个体，那么我们就可以看到一个有趣的事实，即任何一个群体或阶层的个体都会协助表演一套不同的常规程序。当考察一个群体或阶层时，我们会发现，其成员往往把他们的自我主要倾注于某些常规程序，而不太重视他们所表演的其他常规程序。因此，一个专业人士也许乐于在大街上、商店里或家里扮演一个非常谦逊的角色，但在其施展专业才能的社会环境中，他的表演就会非常注重给人留下很有能力的印象。他在为这般表演而调整行为时，不会对他所表演的一整套不同的常规程序都予以关注，而是只关注那种他的职业声誉源出其中的常规程序。也正是根据这一点，有些作家喜欢在具有贵族习惯的群体

（不论其社会地位如何）与那些具有中产阶级特性的群体之间做出区分。在他们看来，贵族习惯就是把所有其他阶层不具备的、带有持重特征的种种生活细节活动组织起来，并在这些活动中注入了对性格、权力和上层地位的表达。

> 年轻的贵族，需要通过参加何种重要技艺的训练，来维持他那个阶层的高贵尊严，并使自己配得上他祖先的德行教化所赋予他的那种强于其他市民的优越性呢？是靠知识、勤奋、坚韧、自我克制，还是靠其他的品德？因为他的一切言谈举止都令人关注，所以他学会了习惯性地顾及日常行为中的每一个细节，并学会了以最适当得体的方式来履行他对这些细节的职责。因为他充分意识到自己有多么受人关注，民众对他的意愿和爱好是如此偏爱，所以哪怕是在最微不足道的场合，他也会想到自己的责任，他的举止中自然地体现出悠然闲适和高尚庄重的气质。他的神态、他的举止、他的风度，无不彰显出他优雅从容的优越感，这是那些出身低微的人难以企及的。这是一种他用以使人们更易于服从他的权威，并根据他的喜好控制他人意愿的艺术：在这方面他很少感到失望。这种凭借等级和卓越支撑起来的艺术，在一般场合是足以统治天下的。[22]

如果这样的艺术玩家确实存在，他们将为我们研究把活动转化为一场演出的技术提供一个合适的群体。

理 想 化

前面已指出，一种常规程序的表演能够通过它的前台向观众提出某些相当抽象的要求，而这样的要求在表演其他常规程序期间也会呈现。这就是表演被"社会化"、被形塑、被修正，以符合社会认知和期望的一种方式。在此，我想考察一下这种社会化过程中的另一个重要方面，即表演者想以不同方式给观众造成某种理想化印象的倾向。

当然，认为表演会呈现关于一个情境的理想化的观点，是很常见的。可以查尔斯·库利（Charles H. Cooley）的观点为证：

> 如果我们从未试过更好地表现我们自己，我们怎么能提升自己或是"由表及里地培训自己"呢？向世界展示我们自己更好的或理想的一面的那种普遍冲动，在各种职业和阶层中都有着井然有序的表现形式，每种职业和阶层都有某种程度的行话或装腔作势，虽然大多数情况下其成员对此并无意识，但是这种行话和装腔作势却有一种阴谋策划的效果，使世人对此信以为真。不仅神学和慈善业有行话，法律、医学、教育，甚至科学也有——也许科学的行话更甚，因为一种特殊的优点越是被认可和推崇，那些不配拥有它的人就越有可能来盗用。[23]

因此，当个体在他人面前呈现自己时，他的表演总是倾向于迎合并体现那些在社会中已得到正式承认的价值观，而实际上，他的行为总体上并不具备这种价值观。

对于这种方式，即表演凸显了它所在社会的普遍、正式的价值观，我们可以用涂尔干（Durkheim）和拉德克利夫-布朗的办法，把它看成一种仪式——看成对共同体道德价值观的表达性复兴和重申。而且，如果表演的表达性倾向最终被当作现实接受，那么，在眼下被作为现实接受的这种东西总是具有庆典的某些特征。一个人如果只是待在家里，不参加聚会，或者不从事职业活动，那就等于脱离了正在上演的现实。这世界，其实就是一场婚礼。(The world, in truth, is a wedding.)

呈现理想化表演最丰富的资料来源之一，就是有关社会流动的文献。大多数社会中看来都存在着一种主要或普遍的分层系统，且在大多数分层社会中，都存在着对高阶层的理想化，以及那些低阶层的人向高阶层流动的某种渴望。（我们必须清楚地意识到，这不仅是对声望地位的渴望，也是对接近社会普遍价值之神圣中心的渴望。）通常，我们会发现，向上流动需要人们呈现出恰如其分的表演，并且，无论是为了向上流动所做的努力，还是为了避免向下流动所做的努力，实际上都是人们为维持前台而做出的牺牲。一旦人们获得了恰当的符号装备并能驾轻就熟，就能以一种良好的社会方式运用这种装备，美化和彰显自己的日常表演。

也许，与社会阶层相连的最重要的那部分符号装备，是由通过物质财富表现出来的身份象征构成的。在这方面，美国社会与其他社会没有什么不同，但是，美国社会似乎是一个以财富为标准的阶级结构的极端例子——这可能是因为，在美国，允许使用财富和经济能力作为身份象征的范围更为广阔。而作为另一个极端，有时印度社会也被视为一个例子，即不仅社会流动是以种姓集团而不是以个体方式出现的，其表演也倾向于确立注重非物质性价值的要求。例如，最近一位印度学者指出：

> 种姓制度远非一个其各个组成部分永远固定不变的僵化系统。流动总是可能发生的，尤其是等级系统的中间层。低种姓通过素食、戒酒以及在庆典活动和祭神仪式中使用梵语，就有可能在一两代人的时间内上升到更高的等级。简单地说，低种姓似乎经常尽可能地采纳婆罗门的风俗、礼仪和信仰，并采用婆罗门的生活方式，虽然这在理论上是被禁止的……
>
> 低种姓效仿高种姓的倾向，在传播梵语典礼、习俗和实现某种程度的文化同一性方面，都发挥着非常重要的作用。它不仅遍及整个种姓等级范围，而且渗透于印度的整个社会生活领域。[24]

当然，实际上在印度人中也有不少这样的圈子：其成员极其注重在他们日常生活表演中表现财富、奢侈和等级地位；他们很少会去思考禁欲主义的纯洁性，当然也不屑费心思去表现禁欲行为。无独有偶，在美国，也总是存在这样一些有影响的群体，其成员认为，在任何表演的某些方面都应该尽量淡化纯粹的财富表现，以给人一种印象，即出身、文化或道德真诚才是更重要的标准。

也许是因为当今主流社会中普遍存在着向上流动的趋势，我们往往会认为，表演中的表现张力必然隐含着表演者对阶层地位的向上主张，即主张拥有比他实际所处阶层地位更高的阶层地位。例如，下面这段对过去苏格兰家庭表演的详细描述，并不会令人感到惊讶：

> 可以肯定的是：地主及其家人的日常生活远比他们在招待客人时更为俭朴。在宴请宾客的重大场合，他们会端出那些让人想起中世纪贵族宴会的精美菜肴；但是，同中世纪那些贵族一样，在节日以外的平常日子里——正如谚语所云——他们都有"持家秘密"，即过最简朴的生活。这样的持家秘密是从不外露的。甚至连爱德华·伯特（Edward Burt）也发现，尽管他非常了解苏格兰高地人的生活，但要想搞清楚他们的日常膳食情况是非常困难的。他只是能肯定，无论他们在什么时候招待英国人，都会提供非常多的食物；"而且，"他说，"人们总是说，他们宁愿把他们的佃户洗劫一空，也不愿让我们认为他们持家吝啬；但是，我从许多他们曾经雇用过的人那里得知……虽然他们吃饭时会有五六个仆人伺候，但他们通常吃的都只是各式各样的燕麦粥、腌鲱鱼或其他廉价而又常见的类似食物。"[25]

然而，事实上，有许多阶层出于各种不同的原因，刻意表现得非常朴素，并竭力掩饰其在财富、能力、精神力量或自尊方面的任何表现。

美国南方各州的黑人在与白人的互动中，有时不得不装出愚昧、懒惰、听天由命的样子，这说明了表演所迎合的理想价值观是如何让表演者接受一个远低于自己内心标准的地位的。以下的例子是这种伪装的一个现代版本：

> 为了获得通常被认为是"白人职业"的工作，实际上存在一种非技术层面的竞争。在这些职业中，有些从事较高等级工作的黑人，会自愿选择象征较低地位的符号。因此，货运职员会接受"邮差"的头衔并接受"邮差"的薪金；护士会允许别人称自己为"用人"；手足病医生在夜间只能从后门进入白人病人的住宅。[26]

美国一些女大学生曾经——现在无疑也是这样——故意在与其有约会可能性的男孩子面前降低自己的智力水平、弱化自己的技能和决断力，从而表现出一种颇为深沉的精神自律，尽管美国女孩的轻浮早已名声在外。[27]据说，这些表演者会让她们的男朋友滔滔不绝地向她们解释那些她们早已知道的事情；她们会对才智不如自己的男朋友隐瞒自己精通数学的才能；她们也会在打乒乓球比赛时，最后放弃马上要到手的获胜机会：

> 最有趣的技巧之一就是，我偶尔会故意拼错一个较长的单词。我的男朋友就像是发现了新大陆，他会在回信中说："亲爱的，你真笨啊，连这都不会拼。"[28]

这样一来，男性天然的优越感得到了表现，女性的弱者角色也得到了确认。

同样，设得兰岛人曾告诉过我，他们的祖父一辈一般都不会去修缮农舍的外观，免得地主认为他们有钱了，进而增收租金。这种传统一直延续到后来，人们有时也在设得兰岛的政府救济官员面前装穷。更重要的是，虽然如今岛上的男人久已放弃了自给自足的农耕方式，也告别了辛苦劳作、无暇休闲、粗茶淡饭的传统生活方式，但是，这些男人却经常穿着带有羊毛衬里的皮坎肩和高筒胶靴出现在公众场合——众所周知，这些都是以前佃户身份的象征符号。他们要向社区表明自己毫无"架子"并忠实于岛民同胞这一社会身份。他们以真诚、热情、恰当的方言和精湛的掌控力扮演着这个角色。但是，一旦回到自己家厨房所提供的隐蔽环境中，这种忠诚就开始懈怠了，并且他们开始享受自己早已习以为常的中产阶级式的现代舒适生活。

当然，这种消极理想化的做法，在美国大萧条时期也同样随处可见。比如，为了能从来访的福利救济官员那里得到些好处，有时人们会过分渲染家庭的贫困状况。不管在哪里，只要是做经济状况调查，就有可能看到"贫困秀"：

> 在这方面，发展政策委员会的一名调查人员报告了一些有趣的经历。她是一个意大利人，但是她雪白的皮肤和一头金发，使她看上去完全不像是意大利人。她的主要工作是在联邦紧急救济署调查意大利家庭。因为她看上去不像意大利

人，所以她经常能在无意中听到一些意大利人之间的对话，了解到当事人对救济所持的态度。譬如，当她在客厅与家庭主妇交谈时，主妇往往会用意大利语把孩子叫出来与调查员见面，但会警告孩子一定要穿上破鞋子。或者，会听到孩子的母亲或父亲吩咐在卧室里的孩子必须在调查员进去之前把酒或食物藏起来。[29]

我们还可以从最近对废品收购业所做的一个调研中援引另一个事例，该研究提供的相关数据揭示了废品收购商所认为的对他的生意非常有利、应该推动其形成的印象。

> ……废品收购商极其不愿意让一般公众知道"废品"的真正经济价值。他希望那些认为废品毫无价值、从事废品收购这一行的人都"穷困潦倒"并应该得到大家的怜悯的神话永远存在下去。[30]

这种印象具有理想化的一面，因为如果要使表演成功，表演者就必须提供这样一种场景，让观察者头脑中对不幸、贫困的刻板印象得到证实。

作为这种理想化常规程序的另一个例子，街头乞丐的表演也许最具有社会学意味。不过，在西方社会，自20世纪初以来，乞丐街头行乞之表演场景的戏剧性似乎有所下降。如今，我们已经很少听说"清洁家庭诡计"（clean family dodge）了，这是指一个家庭（中的成员）既衣衫褴褛却又干净得让人难以置信，孩子们的脸上闪着亮光，那是事先涂上一层肥皂沫，再用软布轻轻擦拭出来的效果。我们再也不会看到这样的表演：某个半裸的男人被一块脏兮兮的面包皮噎得喘不过气来，虚弱得连吞咽的力气都没有了；或者，一个衣衫褴褛的人，驱赶着争吃面包的麻雀，从鸟嘴里抢出那块面包，在袖子上慢慢地揩干净后就要往嘴里塞，全然不顾四周的围观者。"有羞耻心的乞丐"也变得很少见了，他们似乎是因害羞而愧于开口乞讨，只是用怯怯的眼神哀求着人们的施舍。顺便提一句，乞丐呈现的表演场景在英语中有各式各样的叫法：骗术、伎俩、骗局、欺诈、诡计、吆喝、鬼把戏等，这些术语适用于描述合法但没什么艺术性的表演。[31]

如果个体希望自己的表演达到理想的标准，那么他就必须摒弃或隐瞒与这些标准不一致的行为。然而，如果这种与标准不一致的行为本身在某一方面会给人带来满足和愉快（实际上也常有这种情况），那么，人们通常都会在私下偷偷地享受这种行为。这样，表演者就能够两者兼得。例如，在美国社会，我们发现，八岁的儿童虽然表面上都说他们并不喜欢那些适合给五六岁儿童看的电视节目，但有时却会去偷偷地看。[32]我们还发现，中产阶级家庭的主妇们有时也偷偷摸摸地使用一些廉价的替代品来代替咖啡、冰激凌或黄油，这样她们既能省钱省时，又能不费气力地继续维持她们只提供高质量食物的印象。[33]这些主妇有时还可能会在客厅的茶几上放上一份《周六晚邮报》(*The Saturday Evening Post*)，而把《真实的罗曼史》(*True Romance*)藏在卧室里（当然，她们可能会说"这是清洁女工放在这儿的")。³⁴已有材料表明，同样的行为——我们可以称之为"秘密消费"——也出现在印度人中：

> 在大庭广众之下，他们恪守所有的风俗习惯；但在避人耳目之处，却没有如此多的顾忌。³⁵

> 我根据可靠消息得知，一些在小公司任职的婆罗门常常偷偷摸摸地溜进他们信得过的首陀罗家中相聚，觥筹交错，肆无忌惮地纵情享乐。³⁶

> 私下偷偷酗酒的情况要比偷吃禁用食物更普遍，因为饮酒更便于隐瞒。不过，还真没听说有谁见到过婆罗门在公众场合喝酒。³⁷

此外，最近的金赛报告*也进一步推动了对秘密消费的研究和分析。³⁸

值得注意的是，个体在表演时通常想要遮掩的东西并非只是不适当的享乐和经济状况。下面要说到的都是另外一些经常会被隐藏起来的事情。

第一，除了私下享乐和隐瞒经济状况外，表演者还可能从事某种有利可图却不能让观众知道的活动，因为这种活动不符合他希望观众对他的行为产生的看法。这种典型例子，只要到了烟馆、赌场以及类似场所自然就一目了然，但是，这些地方的某种

---

* 阿尔弗雷德·查尔斯·金赛（Alfred Charles Kinsey，1894—1956），美国动物学家及生理学家。金赛报告是金赛对美国人的性生活所做的著名研究报告。——译者

风气却可以在许多其他地方同样被发现。有相当数量的职员,看似一本正经地在工作,私下里却把各种工具偷回家,或者倒卖公司的食品,要不就借出差之名游山玩水,或借工作之便传播小道消息、拉拢关系、结党营私等。[39]在所有这些情况中,工作场所和公务活动都成了一种外壳,掩盖了表演者生气勃勃的生活。

第二,我们发现,表演者往往在表演之前就纠正了过失和差错,而过失已经出现并被纠正的那些迹象本身却被掩盖起来。通过这种方式,表演者可以在他人那里保持一种一贯正确的印象,这种印象在许多表演中都非常重要。人们常说的一句名言就是,医生的失误都埋进棺材了。最近,在一篇有关三个政府部门之间社会互动的论文中也有一个例子,它表明政府官员们其实并不喜欢面对速记员口述报告,因为他们更愿意在速记员——当然更不必说上级官员了——看到报告之前,自己先检查一遍报告以便纠正错误。[40]

第三,在个体向他人呈现某种活动成果的互动中,他往往只向他人展示最终产品,而观众会基于这个已经完成、无可挑剔并精心包装过的产品来评价他。在某些情况下,如果完成某项工作实际上并不需要投入多少精力,那么这一事实就会被隐瞒。而在另一些情况下,被隐瞒的则是个体长时间经受孤寂、疲惫劳作的事实。例如,可以把某些学术著作那种超凡脱俗的风雅品位,与作者为赶时间完成文献索引而忍受的枯燥乏味的工作做个对照,或者,也可以与他为了加大著作封面上自己姓名的首字母的字号而和出版商发生的激烈争吵做个对照,这都是很有意义的。

我们还可以提出外表与全部事实之间的第四个差异。我们发现,如果不是先期已经做了某些粗野肮脏的、半非法的、残忍的或是其他有失身份的事,许多表演是不可能呈现的,但是这些令人不安的事很少会在表演中出现。用休斯(Hughes)的话来说,我们往往会向观众隐瞒所有"肮脏勾当"的证据,无论这种活儿是我们亲自干的,还是我们指使仆人、没有人情味的市场、合法或非法的专家干的。

外表与实际活动之间的第五种差异,也和"肮脏勾当"的概念紧密相关。如果个体的某种活动要同时体现若干种理想标准,并且,如果他想让表演获得成功,那么他可能就要偷偷地牺牲其中的某些标准,这样才有可能使其他一些标准在公众面前得以维持。当然,表演者往往会牺牲那些可以掩盖其缺失的标准;他所维护的那些标准,则是一些其缺失很难被掩盖的标准。所以,在食品定量配给的年代,如果餐馆老板、食品杂货商或肉店老板想要给顾客造成货源充足、品种多样的印象,维护他们在顾客眼里的形象,他们就可能把从非法货源获得的商品摆上架,因为这种非法货源是可以对顾客隐瞒的。类似地,如果同时根据速度和质量两方面的标准来对服务活动进行评判,那么质量就会让位于速度,因为服务质量是可以掩饰的,而动作慢吞吞的速度问题却显而易见。同样,如果精神病院的护理人员既要维持秩序,又不能虐待病人,而这两个标准又难以兼顾,那么他们就会给不守秩序的病人套上湿毛巾"项圈",不露任何虐待痕迹,勒得他顺服为止。[41]精神病院能够制造"没有虐待"的假象,却无法制造秩序有条不紊的假象:

> 那些最容易实行的规章制度和秩序,就是那些会留下遵守或违反的确凿证据的规章制度和秩序,比如打扫病房、关闭门窗、值班期间喝酒、使用监禁手段等。[42]

在此,过于玩世不恭是不对的。我们经常发现,如果一个组织要实现它主要的理想目标,有时就不得不暂时忽略组织的其他一些理想,并同时维持着这些理想仍然生效的印象,这是很有必要的。在这样的情况下所做出的牺牲,与其说是为了那种最明显的理想,倒不如说是为了那种最为合理且重要的理想。在一篇论海军的官僚主义的文章中有一个例子:

> 无论如何,这种(群体强制性保密)特征都不能完全归因于组织成员担心泄露那些不光彩的事情。尽管这种担心对于防止官僚主义的"内幕"曝光还是有些作用的,但非正式结构本身的一个特征却更值得重视。非正式结构的一个非常重要的作用,就是为规避正式规章和程序方法提供一道"堑壕"(channel of circumvention)。必须指出,由于许多问题就是通过这种方法才得以解决的,所以,没有哪个组织吃得消对外公开这种与官方认可的方法相悖,却是该群体所珍视的传统方法。[43]

最后，我们发现表演者经常给人留下这样一种印象，即他们对获取他们现在表演的角色有一种理想的动机，他们具有扮演这一角色的理想资质，因此，他们根本没必要为获取角色而忍气吞声或进行见不得人的私下"交易"。（虽然这种人与其工作之间具有神圣的相容性的总体印象可能更常见于高等职业的从业者中，然而同样的情况在许多低等职业的从业者那里也时有发现。）有一种所谓的"培训修辞学"，可以强化这些理想印象。在这方面，工会、大学、同业公会以及其他许多可以颁发证书的机构，都会要求其成员在一段时间内接受一系列带有神秘色彩的培训。这一方面是为了维持专业垄断，但另一方面也是希望借此造成这样一种印象：获得证书的从业者是通过学习经历重新塑造过的人，他们明显不同于那些没有证书的人。因此，有学者表明，药剂师都觉得为获得文凭而学习四年大学专业课程"对于职业是必要的"，但也有些药剂师承认，有几个月的训练就足够应对实际所需的一切了。[44]此外，在第二次世界大战期间，美国军队以纯粹实用的方式培训医药、钟表修理等行业的专业人士，仅用五六个星期就培养出了足以胜任的从业者，使这些行业中原有的专业人士惊恐万分。同样，我们也看到，牧师总是让人觉得他们是因为神的召唤而从事神职工作的。这种印象往往掩盖了他们借此进入上层社会的从业动机，比如在美国；或者掩盖了他们对社会地位过分下降的担心，比如在英国。另外，牧师还常常给人造成这种印象，即他们选择到某一教区工作是因为他们能为当地的教民提供精神食粮，而不是——事实上也许是——因为该教会的长者为他们提供了一所好住房或支付全额搬家费用。同样，美国的医学院在招生时往往会考虑种族背景，理由是病人在选择医生时肯定会考虑这个因素；但是，在医生与病人的实际互动中，病人形成对医生的印象，完全是根据他的专业才能和受过的特殊训练。同样，管理人员经常会摆出一副有能力掌握全面情况的神态，对包括他们自己在内的人隐瞒了真相，即他们担任管理职务的部分原因是他们看上去像个管理人员，而不是因为他们真的具有管理能力：

> 很少有管理人员能意识到自己的外貌对老板来说多么重要。人事专家安·霍夫（Ann Hoff）观察到，雇主现在好像正在寻找"好莱坞型"的雇员。一家公司拒绝了一名管理岗位的应聘者，因为他的"牙齿太宽"，另一些人落选则或是因为长了一对招风耳，或是在面试时身上酒味太重，或烟瘾太大。老板们还经常直截了当地提出种族和宗教方面的限制条件。[45]

表演者甚至会试图给人留下这样一种印象：他们现在的泰然自若和熟练表演是他们素有的，他们从未经历过学习阶段的摸索。在所有这一切中，表演者都得到他身处其中的机构的默契配合。因此，许多学校和研究机构都声称自己的入学条件和入学考试均十分严格，但实际上几乎是来者不拒。例如，精神病院可能会要求应聘护理员的人都接受罗夏墨迹测验*以及长时间的面试，但最后所有的应聘者都会被录用。[46]

有趣的是，当与工作本身无关的招聘条件引发了社会公愤或政治争论时，招聘机构就会大张旗鼓地接纳几个明显不符合这些条件的应聘者，并为他们安排极其显眼的岗位，以此作为公平竞争的证据。一种合法性印象就这样树立起来了。[47]

我已经指出，表演者往往会隐瞒那些与他的理想自我及理想化表演格格不入的活动、事实和动机。此外，表演者还会促使观众相信，他与他们之间的关系比实际情况更为理想。可以引用两个普通的事例。

第一，个体经常会制造这样一种印象，即他们现在表演的常规程序是唯一的或至少是最为基础的常规程序。反过来，如前所述，观众也常常认为，呈现在他们面前的角色就是该表演者的全部。正如威廉·詹姆斯一段经常被人引用的名言所示：

> ……实际上，我们可以这样说，一个人有多少个社会自我，取决于他关心多少个不同群体的看法。通常，面对不同的群体，他会表现出自我中不同的一面。许多年轻人在父母和老师面前表现得谦恭拘谨，而在他们"粗鲁"的年轻朋友面前，却会像海盗一样咒骂和吹牛。我们在子女面前的形象当然不同于在俱乐部伙伴面前的形象，我们在客户面前的形

---

* 罗夏墨迹测验，人格测验方法之一，由瑞士精神科医生罗夏（H. Rorschach）于1921年创制。——译者

象不同于我们在雇员面前的形象,我们在亲朋好友面前的形象也不同于我们在上司和老板面前的形象。[48]

表演者既是当下常规程序的结果,也是其诱因,这时我们会发现"观众隔离"现象出现了;通过对观众的隔离,表演者可以确保此时观看他进行这种角色扮演的观众,一定不会是他在另一种舞台装置下扮演另一种角色时的观众。观众隔离作为一种保护已建立的印象的手段,将在后面讨论。在此,我只想指出,即使表演者想打破这种隔离以及由此产生的幻象,观众也往往会对这样的行动加以阻拦。观众会发现,完全按照职业的表面价值来评判表演者,既可以节省许多时间,又不必花费过多的精力,只需把表演者视为由他的工作制服所要求的全部和唯一角色就行了。[49]如果两个个体之间的每一次交往都需要分享个人的经历、烦恼和秘密,那么都市生活对我们来说就会变成难以忍受的折磨。因此,如果一个男人想要安静地吃顿饭,他就有可能去餐馆让女服务员为他服务,而不是在家里让妻子服侍他。

第二,表演者往往制造出这样一种印象,即他们眼下的常规程序表演以及他们与目前观众的关系,对他们具有独特的意义。表演的常规性被遮盖了(表演者本人往往没有意识到他的表演实际上已经多么常规化),情境的自发性却得到了强调。医学表演者就是一个明显的例子,正如一位作者所指出的:

……他(医生)必须假装记得一切。因为病人能够意识到在他体内发生的变化的独特重要性，他能记住这一切，不厌其烦地跟医生述说，并且总是苦于不能"完整记忆"。病人根本不能相信医生会不记得这一切，如果病人发现医生不是非常精确地记得上次门诊时给他开的药品及其服用方法，病人的自尊心就会受到极大的伤害。[50]

同样，正如最近对芝加哥的医生所做的一项研究表明的那样，一位全科医生（general practitioner）向病人引荐某位专科医生，并对病人说这是出于医疗技术考虑的最佳选择，但事实上引荐这位专科医生的真实原因，也许是他与该专科医生本来就是大学校友，也可能是他们之间已经谈妥诊费收入该如何分配，还可能是这两位医生之间有着其他一些划分得很明确的"利益补偿"（*quid pro quo*）。[51]在我们的商业生活中，表演的这种特征被人们以"个性化服务"的名义加以利用和粉饰；在现实生活的其他领域，我们也经常拿"医者仁心"或"热情招呼"开玩笑。（但我们似乎经常会忽视，在扮演客户角色时，我们也经常试图给老板造成这样一种印象，即好像我们不是在向他"购买"某种服务，而是我们认准他了，也绝不会考虑再去别处获取这种服务，从而巧妙地维护与老板之间的这种个性化的效果。）或许这正是我们的罪过，它让我们的注意力指向这些愚不可及的"伪关系"（*pseudo-gemeinschaft*）领域，因为在现实生活的任何领域中，几乎没有哪一种表演不是依赖这样的个人手法来夸大表演者与观众之间特殊的交易。例如，我们总是倾向于认为我们的密友对我们自然流露的热情姿态专属于我们，因此，当他与另一位（特别是我们所不熟悉的）朋友亲密交谈时，我们就会生出些许怅然失意之感。这个论点在一本 19 世纪美国的社交指南中得到了明确的表述：

> 如果你向某个人表达敬意，或对他表现出特别的礼貌，那么你就不应该当着他的面对其他人做出同样的举动。例如，某位绅士来到你家，你热情而郑重地告诉他"见到你我很高兴"，他会因受到厚待而感到满意，并很可能感激你；但是，如果他听到你向其他 20 个人说同样的话，他不仅会感到你的殷勤分文不值，而且会因为你的"欺骗"而心生怨恨。[52]

表达性控制的维持

我已经表明，表演者可以相信他的观众会把某些微小的暗示当作他的表演中具有重要意义的符号。但这种便利也有其不便之处。由于同样的符号接受倾向，观众可能会误解一种暗示所要表达的本义，或是在一些意外的、无心的、附带的，或表演者并未在其中赋予任何含义的姿态和事件中，解读出一些令人尴尬的含义。

为了应对这些沟通中的意外情况，表演者通常会试图行使一种"提喻"职责，以确保表演中可能出现的众多次要事件——无论这些事件是多么微不足道——都会以这样一种方式发生，即要么不给人留下任何印象，要么就制造一种与所营造的整个情境定义相一致、相符合的印象。当知道观众已经暗中对呈现给他们的表演的实际情况产生怀疑时，我们很容易意识到他们会抓住一些细小的瑕疵做文章，并以此为依据把整个表演都看成虚假的。但是作为社会生活的研究者，我们却不太容易意识到，即使是最有同理心的观众，也会因发现呈现给他们的印象中的微小瑕疵而一时感到不安、震惊和信心减弱。有些次要事件和"无意姿态"恰好非常容易给人留下与表演者所制造的印象相悖的印象，以至于观众会不由自主地从原本适度涉入的互动中惊觉过来，尽管观众也可能意识到了这些不一致的事件实际上毫无意义，也完全不必放在心上。关键之处并不在于无意姿态所造成的对情境的瞬间定义本身该受到谴责，而仅仅在于，它与正式预设的情境定义不同。这种不同在正式预设的情境定义与现实之间尖锐地塞进了一个令人困窘的楔子，因为正式情境定义总自诩为当下情境中唯一可能的定义。因此，我们不应该按机械标准来分析表演，若按此标准，大赢就能抵消小失，大量也能补偿小量。艺术意象能为我们提供更为精准的说明：只要有一个音走调，整场音乐表演的效果就会被破坏。

在我们的社会里，种类繁多、五花八门的表演中都会有某些无意姿态出现。而且，这些无意姿态通常总是传达了与正在制造的印象格格不入的印象，以至于这些互不相宜的事件却获得了集体象征地位。这样的事件大致可以分为三类。第一，表演者也许一时失去了对自己身体的控制，意外地表现出无能、不得体或失礼。他可能脚被绊了一下、失足、摔倒；他可能会打嗝、打呵欠、口误、瘙痒或因吃得太多而胃肠胀气；他可能会不小心撞到另一个参与者身上。第二，表演者的行动也许给人造成了一种印象，即他对互动过于关注或不太关注。他也许说话结结巴巴，也许会忘了自己的台词，显得神经紧张，或是显得内疚或不自在；他也许会突然大笑、暴怒或流露出其他暂时使自己不能成为良好互动者的情感；他也许对有关事项显得太过认真和关心，或是显得毫不在乎。第三，表演者的呈现可能会受不合适的舞台技术指导的负面影响。舞台装置也许还未调试好，或者该装置是为别的表演准备的，或者装置在表演期间突然被搞乱了；不可预见的事件也许会使表演者选择了不适当的时机入场或离场，或是在互动期间造成了令人尴尬的冷场。[53]

当然，不同的表演对逐条逐项表达的细致程度有着不同的要求。就某些我们并不熟悉的文化来说，我们时常会看到某种表演要求很高程度的表达一致性。例如，葛兰言（Marcel Granet）指出了中国人对长辈的孝敬表演中的这种情况：

> 他们的精心打扮本身就是一种孝敬。端庄得体的行为举止也被视为一种尊敬。在父母面前，持重是必不可缺的；因此，子女们必须小心翼翼，不能打嗝、打喷嚏、打呵欠、擤鼻涕，也不能吐痰。当着父母的面吐痰尤其恶劣，这会被视

为辱没父母的尊严。衣冠不整或露出衣服的衬里也是一种罪过。要向作为一家之主的父亲表现出敬意，就应当一直站立在他面前，目光端正，身体笔直，不能倚靠在任何物体上，也不能弯腰或是单脚站立。每天一早一晚，子女都要像一个侍从似的用卑下恭顺的语调向父母请安，然后等候训示。[54]

我们也不难发现，在我们自己的文化中，在涉及名流显贵的象征性重要行动的场景中，也会有一致性的要求。英国宫廷的王室侍卫官，已故的弗雷德里克·庞森比（Frederick Ponsonby）爵士曾写道：

> 当我出席宫廷活动时，总是因乐队演奏的音乐不协调而感到头痛，我决意尽我所能来改变这种状况。王室成员大多不谙音乐，强烈要求演奏流行歌曲。……我争辩道，这些流行歌曲会把隆重的典礼所有的庄重气氛一扫而光。一位女士能被引荐给宫廷，可能是她一生中的重大事件，但是，如果她经过国王和王后时，乐队奏起的曲子是《他的鼻子超常地红》（"His nose was redder than it was"），那整个印象就被毁了。我坚持认为，小步舞曲和旧式曲调，或带有"神秘"色彩的歌剧音乐，才是这种场合应该演奏的音乐。[55]
>
> 我还认为仪仗队在举行授勋仪式时所演奏的音乐也有很多问题，并就此致函高级乐队指挥罗根（Rogan）队长。我说，我不愿意看到在为某位杰出人士授爵时，乐队却在外面

演奏滑稽戏谑的曲调；也不愿意看到，当内政部部长正在感人肺腑地宣读一位将要被授予阿尔伯特勋章（the Albert Medal）的英雄的丰功伟绩时，乐队却在外面奏起了二步舞曲，这会使授勋典礼的庄严气氛荡然无存。我提议演奏激动人心的歌剧音乐，罗根队长完全同意。……[56]

同样，在美国中产阶级的葬礼上，柩车司机身着庄重的黑衣，并在整个服务期间得体有礼地站在墓地外边；他可以抽烟，但是如果他把烟蒂弹进灌木丛，使它形成一个漂亮的弧线，而不是小心翼翼地用脚踩灭，他就可能会冒犯和激怒死者家属。[57]

除了理解神圣场合中所需要的一致性外，我们还会发现，在世俗冲突，特别是高层次的冲突中，每一方的出场人物都必须仔细留意自己的举止，否则他就会给对方一个可乘之机——对他的弱点进行攻击。因此，戴尔在讨论高级文职人员的工作意外事件时提到：

> 与正式文告相比较，官方信件的草稿需要更为审慎的检查：这是因为，即使在要旨无关痛痒、主题并不重要的信件中，一个不确切的陈述或不恰当的措辞，如果正好被那些乐于把政府部门的任何瑕疵都当作美味佳肴奉献给公众的人抓住，那么也许整个部门都会陷入一片混乱。那些初到政府部门任职的年轻人，正值24岁至28岁这个接受能力较强的年龄段，经过三四年的训练，他们便能形成追求精确事实的性

格和严密推理的思维方式，会对一切含糊、笼统的表述进行严格的审视。[58]

尽管我们愿意了解这几类情境中的表达要求，但我们还是倾向于把这些情境当作特例来对待。我们经常会忽视这样一个事实：在我们英美社会中，为了使我们的行为恰如其分、礼貌、得体，日常世俗表演经常需要经受严格的测验。导致这种盲目的部分原因也许是，作为表演者，我们更多地意识到的是那些本来可以，但实际上却并没有被我们采用的行动标准；相比之下，我们却较少会意识到那些被我们不假思索就采用的标准。不管怎么说，作为研究者，我们必须随时关注那些类似由拼错单词或不小心走光所造成的不一致。我们必须了解到，为什么当雇主家的主妇来检查管道维修工作时，近视眼的管道工为了维护其职业所需的粗壮汉子的印象，会感到有必要立即摘下眼镜塞进口袋，因为在雇主面前，他的工作已经转变成了表演；还有，为什么公关顾问经常告诫电视机修理工，应该把忘记装回电视机原处的螺丝和自己的螺丝一起收起来，以免这些遗落的部件给人留下不好的印象。换句话说，我们必须留意，表演所建立的现实印象是微妙而脆弱的，任何细微的失误都有可能将其摧毁。

表演所要求的表达一致，指出了在我们的人性化自我（all-too-human selves）与我们的社会化自我（socialized selves）之间一个至关重要的差异。作为人类，我们也许只是被反复无常的情绪和变幻莫测的精力所驱使的动物。但是，作为一个在观众面前表演的社会角色，我们必须保持相对稳定的状态。正如涂尔干所指出的那样，我们不允许我们的高级社会活动"像我们的知觉和机体意识那样紧随我们的机体状态而变化"[59]。人们期望某种精神的科层化，以使我们在任何给定的时间都做出完全一致的表演。正如桑塔亚纳所说，社会化过程不仅使人的精神变得崇高，而且使其固化：

> 然而，不管我们是满面春风，还是一脸悲哀，在选择和突出这种神态的时候，我们就已经明确表示了我们的主宰性情。今后，只要我们仍然还受这种自我认知的魅力所影响，我们就不仅仅是在生活，更是在行动；我们创作并扮演我们选择的角色，以审慎的态度行事，捍卫着自己的激情并将之理想化；我们竭力给自己制造各种理由，说服自己去表现自我，无论这种自我是乐于奉献还是玩世不恭，也不管它是粗枝大叶还是谨小慎微；我们（在想象的观众面前）独白，我们用与我们不可分割的角色外衣优雅地把自己包裹起来。披上这样的外衣，我们期待着人们为我们喝彩，并期望在一片静寂中悄然匿迹于归途。我们宣称我们将践行自己所说的一切美好情操，就像我们坚定信仰我们声明信奉的宗教一样。我们遇到的困难越大，我们的热情就越高涨。凭借我们公开声明的信条和誓言，我们必须竭尽全力地隐匿我们的情绪与品行之间所有的不一致。这并不是伪善，因为我们经过深思熟虑所塑造的角色，比起那些我们不由自主产生的幻想之变

化无常，更真实地反映了我们自己。我们以这种方式描绘和展示出来作为我们真实自我的画像是如此壮丽：圆柱、帷幕、远方的风景，还有一只手，指向地球或哲学化的约里克的骷髅（Yorick-Skull）*。但是，如果这种风格是我们与生俱来的，并且我们的艺术生气勃勃，那么这幅图景对它的原型改变越大，这种艺术就越深刻和真实。古代严肃的半身像雕塑虽不能赋予石头以人性，却能表达出一种人的灵性，这种灵性远比人们早起时带有的那种呆滞的神态或偶尔扮的鬼脸更像人。每一个头脑清醒的人，每一个对自己的职位感到自豪的人，或每一个对自己的职责感到忧虑的人，都会戴上一副悲剧面具。他把自己托付给这副面具，并将自己几乎全部的虚荣心都移置其上。只要一息尚存，并像所有其他存在着的事物一样受制于其本身的流变侵蚀，他就把他自己的灵魂凝结为思想，自豪地而不是悲伤地将自己的生命供奉在缪斯的祭坛上。像任何艺术或科学一样，自我认知以一种新的媒介，即思想的媒介来表达自己的主题，在这种媒介中，它失去了原先的范畴和地位。我们的道德良知把我们的动物习性变成忠诚和责任，而我们则变成了"人"或面具。[60]

于是，通过社会规训，某种举止的面具便可以在我们身上由内而

---

* 约里克的骷髅，典出《哈姆雷特》第五幕第一场。约里克是国王的弄人。他的骷髅被掘墓者从坟墓里挖出来，哈姆雷特看到了，就拿着这具骷髅发表了关于生死的思辨言论。——译者

外地稳固成型。但是，正如西蒙娜·德·波伏瓦（Simone de Beauvoir）所言，我们之所以会有这种姿态，是因为有一些或明或暗的夹具直接夹住了我们的身体：

> 即使每个女人都穿戴得合乎自己的身份，但游戏仍在继续：矫饰如同艺术，无疑属于想象力的王国。不仅仅是借助束腹裤、胸罩、染发剂、化妆品等来伪装身段和面容，而且，即使最不谙此道的女人，一旦开始"打扮"自己，她便不再以真实面目示人，而是像图片、雕像或舞台上的演员那样，成了一个代理人，她不是因扮演某个角色而存在，而是根本不存在了。正是这种对不真实的、毫无变化的、完美无缺的事物（如小说中的英雄、肖像或半身像）的认同感让她感到满足。她竭力使自己与这种形象融为一体，从而使自己看起来更加稳定，也让自己绚丽多彩的形象更加合情合理。[61]

误 传

我们在前面已经提到，在某些情境下，观众会有一种自我适应的能力，他们会根据自己的信念来接受表演给予的暗示，并把这些暗示视为比符号载体本身更为重要或与之不同的证据。如果说观众这种接受符号的倾向会使表演者处于被误解的境地，并使表演者在观众面前的一举一动都必须谨小慎微地表达，那么，这种接受符号的倾向同样也会把观众自己置于被欺骗和被误导的境地。这是因为，几乎所有符号都可以用来证明实际上并不存在的东西的存在。显然，许多表演者都有足够的能力和动机来误传（misrepresentation）事实；只有羞愧、内疚或害怕才可能让他们放弃这种企图。

作为观众的一员，我们自然会感到，表演者所试图制造的印象或许是真实的，或许是虚假的，或许是真诚的，或许是骗人的，或许是合法有效的，或许是"虚构的"。就像前面所说，这种疑虑普遍存在，所以，我们经常格外注意表演中那些不易操纵的表演特征，从而使我们自己能够更好地判断表演中众多可能误传的暗示到底有多可靠。（科学的警务工作和投射测验是运用这种倾向的极端例子。）如果我们不愿让具有某些身份象征的表演者得到他想要得到的特定待遇，那么我们就会随时准备抓住其象征铠甲上的破绽，以此来揭露他的矫揉造作。

每当我们想到那些呈现虚假前台，或呈现"唯一"前台的表演者时，想到那些伪装的、行骗的、欺诈的表演者时，我们自然便会想到被营造出来的外表与现实之间的巨大差异。我们还会想到这些表演者使自己置身其中的危险境地，因为他们在表演的过程中，随时都有可能暴露他们的问题以及那些与他们公开宣称的内容直接矛盾的东西，他们会因此丢尽脸面，甚至声名狼藉。所以，我们也常常感到，诚实的表演者所能避免的，正是这种在"作案现场"被逮个正着的可怕意外。这种常识性观点的分析作用有限。

有时，我们会问，一种被制造出来的印象是真还是假，但实际上我们想问的是，表演者是否有权进行这种表演，而不是关心实际的表演本身。当我们发现与我们交往的人是一个冒名顶替者，是个彻头彻尾的骗子时，我们实际上发现的是他根本无权表演他所扮演的角色，他并不是相应角色的合格担当者。我们假定，冒名顶替者的表演，除了误传角色，还会在其他方面出现纰漏；但是往往在我们发现虚假表演和它所假冒的合法表演之间的其他差异前，冒名顶替者的伪饰就已被揭穿了。其实这正是一个悖论，冒名顶替者的表演越接近真实，我们可能受到的威胁就越大，这是因为冒名顶替者的高超演技会削弱我们意识中的道德判断力，使我们对扮演某一角色的合法资格与扮演这一角色的能力之间的关联的认识变得模糊不清。（演技高超的模仿者从一开始就会声明他们并没有什么意图，只不过是开个玩笑，但这似乎就是他们使用的一种能使我们"逐渐消除"某些担忧的方法。）

然而，假扮（impersonation）的社会定义本身并不是一个非常一致的东西。例如，假扮那些有神圣身份的人，如医生或牧师，被视为对社会交往的一种不可饶恕的犯罪；但当某人假扮一个被轻视、无足轻重、身份世俗的人，如流浪汉或无须掌握什么技能的工人时，我们往往就不太在意。当发现一个与我们一直共同演出的表演者的真实身份比他让我们相信的要高贵得多时，按基督教的惯例，我们的反应只会是惊讶和懊悔，而不会产生任何敌意。事实上，在神话和我们的流行杂志中充满了类似的浪漫故事，这些故事中的恶棍和英雄往往都是具有欺骗性的，真相在故事的最后一章才大白于天下，恶棍的身份其实并不像前面显现的那么高贵，而英雄的身份其实也没那么低下。

而且，虽然我们可能会对那些有意误传自己生活中每一个事实的老练骗子深恶痛绝，但我们可能会对那些只有一个致命缺陷的人抱有一些同情，他们试图隐瞒自己是刑满释放人员、被奸污的失贞者、癫痫患者或有混血血统等事实，不愿面对自己的缺陷并努力诚实地去克服它。同样，我们通常认为对特定、具体个体的假扮是不可饶恕的，但对类别成员的假扮则相对宽容。同样，我们对那些认为是为了集体利益而伪装自己的人，或者那些只是偶尔或为了好玩而伪装自己的人，与那些为了个人心理满足感或物质利益而伪装自己的人的看法还是有所不同的。

最后，因为"身份"的概念在某些意义上不甚明确，所以假扮的概念在某些意义上也是不甚明确的。例如，有许多身份，其成员资格显然是无须正式认可的。对自称法学院毕业生的人，我们是能够辨别其真伪的，但是，如果有人自称某人的朋友，或自称虔诚的信徒，或自称音乐爱好者，那么我们对此只能大概地进行确证或否认。在没有客观标准来衡量能力，或者真正的专业从业者还没有为保障他们的权利而组织成社团的地方，个体便可以自诩为专家，这至多受到些许讥笑，却不必承担什么实质性的惩罚。

所有造成这些混乱状况的来源,都可以在我们对待年龄和性别身份的各种态度中得到有指导意义的体现。比如,一个15岁的男孩把自己假扮成18岁的成人,驾驶汽车或在酒馆里喝酒,这一定会受到谴责;但是在许多社会情境中,一位女士如果不把自己打扮得比实际情况更年轻并更有性魅力,那就是不恰当的。当我们说,一位女士的身材并不像表面上看起来那么好,或者说一位女士事实上并不像她所伪装的那样是一位真正的医生,那么,我们实际上是在不同的意义上使用"真正的"这个词。而且,今年被认为是误传事实的对个人前台的修饰,几年后却可能被认为仅仅是装饰,而且在任何时候,我们社会中的一个亚群体和其他亚群体之间都可能存在这种认知差异。例如,就在最近,通过染发来遮盖灰白的头发已经得到人们的认可,尽管还有一些人仍觉得不能接受。[62] 再有,人们可以接受外来移民在服装和礼仪方式上装扮得像个美国人,但是,对于把自己的名字美国化[63]或整容隆鼻[64]仍有争议。

让我们试着换一个路径来理解误传。"公开的"、"直白的"或无耻的谎言,可以被定义为这样一种谎言:具有确凿的证据表明撒谎者知道自己在撒谎并有意这么做。比如,某人称自己某时在某个地方,而实际情况却并非如此,这是一个例子。(某些假扮——并非全部——就包括这样的谎言,但许多这样的谎言却与假扮无关。)那些被当场揭穿说了无耻谎言的人不仅在互动过程中丢了脸面,还可能会名誉扫地,因为许多观众都认为,如果一个人可以撒一次这样的谎，那么他也就不再值得完全信任了。但是，也有一些"善意的谎言"，医生、潜在的客人和其他一些人会说这样的谎言。他们之所以撒谎，可能只是为了顾全作为谎言接受者的观众的感情，并且这样的谎言也不被认为有多么可怕。（对这种意欲保护他人而不是自我防御的谎言，我们将在后面再做考察。）此外，在日常生活中，表演者常常可以有意地制造各种各样虚假的印象，而又不至于使自己处在因明显撒谎而无法辩解的境地。诸如含沙射影、模棱两可、遗漏要点等沟通技巧，都会使那些有意误传者从撒谎中获得好处，同时从技术层面上讲，又没有说出任何谎言。大众传媒在这方面也有自己的一套方法，比如，借助巧妙的拍摄角度和剪辑，就能把对一个知名人士的零星反应，搞成一个万众追捧的热烈场面。[65]

人们已经正式认识到谎言与真实之间那些细微的差别以及由这个连续统所带来的种种困窘。诸如房地产委员会等组织已经制定了明确的规章制度，具体规定了夸大其词、轻描淡写、省略遗漏等可能造成多大程度的不可靠印象。[66]英国的文官制度显然也是基于类似的理解来运作的：

> 这里的规则（关于"意图公开或可能公开的声明"）很简单。不真实的不要说：但即使是从公众利益出发，事无巨细、面面俱到地说出所有相关事实，有时既没有必要，还会让人厌烦；而且，向公众披露的事实也可能会根据需要来调整顺序。根据这些要求，一个高明的文告起草人所能发挥的

作用简直让人吃惊。也许这样说可能有点儿玩世不恭，但确有几分真实：在下议院，面对一个让人为难的问题，最好的回答是简明扼要的回答，这看起来回答了所有问题，如遇质疑，可以证明每一个字都准确无误，不会给人留下提出尴尬的"补充问题"的机会，而且实际上什么实质性内容也没有透露。[67]

法律以其自身确立的规则区分了诸多普通社交的细微差别。在美国法律中，对故意、过失和严格的责任是有明确区分的；表演的误传被认为是一种故意的行为，它的产生原因包括：言语或行动、模棱两可的陈述或误导性的字面真相、隐瞒或掩盖真相的行为。[68]应受处罚的隐瞒行为，在不同的社会生活领域中是有区别的，针对广告行业有一种标准，而对职业咨询师又有另一种标准。而且，法律倾向于认为：

> 由于在查明事实、使用某种表达方式时缺乏合理的审慎，或缺乏某一特定行业或职业所要求的技巧和能力，即便陈述者真心确信自己所言属实，该陈述仍可能是有所疏漏的。[69]

> ……只要被告确实有意误导，那么，即使他大公无私、动机纯良，自己认为是在帮原告的忙，也不能免除他的法律责任。[70]

当我们从彻底的假扮和无耻的谎言转向其他类型的误传时，按常识区分真假印象就变得更不可靠了。有时十年前还是江湖行骗式的职业活动，如今却成了可接受的合法职业。[71]我们还发现，有些活动在社会中的一部分观众看来是合法的，而在另一些观众看来则是骗局。

更为重要的是，我们发现，几乎所有日常职业或关系中的表演者，都会隐蔽地从事某些与其所建立的表面印象不一致的活动。尽管某些特定的表演甚至特定的角色或常规程序，根本无须表演者隐瞒任何东西，但是，在他的全部活动中总会有些不能公开的东西。角色或关系所涵盖的事务范畴越广、涉及的表演环节越多，似乎就越有可能存在需要保密的东西。因此，我们可以预料到，即使是婚姻美满的恩爱夫妻，双方可能也会向对方保守一些秘密，比如经济收入、以往的经历、最近的艳遇、"恶"习或奢侈的嗜好、个人的抱负或烦恼、子女的所作所为、对亲戚和共同的朋友的真实看法等。[72]正是因为有了这种对各自的某些秘密保持沉默的策略，夫妻之间就有可能维持一种和谐的现状，而没有必要在日常生活的所有方面都刻板地要求维护个人隐私。

也许最重要的是，我们必须注意到，个体在其任何一个常规程序中所维持的虚假印象都可能对他所有的关系或角色构成威胁，而该常规程序仅仅是其中的一部分。如果他在其表演的某一领域中的伪装被无情地拆穿，那他不仅会名誉扫地，还会使人对他本来并无隐瞒的其他活动领域也产生怀疑。同样，如果个体在表演过程中只有一件事需要隐瞒，而且泄密的可能性只出现在表演的某个特定时刻或阶段，表演者因此产生的焦虑也可能会蔓延至整个表演过程。

在本章的前几节，我们提到了表演的若干一般特征：以工作任务为导向的活动往往会转变为面向沟通的活动；某一常规程序借以呈现的前台也可能适用于另一种稍有不同的常规程序，却又似乎不可能与任何特定的常规程序完全匹配；表演者会竭力实施自我控制，以便维持操作共识；通过突出某些事实、隐瞒另一些事实来营造一种理想化的印象；表演者通过更加小心谨慎地避免细微的不协调来保持表现的一致性，而不是依靠声明表演目的来引导观众的思绪。表演的这些一般特征，都能被视为作用于个体并将其活动转化成表演的互动约束力。个体不再只是单纯地完成任务并宣泄情绪，而是会表现出自己正在执行任务，并以可接受的方式传递自己的情绪。一般来说，活动呈现出的样子与活动本身会有一定程度的差异，因此不可避免地会误传活动。而且，因为个体总是需要依靠各种符号来呈现其活动，所以他所构建的形象无论多么忠于事实，都会受到印象所受到的一切干扰的影响。

虽然我们可以保留这样一种常识性的观念，即营造出来的外表可能会被与之相悖的现实所揭穿，但我们往往没有理由宣称，与所营造的印象相悖的事实比这种令人尴尬的营造出来的现实更真实。对日常表演的玩世不恭的看法，与表演者倡导的观点同样片面。就社会学争论的许多问题而言，甚至可能没必要判定两者中何者更为真实：是表演者制造的印象，还是表演者试图阻止观众接受的印象。至少对本报告来说，关键的社会学考量仅仅是日常表演中制造的印象极易遭受破坏。我们想要知道哪一种现实印象能够破坏表演制造的现实印象,至于什么是真正的现实,则可以交给其他研究者去研究。我们总是想问:"给定的印象会以哪些方式被揭穿?"这与问"给定的印象在哪些方面是虚假的?"并不完全相同。

回过头来,我们会意识到,尽管冒名顶替者和骗子的表演具有明显的虚假性,在这一点上它与普通表演确实有着天壤之别,但是,两者间也有共同点,即表演者都必须小心翼翼地维持其在表演中制造的印象。因此,例如,我们知道,英国文官的规章制度[73]和美国棒球裁判的纪律章程[74],不仅规定了他们不能做任何不当的"交易",而且规定他们不能做任何有可能被(错误地)认为他们在做交易的无辜行动。无论是诚实的表演者想要传达某种真相,还是不诚实的表演者想要制造某种假象,两者都必须用恰如其分的表现来使他们的表演栩栩如生,必须在他们的表演过程中排除一切可能推翻他们所建立的印象的表现方式,并注意防止观众曲解表演者无意中表露出的含义。[75]这些表演共同具有的戏剧偶然性(dramatic contingencies)使我们可以通过对很虚假的表演的研究增进对很诚实的表演的认识,从而有所收获。[76]

神　秘　化

我已经提出了个体在表演中突出某些事实,同时隐瞒其他一些事实的几种方式。如果我们把感知看成一种接触和交流的形式，那么，控制了被感知的东西也就是控制了接触，对展示内容的限制和调节也就是对接触的限制和调节。这里，在信息项与仪式项之间存在着一种来往。不能调节观众所获得的信息，就有可能破坏情境的预设定义；而不能调节接触，就有可能在仪式环节"污染"表演者。

有一种普遍的看法认为，限制接触，即保持社会距离，是使观众产生并保持敬畏的一种方式——如肯尼思·伯克所言，它能使观众处于一种对表演者深感神秘的状态。库利的表述可以作为一个例证：

> 一个人有多大可能通过他人对他自己的虚假看法来对他人产生影响，这要视各种情况而定。正如已指出的那样，一个人本身，也许不过是一个偶发事件，与别人对他的看法没有明确的关联，别人对他的看法是想象力的独立产物。这种情况几乎只会出现在领导者和追随者之间没有直接接触的情况下，这也部分地解释了为什么权威——特别是那些想要掩盖个人固有的弱点的权威——总是会用各种形式和人为的神秘感在自己周围筑起一道屏障，这些形式和神秘感的作用在于阻止过往甚密，从而给想象提供了一个理想化的机会。……例如，陆军和海军的纪律就明确意识到那些把上级与下级隔离开来的形式的必要性，从而为上级确立了不能被仔细观察的支配地位。同样，正如罗斯（Ross）教授在其《社会控制》一书中所说，举止在很大程度上被世人用作一种自我隐瞒的

手段，而这种自我隐瞒，除了其他作用外，还可以保持一种对头脑简单者的支配地位。[77]

庞森比在向挪威国王提出忠告时，也表达了同样的看法：

> 一天晚上，哈康（Haakon）国王跟我说，由于反对派日益强烈的共和倾向，他的处境非常困难，以至于他的一举一动都不得不小心翼翼。他说，他打算尽可能深入民众，甚至认为，如果他和莫德（Maud）王后不坐小轿车，而改坐有轨电车，也许更会受到公众的爱戴。
>
> 我坦率地告诉他，这无疑是大错特错，因为过分亲昵会被人轻视。作为一名海军军官，他总该知道，舰长从不与其他军官一起吃饭，而是远离他们独自用餐。这当然是为了防止与他们走得太近。我告诉他，必须坚守在令人敬仰的显赫地位上。他可以偶尔走下神坛，这也无伤大雅。人民并不期待一个能与之亲近的国王，而是希望有一个如同德尔斐神谕一样深奥难解的国王。君主制实际上是每个人想象的创造物。每个人都喜欢想象如果自己是国王的话，会怎么做。人民会以为君主具有一切可以想象的德行与才干。因此，如果他们看到君主像贩夫走卒那样走在大街上，一定会感到失望。[78]

这种理论所隐含的逻辑，不管事实上是否正确，都是为了阻止观众对表演者体察入微。我们经常可以看到，当表演者声称自己有了神圣的品质和权力时,这个逻辑推论似乎就开始生效了。

当然,在保持社会距离的问题上,观众本身也常常会给予配合,以恭敬的方式行事,怀着敬畏之心看待赋予表演者的神圣完整性。正如齐美尔所说:

> 按照这里的第二个决定行事,就符合这样一种感觉(这种感觉在别处也起作用),即每个人周围都存在一个理想领域。虽然这个领域在不同方面的范围有所不同,而且因人而异,但是,这个领域是不能被侵入的,除非个体的人格价值因此而被破坏。这个领域作为一个人的"名誉"而被置于他的周围。"狎侮"这个词,非常贴切地说明了这种有损个人名誉的状况,这个领域的半径距离表明:如果他人贸然侵入,那么一个人的名誉就会受到损害。[79]

涂尔干也提出了同样的观点:

> 人格是神圣不可侵犯的;既不可亵渎它,也不可侵入其领域。然而,与此同时,最大的善是与他人共处。[80]

必须明确指出的是,与库利所说的含义相反,人们不仅会对地位高的表演者感到敬畏和产生距离感,而且对地位低的或同等地位的表演者也会有这样的感觉(尽管不是太强烈)。

无论对观众的作用如何,对观众的这些约束都允许表演者在制造他所选择的印象时有了某种活动余地,使他既可以为自己的利益,也可以为观众的利益,发挥一种保护或威胁的作用,而仔细观察则会破坏这种保护或威胁。

最后，我还想补充一点：观众由于敬畏表演者而不予追究的事情，往往是那种一旦被揭露，表演者就会感到羞愧的事情。正如里茨勒（Riezler）所说，我们拥有一枚基本的社会硬币，一面是敬畏，一面是羞愧。[81]观众会感觉到表演背后不公开的神秘事物，而表演者却清楚地知道，他主要的秘密只不过是些微不足道的小把戏。正如无数民间故事和入会仪式典礼所表明的那样，神秘事物背后的真正秘密往往是根本就不存在什么神秘事物；真正的问题是如何防止观众也了解到这一点。

现实与人为

在我们英美文化中，似乎存在着两种常识性模式，我们据此制定自己的行为观念：一种是真实的、真诚的或诚实的表演，另一种是彻头彻尾的捏造者为我们捏造的虚假表演。这种虚假的表演要么像舞台演员的表演那样，本就不期望被当真；要么像骗子的表演那样，故意让人信以为真。我们倾向于把真实的表演看作无目的地拼凑起来的东西，看作个体对情境事实所做的无意识反应的自然产物。至于人为设计的表演，由于不存在任何能够让行为的细节做出直接反应的现实，因此，我们倾向于把它们看成被煞费苦心地一个个拼凑起来的东西。现在必须明白，这些二分式的概念不过是诚实表演者的意识形态，它们为表演者的表演提供了支撑，但却不足以用来分析表演本身。

有人认为，许多人都真诚地相信他们基于习惯对情境所预设的定义是真实的现实。在这份报告中，我并不打算了解他们在人口中所占比例有多大，而是想探究他们的真诚与他们提供的表演之间的结构关系。要使表演成功，表演者就必须让大多数观众相信他是真诚的。这就是真诚在戏剧效果中的结构地位。表演者可能是真诚的——或者并不真诚，但却真诚地相信自己是真诚的——而这种对自己角色的钟爱，并不能保证他们做出令人信服的表演。虽然并没有多少法国厨师真的是俄国间谍，也不会有许多女人在扮演妻子角色的同时是另一个男人的情妇，但这样的双重角色确实存在，有时甚至能成功地扮演很长时间。这表明，尽管人们通常是他们表面上的样子，但是这样的外表仍然是可以控制的。因此，在外表与现实之间只存在一种统计上的联系，而没有任何本质或必然的联系。事实上，考虑到表演经常会遭遇意想不到的威胁，而且表演者既要与共同表演者保持一致（这一点我们稍后将做讨论），又要与观众保持一定的距离，因此我们可以发现，表演者如果僵化地不能摆脱他内心对现实的看法，他的表演就会受到威胁。一些表演因为完全不诚实而获得成功，而另一些表演则因为完全诚实获得了成功；但是对一般的表演来说，这两种极端都不是完全必要的，而且，从戏剧创作这一角度来说，也都是不可取的。

这里隐含的意思是，诚实的、真诚的、认真的表演与客观世界的联系，也许远没有人们通常想象的那么紧密。如果我们进一步察看通常在完全诚实的表演和完全是人为设计的表演之间所做的区分，这种含义就会更加明确。我们可以用舞台演出为例来说明这一点。要成为一名优秀的舞台演员，必定需要经过长期艰苦的训练，拥有高超的技艺和过硬的心理承受能力。但是，这个事实不应使我们忽视另一个事实：几乎任何人都可以很快熟记一个剧本，在那些仁慈、宽厚的观众面前为自己的表演营造出某种真实感来。这是因为一般的社会交往本身就是像戏剧场景一样构建的，也就是由戏剧化的夸张行为、对抗行为和作为尾声的应答交替构成。剧本甚至在那些毫无经验的演员手中也能栩栩如生，因为生活本身就是一场戏剧化的演绎。当然，并非整个世界都是一个大舞台，但是关键在于，要想具体指出世界在哪些方面不是舞台也并非易事。

最近，作为一种治疗技术的"心理剧"，表明了与此相关的另一要点。在这些精神病学设计的舞台场景中，病人不仅能有效地扮演角色，而且还不必使用剧本。他们自己过去的经历就是他们的表演素材，因此他们可以将其扼要地重现出来。显然，一个曾经被真诚、认真地扮演过的角色，会使表演者具备以后设法将它重现的能力。而且，表演者似乎也可以重现那些重要他人（significant others）过去在他面前扮演过的角色，即从他自己曾经的角色转变为别人曾在他面前扮演的角色。这种在必要时转变角色的能力，是可以预期的；每个人显然都可以这么做。因为我们在现实生活中学习扮演自己的角色时，会通过不自觉地保持对那些即将成为我们演出对象的人的常规程序的初步熟悉，来引导自身的行为表现。而当我们有能力来恰当地驾驭某种真实的常规程序时，我们便能依靠一定程度上的"预期社会化"[82]来做到这一点，我们正是在那种对我们来说正在成为真实的现实中得到了预先训练。

当个体进入一个新的社会地位，并要扮演一个新的角色时，他也许不会很快获知有关他应该如何表现自己的详尽信息，他所处新情境的事实也不会从一开始就对他产生足够的压力，让他在没有进一步考虑的情况下决定他的行为。通常情况下，他只能得到一些线索、暗示和舞台指导，但这些东西会让人误以为他已经拥有了全部剧目所需的大量表演经验，足以应付新情境中的演出要求。他已经相当熟悉谦逊、敬重或义愤填膺的样子，并能在必要时装出这些样子。他甚至可以根据他已经熟悉的活动模式，扮演一个催眠对象[83]的角色，或实施"强迫性"犯罪[84]。

戏剧表演或舞台骗局需要把常规的口头内容详尽地改编为演出剧本，但是，大量"流露出来的表现"却往往不会得到多少舞台指导。人们期望幻象表演者对于如何控制自己的语调、面部表情以及躯体动作等各种知识都已经了如指掌，尽管他——以及那些指导他表演的人——或许会发现，要想用语言把这类知识详细地表述出来确实是很困难的。当然，在这一点上，我们同那些简单直率的市井中人相差无几，并没有特殊的本事。也许社会化并不会过多涉及某一具体角色的大量细节——人们往往不可能有这么多的时间和精力。看来，对个体的要求似乎是掌握足够多的表达技巧，以便能够或多或少地"填补"和驾驭任何需要他扮演的角色。日常生活中合情合理的表演不是下述意义上的"扮演"或"作秀"，即表演者预先完全知道他要做什么，并且他这样做仅仅是为了表演可能产生的效果。他所流露出来的表现对他而言尤其"难以察觉"。[85]但是，就像那些不太合情合理的表演者一样，普通人虽然不可能事先设计好眼神和躯体活动，但并不意味着他不会通过这些手段，按照在其行动剧目中预先形成的戏剧化方式来表现自己。简言之，我们所有人做的都比我们知道的更好。

当我们在电视节目中看到摔跤运动员向其对手做假动作、犯规或咆哮时，我们很容易看出：尽管满身伤痕，但他其实明白，自己只是在扮演"反面角色"；而在另一场较量中，他也许被赋予另一个角色，即一个干净利落的摔跤手，并以同样的热情游刃有余地完成表演。然而，我们似乎不太容易了解到，尽管像摔倒的次数与摔倒的特征这样一些细节也许是事先安排好的，但摔跤手的情绪表达和动作细节却并非来自剧本，而是如同我们使用谚语时的情况，是在没有经过深思熟虑或是在毫无计划的情况下即时生发出来的。

在读到西印度群岛上那些可以变身为"马"或被伏都教（voodoo）神灵附体的人时[86]，我们得到了这样一种启发：那些被附体的人之所以能够正确地描绘出已进入他脑海中的神的形象，是因为"在生活中参加祭礼集会时所积累的知识和记忆"[87]；被附体者与围观者之间存在着恰到好处的社会关系；附体会在仪式活动中恰当的时刻发生，被附体者依照他的例行职责还会与当时被其他神灵附体的人共同表演某种短剧。但是，在了解到这一点的同时，我们必须看到，这种对"马"（被附体者）角色的情境建构，仍然能够让参加祭礼仪式的人都相信：附体是一件真实的事，被附体的人是被他们无法选择的神灵随意选中的。

因此，当我们观察一个年轻的美国中产阶级姑娘为讨好她的男朋友而装傻充愣时，我们不难指出她的行为中各种狡诈和诡计的成分。但是，如同她自己和她的男朋友一样，我们也会承认这名表演者是一个年轻的美国中产阶级姑娘这一未经表演的事实。可是，在此我们肯定忽略了表演更为重要的部分。众所周知，不同的社会群体以不同的方式来表现诸如年龄、性别、地区、阶级地位等特征，并且，所有这些外显特征都是通过复杂的文化构型被详细阐述的，这种文化构型体现了一种恰当的行为方式。因此，成为（be）一个特定类型的人，不仅要拥有那些该类型所需的特征，还要维持他所在社会群体赋予他的行为标准和外表标准。维持标准也属常规程序之列，表演者能够一以贯之地完成保持不假思索、从容自如这样水准的常规程序，并不意味着没有表演发生，只能说明他还没有意识到他已经在表演了。

身份、地位、社会声誉这些东西，并不是可以拥有且被展示出来的物质实体；它们是一种恰当的行为模式，具有内在的一致性，不断地被人加以修饰润色，并且具有很强的连贯性。不管人们的表演是轻松自如还是笨拙不堪、是有意识的还是无意识的、是狡诈的还是真诚的，它都必须展现和描述一些东西，并且让人们感知到这些东西。在这里，萨特为我们提供了一个很好的例子：

> 让我们来考察一下咖啡店的服务员。他的动作敏捷且身子向前倾斜，有点过于精确，也有点过于急促。他迈着过于灵活的步子来到顾客身边，过于殷勤地鞠躬，他的嗓音、他的眼神都表示出对顾客要求的过分关切。最后，他返回来，试图在他的行动中模仿某种自动装置的刻板、严格，他像走钢索的演员那样以惊险的动作端着托盘，让盘子永远处于不稳定的、不断被破坏的，但又总是被他用手臂的轻巧运动重新建立起来的平衡之中。他的所有行为对我们而言似乎就是在玩一种游戏。他专心地把他的种种动作连接得如同相互制约着的机械，他的手势、他的嗓音似乎都是机械的；他显示出了一种物的无情的敏捷与速度。他在表演，他在自娱自乐。但是他在演什么呢？无须长时间的观察，我们就可以了解到：他扮演的是咖啡店的服务员。这没有什么可让我们吃惊的：游戏是一种做标记和调查。孩子们摆弄自己的身体，是为了探索它，是为了认清身体的各个器官；咖啡店的服务员通过身份扮演实现身份认同。这种义务同强加给所有商人的义务没有区别：他们的身份完全是一套仪式，公众舆论要求他们把身份作为仪式来实现。食品杂货店店主、裁缝、拍

第一章 表演

卖师都有自己的"舞蹈",通过这种舞蹈,他们努力使顾客相信他们只不过是一个食品杂货店店主、裁缝、拍卖师,而不是其他什么人。一个杂货店店主终日昏昏欲睡,这对顾客就是一种冒犯,因为他不再完全是一个店主了。社会要求他自制于店主的职责中,这就像立正的士兵,他的眼睛只注视着前方,但他什么也没有看,他的目光不再是为了去看,因为规章制度而不是当下的兴趣决定了他必须盯着这个点(目光"盯在十步远之处")。事实上,有许多预防措施可以把一个人禁锢在他现有的身份中,就好像我们生活在永久的恐惧之中,生怕他逃脱,生怕他挣脱束缚,突然摆脱自己的身份。[88]

注释

1. 也许骗子的真正罪过并不在于他从受害者那里拿走了钱物,而在于他剥夺了我们所有人的如下信念:中产阶级的举止与外表只能由中产阶级的人维持。一个摆脱了错误观念的专业人士,可以对客户期待他提供的那种专业服务关系怀有玩世不恭的敌意;骗子,也具备轻视整个"正统"世界的资格。

2. 参见 Taxel, *op. cit.*, p. 4。哈里·斯塔克·沙利文(Harry Stack Sullivan)已经指出,被送进精神病院的表演者的巧妙行为可以朝另一个方向运行,产生一种"贵族行为理应高尚"式的通情达理。参见其 "Socio-Psychiatric Research," *American Journal of Psychiatry*, X, 1931, pp. 987–988。

> 几年前,我从在一家大型精神病院中进行的"社交恢复"研究中了解到,病人们常常因为学会了不对周围的人表现出症状而被免予看护;换言之,他们已充分整合了其个人环境,认识到了那些与他们的错觉对立的成见。由于最终发现这些成见是愚昧无知而非敌意,他们仿佛变得聪明起来,能对周围的愚昧无知加以容忍。于是,

他们能够在与他人的交往中获得满足，同时又以精神病的方式发泄出他们的一部分渴望。

3. Robert Ezra Park, *Race and Culture* (Glencoe, Ill.: The Free Press, 1950), p. 249.

4. Ibid., p. 250.

5. 设得兰岛研究。

6. H. S. Becker and Blanche Greer, "The Fate of Idealism in Medical School," *American Sociological Review*, 23, 1958, pp. 50-56.

7. A. L. Kroeber, *The Nature of Culture* (Chicago: University of Chicago Press, 1952), p. 311.

8. H. E. Dale, *The Higher Civil Service of Great Britain* (Oxford: Oxford University Press, 1941), p. 50.

9. David Solomon, "Career Contingencies of Chicago Physicians"（未发表的博士论文，芝加哥大学社会学系，1952年），p. 74.

10. J. Macgowan, *Sidelights on Chinese Life* (Philadelphia: Lippincott, 1908), p. 187.

11. 参见肯尼思·伯克（Kenneth Burke）关于"场景—行动—行动者的比例"的论述，载 *A Grammar of Motives* (New York: Prentice-Hall, 1945), pp. 6-9。

12. E. J. Kahn, Jr., "Closings and Openings," *The New Yorker*, February 13 and 20, 1954.

13. 参见 Mervyn Jones, "White as a Sweep," *The New Statesman and Nation*, December 6, 1952。

14. A. R. Radcliffe-Brown, "The Social Organization of Australian Tribes," *Oceania*, I, 1930, p. 440.

15. 参见丹·洛尔蒂（Dan C. Lortie）对此问题的详尽探讨："Doctors without Patients: The Anesthesiologist, a New Medical Specialty"（未发表的硕士论文，芝加哥大学社会学系，1950年）。还可参见马克·墨菲（Mark Murphy）对罗文斯坦（Rovenstine）医生的三期连载描绘："Anesthesiologist," *The New Yorker*, October 25, November 1 and 8, 1947.

16. 在一些医院里，实习医生和医学院学生会做一些层次低于医生而又高于护士的工作。这样的工作很可能并不需要大量的经验和实践训练，因为尽管实习医生的中间身份是医院的永久组成部分，但所有拥有这一身份的人都是暂时性的。

17. 巴贝·皮内利（Babe Pinelli）对乔·金（Joe King）所说的话，参见 Babe Pinelli, *Mr. Ump* (Philadelphia: Westminster Press, 1953), p. 75。

18. Edith Lentz, "A Comparison of Medical and Surgical Floors" (Mimeo: New York State School of Industrial and Labor Relations, Cornell University, 1954), pp. 2-3.

19. 本研究报告中使用的所有有关葬礼的材料均取自 Robert W. Habenstein, "The American Funeral Director"（未发表的博士论文，芝加哥大学社会学系，1954年）。海本斯坦先生把丧葬作为一种表演来分析，使我受益匪浅。

20. John Hilton, "Calculated Spontaneity," *Oxford Book of English Talk* (Oxford: Clarendon Press, 1953), pp. 399-404.

21. Sartre, *op. cit.*, p. 60.

22. Adam Smith, *The Theory of Moral Sentiments* (London: Henry Bohn, 1853), p. 75.

23. Charles H. Cooley, *Human Nature and the Social Order* (New York: Scribner's, 1922), pp. 352-353.

24. M. N. Srinivas, *Religion and Society among the Coorgs of South India* (Oxford: Oxford University Press, 1952), p. 30.

25. Marjorie Plant, *The Domestic Life of Scotland in the Eighteenth Century* (Edinburgh: Edinburgh University Press, 1952), pp. 96-97.

26. Charles Johnson, *Patterns of Negro Segregation* (New York: Harper Bros., 1943), p. 273.

27. Mirra Komarovsky, "Cultural Contradictions and Sex Roles," *American Journal of Sociology*, LII, 1946, pp. 186-188.

28. Ibid., p. 187.

29. E. Wight Bakke, *The Unemployed Worker* (New Haven: Yale University Press, 1940), p. 371.

30. J. B. Ralph, "The Junk Business and the Junk Peddler"（未发表的硕士报告，芝加哥大学社会学系，1950 年），p. 26.

31. 有关乞丐的详细情况，请见 Henry Mayhew, *London Labour and the London Poor* (4 vols.; London：Griffin, Bohn), I (1861), pp. 415-417, and IV (1862), pp. 404-438。

32. 芝加哥社会调查公司（Social Research, Inc.）未发表的调查报告。我对社会调查公司允许我在这份研究报告中使用该材料及其他材料深表谢意。

33. 社会调查公司未发表的调查报告。

34. 根据芝加哥大学沃纳教授在研讨会上所做的报告，1951 年。

35. Abbé J. A. Dubois, *Character, Manners, and Customs of the People of India* (2 vols.; Philadelphia：M'Carey & Son, 1818), I, p. 235.

36. Ibid., p. 237.

37. Ibid., p. 238.

38. 正如亚当·斯密所指出的，美德与恶习都可隐瞒（*op. cit.*, p. 88）：

> 爱慕虚荣的人常常给自己披上恣意挥霍的时髦外衣，而他们内心并不赞同这种挥霍，而且实际上也许他们从未这样做过。他们希望因自己所认为的不值得赞扬的事而得到赞扬，并对过时的美德感到羞愧，但有时他们却暗中践行着这些美德，私下对它们有着某种程度的真正崇敬。

39. 最近有两位研究社会服务工作者的学者提出用"外在欺诈"（outside racket）一词来指称芝加哥公共个案工作者可获得的秘密收入来源。见 Earl Bogdanoff and Arnold Glass, *The Sociology of the Public Case Worker in an Urban Area*（未发表的硕士报告，芝加哥大学社会学系，1953 年）。

40. Blau, *op. cit.*, p. 184.

41. Robert H. Willoughby, "The Attendant in the State Mental Hospital"（未发表的硕士论文，芝加哥大学社会学系，1953 年），p. 44.

42. Ibid., pp. 45-46.

43. Charles Hunt Page, "Bureaucracy's Other Face," *Social Forces*, XXV, p. 90.

44. Anthony Weinlein, "Pharmacy as a Profession in Wisconsin"（未发表的硕士论

文，芝加哥大学社会学系，1943 年），p. 89.

45. Perrin Stryker, "How Executives Get Jobs," *Fortune*, August 1953, p. 182.

46. Willoughby, *op. cit.*, pp. 22-23.

47. 例如，见 William Kornhauser, "The Negro Union Official: A Study of Sponsorship and Control," *American Journal of Sociology*, LVII, 1952, pp. 443-452, and Scott Greer, "Situational Pressures and Functional Role of the Ethnic Labor Leaders," *Social Forces*, XXXII, 1953, pp. 41-45。

48. William James, *The Philosophy of William James* (Modern Library ed.; New York: Random House, n. d.), pp. 128-129.

49. 在此谨对沃伦·彼得森（Warren Peterson）的该观点以及其他一些观点致以谢意。

50. C. E. M. Joad, "On Doctors," *The New Statesman and Nation*, March 7, 1953, pp. 255-256.

51. Solomon, *op. cit.*, p. 146.

52. *The Canons of Good Breeding: Or the Handbook of the Man of Fashion* (Philadelphia: Lee and Blanchard, 1839), p. 87.

53. 一种处理非故意的干扰的方式是，互动者对此置之一笑，以此表明他们已经理解了这些干扰所表达的含义，但并未把它们当回事。如果是这样的话，亨利·柏格森（Henri Bergson）关于笑的论文便可以被视为对以下几种情况的描述：我们期望表演者遵循人类行动能力的方式；观众从互动一开始就把这些能力归因于表演者的倾向；以及当表演者以非人类的方式行动时，这种有效的预设定义是如何被干扰的。同样，弗洛伊德关于诙谐和日常生活精神病理学的论文，在某种层面上可以被视为对我们期待表演者达到一定程度的巧妙、谦逊和美德的标准的描述，视为对这些有效的预设定义可能因下述失误而被质疑的描述，这些失误在外行看来十分滑稽可笑，但对研究者而言却具有象征意义。

54. Marcel Granet, *Chinese Civilization*, trans. Innes and Brailsford (London: Kegan Paul, 1930), p. 328.

55. Ponsonby, *op. cit.*, pp. 182-183.

56. Ponsonby, *op. cit.*, p. 183.

57. Habenstein, *op. cit.*.

58. Dale, *op. cit.*, p. 81.

59. Emile Durkheim, *The Elementary Forms of the Religious Life*, trans. J. W. Swain (London: Allen & Unwin, 1926), p. 272.

60. Santayana, *op. cit.*, pp. 133-134.

61. Simone de Beauvoir, *The Second Sex*, trans. H. M. Parshley (New York: Knopf, 1953), p. 533.

62. 例如，见"Tintair," *Fortune*, November 1951, p. 102。

63. 例如，见 H. L. Mencken, *The American Language* (4th ed.; New York: Knopf, 1936), pp. 474-525。

64. 例如，见"Plastic Surgery," *Ebony*, May 1949, 以及 F. C. Macgregor and B. Schaffner, "Screening Patients for Nasal Plastic Operations: Some Sociological and Psychiatric Considerations," *Psychosomatic Medicine*, XII, 1950, pp. 277-291。

65. 一个关于麦克·阿瑟于1952年共和党全国代表大会期间抵达芝加哥一事的研究，对此做了很好的说明。见 K. Lang and G. Lang, "The Unique Perspective of Television and Its Effect: A Pilot Study," *American Sociological Review*, XVIII, 1953, pp. 3-12。

66. 例如，见 E. C. Hughes, "Study of a Secular Institution: The Chicago Real Estate Board"（未发表的博士论文，芝加哥大学社会学系，1928年），p. 85。

67. Dale, *op. cit.*, p. 105.

68. 参见 William L. Prosser, *Handbook of the Law of Torts* (Hornbook Series; St. Paul, Minn.: West Publishing Co., 1941), pp. 701-776。

69. Ibid., p. 733.

70. Ibid., p. 728.

71. 见 Harold D. McDowell, "Osteopathy: A Study of a Semiorthodox Healing Agency and the Recruitment of Its Clientele"（未发表的硕士论文，芝加哥大学社会学系，1951年）。

72. 例如，见 David Dressier, "What Don't They Tell Each Other," *This Week*, Sep-

tember 13, 1953。

73. Dale, *op. cit.*, p. 103.

74. Pinelli, *op. cit.*, p. 100.

75. 应该提到这种相似性的一个例外，尽管它不足以使诚实的表演者增光。如前所述，普通的合法表演往往过分突出某一特定常规程序的独特程度；另一方面，完全虚假的表演也许会为了消除怀疑而强调常规化的感觉。

76. 关注公然虚假的表演和前台还有一个原因。当我们发现伪造的电视天线被卖给了没有电视机的人、整捆异国风情的旅行标签被卖给了从未出过国的人、金属轮毂盖附件被卖给了开普通汽车的司机时，我们就有明确的证据表明，通常意义上的工具性物品具有给人留下深刻印象的功能。而当我们研究真正的事物，也就是那些确实有天线和电视机的人时，在许多情况下，也许就难以断然证明，那些被称为自发的或工具性的行为所具有的给人留下深刻印象的功能。

77. Cooley, *op. cit.*, p. 351.

78. Ponsonby, *op. cit.*, p. 277.

79. *The Sociology of Georg Simmel*, trans. and ed. Kurt H. Wolff (Glencoe, Ill.：The Free Press, 1950), p. 321.

80. Emile Durkheim, *Sociology and Philosophy*, trans. D. F. Pocock (London：Cohen & West, 1953), p. 37.

81. Kurt Riezler, "Comment on the Social Psychology of Shame," *American Journal of Sociology*, XLVIII, 1943, p. 462 ff.

82. 参见 R. K. Merton, *Social Theory and Social Structure* (Glencoe, Ill.：The Free Press, revised and enlarged edition, 1957), p. 265 ff。

83. 沙宾 (T. R. Sarbin) 简洁地提出了这种催眠术观点，"Contributions to Role-Taking Theory：I. Hypnotic Behavior," *Psychological Review*, 57, 1950, pp. 255-270。

84. 参见 D. R. Cressey, "The Differential Association Theory and Compulsive Crimes," *Journal of Criminal Law, Criminology and Police Science*, 45, 1954, pp. 29-40。

85. 这一观念来自 T. R. Sarbin，"Role Theory," in Gardner Lindzey, *Handbook of Social Psychology* (Cambridge：Addison-Wesley, 1954), Vol. 1, pp. 235-236。
86. 例如，见 Alfred Métraux，"Dramatic Elements in Ritual Possession," *Diogenes*, 11, 1955, pp. 18-36。
87. Ibid., p. 24.
88. Sartre, *op. cit.*, p. 59.

第二章
剧 班

人们在考虑表演时很容易认为，表演的内容仅仅是表演者的特征在表现中的延伸，人们往往从这些个人方面来看待表演的功能。这是一种狭隘的看法，它可能会混淆整个互动中表演功能的重要差别。

首先，通常情况下，表演主要被用来表达它所执行任务的特征，而非表演者的特征。因此，人们会发现从事服务工作的人，不管是专业的、官僚机构的、商业行业的或是手工艺人，都会在行为举止上以娴熟的技能和真诚的态度为荣耀；但是，不管这种行为举止传达了他们的什么特征，其主要目的都往往是确立一种对他们的服务或产品有利的定义。此外，我们经常发现，表演者使用个人前台，在很大程度上并不是因为这种前台允许他以他想要表现的样子呈现自己，而是因为他的外表和举止能够适应更广大范围的场景。以这种观点来看，我们就能理解在都市生活中，为什么要挑选体貌端庄、口音纯正的女子承担接待员的工作，因为由她们承担这项工作既能够让她们展现自我，也能为她们所在的工作机构呈现前台。

但是，这一切中最重要的是，我们时常发现，一个特定参与者预设的情境定义，是多个参与者基于亲密合作促成并维持的情境定义不可或缺的一个组成部分。例如，在某个医院中，两位主治医生也许会要求某个实习医生迅速查阅一下某位病人的病历，并对每一项记录发表意见，以此作为这个实习医生实习训练的一部分。在这种场合下，这个实习医生也许会显得相对无知，但是他可能并不知道，那两位主治医生在前一天晚上已经对这位病人的病历进行过仔细的研究，实习医生或许更不知道：那两位主治医生将这些病历一分为二，每人各负责一半，他们对这种协作彼此心照不宣。[1] 这种配合保证了一场成功的专职表演，显然，在任何情况下，总会有其中一位主治医生在恰当的时机向实习医生提出那种问答式教学会提出的问题。

因此，经常出现这种情况：要使剧班的总体印象令人满意，就得要求剧班或演员阵容的每一成员以不同的身份出现。所以，如果一个家庭要举办一次家宴，就会要求有些成员穿制服或特殊服装。作为工作剧班的组成部分，这些个体必须根据社会定义扮演这种用人角色。同时，女主人必须依照社会定义来扮演主人的角色，并通过她的外表和举止来体现这种社会定义，即主人自然会有用人服侍。这种情况突出地表现在笔者研究过的设得兰岛旅馆（下称"设得兰旅馆"）中。旅馆经营者努力要制造一种为中产阶级服务的总体印象，他们赋予自己中产阶级老板和老板娘的角色，而把用人的角色分派给雇工——尽管按当地阶层结构的标准，充当女仆的女子的身份还略高于雇用她们的旅馆经营者。当宾客不在场时，这些女仆可以对"女仆—女主人"的身份差别持较为随便的态度。我们还可以在中产阶级家庭生活中举出另一个例子。在我们的社会中，一对夫妻在晚间应酬中遇到新朋友时，妻子对丈夫的意愿和看法所持的态度，也许比单独与丈夫在一起或与老朋友在一起时所表现的更为尊重和恭顺。当妻子扮演恭敬的角色时，丈夫就能扮演支配的角色；当丈夫和妻子各自扮演其角色时，夫妻作为一个单位，便能维持新观众所期待的印象。南方的种族成规提供了另一个例子。查尔斯·约翰逊（Charles S. Johnson）的看法是，当附近没有其他白人时，一个黑人也许会直呼他身旁的白人同事的名字，但是当其他白人走近时，可以理解，他又会再度采用先生这一尊称。[2] 在商务礼仪方面也可以找到一个类似的例子：

> 当有局外人在场时，照章办事就显得非常重要了。你可以整天称呼你的秘书为"玛丽"，称呼你的同事为"乔"，但是，当有客人进入你的办公室时，你应该像你期待客人称呼你的同事那样，称他们为小姐或先生。你可以经常跟电话总机接线员说笑话，但是，当你在一个局外人能听见的范围内

打电话时，就不要再开这种玩笑了。[3]

她（你的秘书）希望你在客人面前称呼她为小姐或夫人；至少，如果其他每一个人都对你的"玛丽"如此随便地称呼，她并不会因此感到受宠若惊。[4]

我用"表演剧班"或简称"剧班"这个术语，来表示合作出演同一剧目的任何一群人。

行文至此，我们一直都是以个体表演作为基本参照点，探讨两个层次上的事实，即以个体和他的表演为一方，以所有参与者和整个互动为另一方。对于研究某些类型的互动，以及互动的某些方面来说，这一视角似乎足够了；任何不符合这个框架的东西，都能被当作该框架的可处理的复杂情况来看待。因此，两个表演者之间的合作，表面上看是涉及展示自己的特殊表演，但在不改变基本参考框架的情况下，可以被分析为一种共谋或"约定"。然而，在对特定社会组织的个案研究中，某些参与者的合作活动就显得非常重要，以至于不能仅仅把它看作前述主题的变种。不论剧班成员上演的是彼此一致的个体表演，还是彼此不同却组合成一个整体的表演，都会随之产生一种新的剧班印象，我们可以把这种剧班印象看成一个独立存在的事实，即介于个体表演与参与者的整个互动之间的第三个层次的事实。我们甚至可以说，如果我们的首要兴趣是研究印象管理（impression management）、研究建立印象的过程中发生的意外情况，以及研究对付这些意外情况的技巧，那么的确有理由把剧班和剧班表演当作最好的基本参照单位。⁵有了这个参照点，就有可能把双人互动这种情况纳入我们的框架，也就是把这种情况描述为两个仅有一名成员的剧班间的互动。（从逻辑上讲，甚至可以说，如果一个观众对一个没有其他人在场的特定社会舞台装置留下了印象，那么他就是目睹一个无成员剧班表演的观众。）

剧班的概念使我们想到由一个或一个以上的表演者所呈现的表演；它还适用于别的情况。前面提到，表演者也会被他自己的行为所欺骗，他在表演时会相信，他所塑造的现实印象就是唯一的现实。在这样的情况下，表演者成为他自己的观众；在同一表演中，他既是表演者又是观察者。也许，他会自觉接受并内化那些他试图在他人面前维持的标准，以至于他的良知要求他以一种符合社会规范的方式行动。处于表演位置的个体，必须对处于观众位置的他自己隐瞒他所知道的会使表演失去信誉的事；用日常用语来说，总会有一些他明知或已知却又不能向自己吐露的事情。这种复杂的自欺欺人式的伎俩经常出现，精神分析学家向我们提供了极好的实证材料，即所谓的压抑和分裂。⁶在这里，我们也许知道了所谓"自我疏离"的来源，即一个人感觉到他在与自己逐渐疏远。⁷

当表演者按照内化的道德标准来引导他的个人活动时，他也许把这些标准与某种参照群体联系了起来，从而为他的活动制造了一个不在场的观众。这种可能性使我们进一步想到另一种可能性。个体也许私下维护着他自己并不相信的行为准则，他维持这些准则只是出于一种真实的信念：有看不见的观众在场，他们会对背离这些准则的行为做出惩罚。换言之，个体也许是他自己的观众，或者想象有观众在场。（在所有这一切中，我们看到了剧班概念与个体表演者概念在分析层面的差异。）这使我们进一步看到，剧班本身可以为没有亲眼观看演出的不在场观众呈现一种表演。因此，在美国的一些精神病院中，医院会出于某种考虑，为一些无家属认领的死亡病人相对精心地举行葬礼。毫无疑问，这有助于确保在条件落后和社会普遍漠不关心的情况下维持最起码的文明标准。无论如何，如果家属不在场，那么，院方代表、医院的殡葬负责人以及其他一两位工作人员就可以扮演所有葬礼上的角色，向死者的遗体告别，在没有观众的情况下，为死者举行一场文明的葬礼。

显然，由于这个事实，那些身为同一剧班成员的个体将会发现他们彼此之间存在一种重要的关系。我们能够列举这种关系的两种基本成分。

第一，当剧班正在表演时，任何剧班成员似乎都有权放弃表演或用不适当的行为来破坏表演。所以，同一剧班的每个成员都必须依赖同伴们的恰当举动和行为，反过来，这些同伴也必须依赖他。因此，必然存在着一种相互依赖的纽带，将剧班各成员彼此联结起来。当剧班成员各自在社会组织中拥有不同的正式身份和地位时（这是常有之事），我们可以发现，剧班全体成员之间的相互依赖性，有可能会超越该组织中的结构分界或社会地位分界，从而为该组织提供一种内聚力的来源。当管理人员和一线工人的身份往往会使一个组织陷于分裂时，表演剧班则会倾向于弥合这些分裂。

第二，很明显，如果一个剧班的成员必须相互配合才能在观众面前维持特定的情境定义，那么他们在彼此面前就很难维持这种特定的印象。因为他们是维持那种特定外表的共谋者，彼此都知道对方是"知情人"，所以也就不可能在彼此面前维持那种特定的前台。如此而言，随着剧班成员参与剧班演出的次数以及其特定印象受剧班表演保护的那些事件的数量不断增加，他们之间就会被一种所谓"熟悉"（familiarity）的权利所绑定。在剧班成员之间，熟悉的特权——它构成了一种没有温度的亲密——并非那种随着相处时间的推移而逐渐形成的类似于组织的东西，而是一种只要个体在剧班中占据一席之地，剧班就会自动给予他并被他自动接受的正式关系。

虽然剧班成员倾向于通过相互依赖和相互熟悉的纽带将彼此联结在一起，但是我们不能混淆如此构成的群体与其他类型的群体，如非正式群体或小集团（clique）。剧班同伴，是一个人在促成特定情境定义的过程中需依赖他进行戏剧性合作的人；即便这样一个成员超越了非正式约束的范围，并坚持放弃表演或迫使表演转向异常的方向，他仍然是剧班的一个组成部分。事实上，正因为他是剧班的组成部分，他才会造成这种麻烦。因此，在工厂中，一个影响了生产进度的不合群的人，即使他的活动破坏了其他工人都在试图建立的埋头苦干的印象，他仍然是剧班的组成部分。作为一个朋友，他也许会被人冷落、疏远，但是作为对剧班情境定义的一个威胁者，他却不能被忽视。同样，在聚会中，名声不好的风骚女孩也许会遭到其他在场姑娘的白眼和嘲讽，但是在某些事务上，她却是这个剧班的一个成员，她的行为必定会威胁到她们正在共同维持的那种印象，即姑娘们绝不是唾手可得的性战利品。因此，尽管剧班成员常常非正式地一致同意以某种方式来指导他们的努力，以此作为自我保护的一种手段，并由此构成一个非正式群体，但是，这种非正式的协定不是用来定义剧班概念的标准。

非正式的小集团，是指那种因非正式的娱乐而结合起来的少数人的群体。这些小集团的成员也可能构成一个剧班，因为他们也许在势利地向他人宣扬他们的排外性的同时，又不得不非常巧妙地相互配合，来对另一些非成员隐瞒这种排外性。然而，剧班概念与小集团概念在含义上还是有着非常大的差异的，在大型社会机构中，处于某种特定地位阶层的个体，由于下述事实而结合起来：他们必须相互合作，才能在地位高于他们的人和地位低于他们的人面前维持一种情境定义。因此，一群个体可能在许多重要方面都各不相同，因而想要保持相互间的社会距离，但是他们会发现自己处于一种合作表演的剧班同伴所特有的、被迫熟悉的关系之中。通常情况下，小集团的形成并不是为了促进那些与个体一起表演的人的利益，而是为了保护个体避免与他们产生不必要的认同。因此，小集团所起的作用往往不是保护个体免遭其他阶层的人的侵害，而是保护个体免遭与自己同一阶层的人的侵害。因此，虽然也许一个小集团的所有成员都属于同一地位阶层，但关键在于，并非所有属于同一地位阶层的人都会被允许加入这个小集团。⁸

最后还必须补充一点，即剧班不是什么。个体可以正式或非正式地集结在一起而成为一个行动群体，以便通过任何可获得的手段来达到相似的或共同的目的。只要他们合作维持一种特定印象，并以这种方法作为达到他们目的的手段，他们就构成了这里所称的剧班。但是，应该非常明确的是，一个行动群体除戏剧合作之外，还有许多手段能够用来达到目的。这些手段，例如暴力或谈判能力，也许会因为印象管理的策略而增强或减弱，但是，如果运用暴力或谈判能力是一群个体构成为群体的根源，那么，我们就不能说这样一种群体构成有时也会像一个戏剧论意义上的剧班那样行动。（同样，一个权柄在握或处于领导地位的个体，其力量也许会随他的外表与举止的恰当与否以及令人信服的程度而增强或减弱，但这并不意味着其行动的各种戏剧特征必然乃至共同构成了其地位的根基。）

如果我们把剧班概念作为一个基本参照点，那么，最合宜的办法就是追本溯源，重新界定我们的术语框架，以便把剧班而不是个体表演者作为基本单位。

我已经说过，表演者的目的是维持特定的情境定义，实际上，这代表了他对现实持什么样的看法。一个人的剧班，因为没有其他剧班成员会将其决定告知于人，所以他能迅速决定对一件事采取何种可行的立场，然后一心一意地行动，仿佛他的选择是他唯一可能做出的选择。他的立场选择也许正好适应他自己的特殊情况和利益。

当我们从一个人的剧班转向大剧班时，剧班所拥护的现实的特征也就不同了。没有丰富的情境定义，现实弱化成为狭隘的政党方针，因为人们可以预料到，这种方针对于剧班诸多成员并不具有相同的适用性。我们可以预料到那种令人啼笑皆非的情况：某个剧班成员在严肃认真地接受这种方针的同时，又开玩笑似的用讽刺挖苦的语言来反对它；另一方面，也总会有一些忠于剧班并促使剧班成员支持剧班方针的新因素出现。

人们好像普遍感到，剧班成员中公开的意见分歧，不仅会破坏他们的一致行动，而且会使剧班所支持的现实陷入困境。为了保护这种现实印象，剧班也许会在剧班立场确定之前，要求剧班成员暂缓公开表态；一旦剧班立场确定了，所有成员都有义务遵循、恪守。（关于在剧班的立场宣布之前，能允许多大程度的自我批评，以及由谁来允许，这些问题在此不予讨论。）我们可从文官制度中引用一个事例：

> 在这种委员会（内阁委员会）会议上，文官可以共同讨论、自由地发表他们的看法，但有一个限制条件：他们不得直接反对自己的部长。这种公开的分歧极少出现，且永远不

应该出现：十次当中有九次，部长和与会官员事先已经就采取什么路线的问题达成了一致意见；在剩下的那一次中，对部长的某一主要观点持不同意见的官员，也不会出现在讨论该问题的会议上。⁹

还可以从最近一个对小城市的权力结构所做的研究中，再引用一个事例：

> 如果一个人在社区从事过不管什么规模的工作，他都会一次又一次地对所谓的"全体一致原则"印象深刻。一旦社区领导者们最终制定了方针政策，他们就会立即要求人们的意见严格保持一致。通常情况下，人们并不急于做决定。在制订行动方案之前，大多数的计划都有充裕的时间来让人们讨论，对高层领导人来说，讨论就更为充分了。讨论社区计划确实如此。当讨论的时间过去了，路线制定了，就会要求全体意见一致。持异议者会被施加各种压力，以保证计划得以顺利实施。¹⁰

如我们所说，在观众面前公开的意见分歧，会产生一种虚假音符。应该指出，既要避免字面上的虚假音符，也要避免比喻性的虚假音符；在这两种情况中，都存在一个维持情境定义的问题。这可以从一本关于专业音乐会伴奏者的工作问题的小册子中得到证明：

歌唱家和钢琴家要想达到最理想的表演效果，最好的办法就是完全按作曲家的要求演出。然而，有时歌唱家会要求他的搭档做些与作曲家所标明的音符标志完全相悖的事情。他会要求在本不应有重音的地方加上一个重音，他会在没必要渐强之处要求来个渐强，他会在应该急缓之处来个渐缓，会在应该轻柔之时用强音，会在原本应该庄严之处改用感伤。

类似的现象还有许多。歌唱家会把手放在心口上，眼含热泪地发誓说，他的确并且总是力求完全按照作曲家的要求演唱。这种情况是非常令人尴尬的。如果歌唱家以一种方式演唱，而钢琴家以另一种方式演奏，那么效果就会显得杂乱无章。争辩也无济于事。那么，伴奏者应该怎么办呢？

在表演时，他必须与歌手保持同步（be with the singer），事后再将这一切从记忆中彻底抹去……[11]

然而，全体一致时常并不是剧班预设定义的唯一要求。人们似乎有一种共同的感觉：生活中最真实可靠的事情，是那些被不同个体独立描述并且有一致看法的事情。我们往往感到，如果参与同一事件的两个人决定尽可能诚实地描述该事件，那么即使他们事先没有商量过，他们所表明的立场也会完全一致。实话实说就可能使事先协商成为多余。因此，我们也感到，如果两个个体想要合作说谎或歪曲事实，那么他们不仅需要事先商量，以便实现我们所说的"统一口径"，而且不能让别人知道他们事先已商量过这一事实。换句话说，在做出情境定义时，剧班的若干成员必须对他们所采取的立场统一口径，并且要隐瞒这种立场实际上并非他们各自独立确定的这一事实。(顺便说一句，如果剧班成员还要顾及在彼此面前维持自尊，那么他们就必须知道剧班的方针是什么，并贯彻这种方针，而无须彼此承认他们的立场在何种程度上是各自独立确定的。但是，这样的问题多少已经超出了我们把剧班表演作为基本参照点的范围。)

应该指出，正如剧班成员应该在表明自己的立场之前等候正式指示一样，剧班也应该让其成员能够尽快获得这种正式指示，从而使他能够知道他在剧班中所要扮演的角色，并感到自己是剧班的一部分。例如，在谈到以前有些中国商人如何根据顾客的外表来制定商品价格时，一位作者进一步写道：

> 这项顾客研究的一个特殊发现体现在下述事实中：如果某人走进一家中国商店，在察看了几件商品后，询问其中某件商品的价格，那么除非被询问的那名店员明确知道他是唯一被询过价的店员，否则他不会给出任何明确答复；只有在询问了其他每一名店员是否对这位先生报出过该商品的价格后，他才会告诉顾客这件商品的价格。如果这种重要的预防机制被忽略了(这是很少发生的事)，那么几乎可以肯定，不同的店员报出的价格是不相同的，因而也表明，他们未能在对这位顾客的估计上达成一致意见。[12]

如果剧班不把它所采取的立场告知其成员，事实上就等于不让该成员知道自己的角色，因为假如不知道将要采取什么立场，他也就无法向观众呈现自我。因此，如果一位外科医生甲受另一位医生乙的委托要给乙的病人做手术，出于礼节，甲会把手术时间告诉乙，如果乙没能出现在手术现场，甲还要打电话告知乙手术的结果。通过这样一种"填补"的方式，乙就能在病人家属面前表现得像是自己亲自参与了手术一样，而不是对手术茫然无知。[13]

关于表演中维护剧班方针的问题，我还想要说明一个更为普遍的事实。如果剧班的某一成员在观众面前出了差错，那么直到观众完全退场，其他剧班成员必须控制住自己的情绪，绝不能在观众面前当即惩罚或教训犯错者。毕竟，当即纠正，通常只会进一步扰乱互动，并且如前所述，会向观众泄露本该由剧班成员保守的秘密。因此，在专制组织中，上级剧班始终要以一贯正确和拥有完全一致的前台的姿态示人，且通常会有一条严格的规定，即在下级剧班成员面前，一位上级绝不可以对其他任何一位上级表示敌意或不尊敬。部队的军官们要在士兵面前保持一致，父母要在孩子面前保持一致[14]，管理者要在员工面前保持一致，护士们要在病人面前保持一致[15]，如此等等。当然，在没有下属在场时，上司之间可能而且确实经常会发生公开的、激烈的批评。例如，最近一项对教师职业的研究发现，教师们感到，如果他们要维持专业能力强和具有权威性的印象，就必须相信，当满腹牢骚的学生家长怒气冲冲地来到学校时，学校领导会站在教师的立场上,至少在家长面前必须这样。[16]同样,教师们强烈地感到,其他同事不应当在学生面前表示与他们存在意见分歧,甚至抵触他们的意见。"只要另一位教师阴阳怪气地抬一下眉毛,他们(孩子们)马上就会发现,他们不会错过任何事,他们对你的尊重立刻就化为乌有了。"[17]同样,我们听说,医疗行业有一种严格的成规,在病人和他的主治医生面前,会诊专家说的话绝不能在任何地方有损于主治医生努力维持的那种技术能力强的印象。正如休斯所说:"(职业)成规是一组仪式,它们以非正式的方式发展起来,以便在客户面前保护共同的职业前台。"[18]当然,这种上级在下级面前的团结一致,下级表演者也会在上级面前表现出来。例如,从最近一项针对警察的研究中我们得知:在一支由两名警察组成的巡逻队中,两名警察都目睹了对方一些非法和半非法行为,并且完全可以在法庭上揭穿对方的守法假象;然而他们却像英雄一般团结一致,不管所掩盖的罪行是什么,也不管这是否可能令人信服,他们总是要维护对方的陈述。[19]

显然,如果表演者很在意对剧班方针的维护,他们就会挑选那些有能力达到表演效果的可靠之人作为剧班成员。因此,在招待客人的家庭表演中,儿童经常被排斥在外,因为儿童的"举止"很难使人放心,他们的行为稍不节制就会破坏大人们正在竭力构建的印象。[20]同样,那些众所周知逢酒必醉的人,以及那些容易酒后失言或"难以自控"的人,都会给表演带来风险;此外,那些虽饮酒有度却稀里糊涂有失检点的人,以及那些拒绝"融入"场合氛围并帮助维持客人们默契地为主人营造的某种印象的人，也不适合参与这类表演。

前面已经提到，在许多互动背景下，若干参与者以一个剧班的形式合作，或者为维护特定的情境定义而依赖这种合作。然而，当我们研究具体的社会机构时，我们经常会发现一种很有意思的情况：当某一剧班在呈现其表演时，观看表演的其他参与者也在进行若干回应性的表演，这时他们自身也构成了一个剧班。由于每个剧班都在按照自己的常规程序为另一个剧班表演，因此我们可以说这是一种戏剧互动，而不是戏剧行动。我们不能把这种互动看成有多少参与者就有多少种声音的大杂烩，而应该把它看成两个剧班之间的对话和交互作用。我不知道为什么自然情境中的互动通常总是采取两个剧班之间的互动方式，或者说，为什么总是分解为两个剧班而不是更多剧班的形式，而经验显示确实如此。因此，在大型社会机构中，通常都有许多不同的身份等级。我们发现，在任何特定的互动过程中，众多处于不同身份等级的参与者一般都会暂时分成两个剧班集团。例如，陆军驻扎地的一名中尉，在某种情况下会与所有军官密切配合，而与所有士兵对立；而在另一些场合，他又会与下级军官密切配合，一起为在场的更高级别的军官表演。当然，就特定互动的某些方面来说，这种二元剧班的模式显然是不合适的。例如，仲裁听证会的某些重要组成部分看起来就需要用三元剧班的模式，有些富有竞争性和"社交性"的场合则表现出了多元剧班的模式。还应该明确，不管剧班的数量有多少，都可以从所有参与者为维持操作共识而做出的合作努力的角度来分析互动。

如果我们把互动看成两个剧班之间的对话，那么，我们有时可以将一个剧班视为表演者，而将另一个剧班视为观众或观察者，并暂时忽略观众也会呈现剧班表演。在某些情况下，比如当两个单人剧班在公共机构中或在一位共同的朋友家中互动时，将哪个剧班称为表演者，哪个剧班称为观众，这可以是一种任意的选择。然而，在许多重要的社会场合，展现互动的社会舞台装置只是由其中一个剧班来配置和管理的，较之其他剧班仅在回应中所做的表演，这更有助于该剧班的表演。商店里的顾客、事务所里的委托人、主人家里的客人——这些人都在呈现表演和维持前台，但是，他们能在其中表演的舞台装置却不为他们所直接控制，因为他们只是客人，而这些舞台装置是主人所呈现的表演的一个组成部分。就这种情况而言，我们通常总是把控制舞台装置的剧班称为表演剧班，而把另一个剧班称为观众。同样，我们也可以把在互动中更为积极主动的一方，或者在互动中起着更为显著的戏剧作用的一方，或者在互动中为彼此的对话规定节奏和方向的一方称为表演剧班。

必须说明一个显而易见的要点：如果剧班要维护正在制造的印象，那就必须保证不允许任何个体既参与表演剧班又加入观众。因此，如果一家小型女装成衣店的老板要降价出售一件服装，他就会告诉顾客是因为它有点儿脏了，或是换季，或是最后一件等，同时对顾客隐瞒降价的真正原因是它卖不出去或花色、样式不好。为了吸引顾客，他还会大谈特谈自己在纽约开设的销售分公司，该公司还专门聘有一位负责调度的经理；而事实上根本没有纽约分公司，所谓调度经理也只是一个售货员。如果这时他还想再雇一名在周末帮忙打零工的售货员，那他肯定不会雇用那位曾经来店里买衣服，并且不久以后还会成为顾客的邻家女孩。[21]

人们经常认为，在互动期间，控制舞台装置是一个有利条件。从狭义上看，这种控制允许剧班运用策略性的手段来决定观众所能获得的信息。因此，如果医生不想让癌症患者知道他们所患疾病的性质，那么他就会将癌症患者分散安置在医院各处，使他们无法从所住病房的特征得知他们所患的疾病。（顺便提一句，由于这种舞台策略，医院工作人员也许被迫在走廊来回奔走，并在搬运设备方面花费比其他必要工作更多的时间。）同样，高明的理发师会通过一本向公众公开的预约簿来管理源源不断的预约，他可以在恰当安排的预约时间表上加上一个假名字，从而保证自己在工作间隙能喝上一杯咖啡，这样，别的顾客就能明白自己不可能预约那个时间。在一篇讨论美国女大学生联谊会的文章中，作者谈到了舞台装置和道具的另一个有趣运用，描述了联谊会的姐妹们如何用茶话会的形式来挑选她们中意的候选人，同时巧妙地掩饰了她们区别对待不同来客的事实：

> "即使有推荐信,也不可能在接待工作中只花几分钟就记住967个女孩,"卡萝尔(Carol)承认说,"所以,我们安排了这种小把戏,把那些聪明伶俐的女孩与那些反应呆滞的区别开来。我们准备了三个托盘来盛放她们的名片,分别是一眼看中的女孩、有待进一步观察的女孩和不在考虑之列的女孩。"
>
> "在茶话会上分别与这些对象交谈的接待人员,会在女孩准备留下名片时把她领到相应的托盘处,"卡萝尔说,"这些来访的女孩似乎从未觉察到我们正在干什么!"[22]

还可以从酒店管理艺术中引证另一个例子。如果酒店的员工中有人对某一对宿客的意图或身份有所怀疑,年轻的男仆就会收到一个暗号——"按动门闩":

> 这只不过是一种使雇员更易随时关注可疑人员的简单装置。
>
> 在为这对宿客整理好房间之后,年轻男仆关上身后的房门,随手推进了球形把手上的按钮。这样就转动了锁里面的小制栓,并使锁外面的圆心出现了一块黑斑纹。这极难被客人察觉,但是女仆、巡查人员、服务员和年轻男仆都接受过这种训练,因此会密切注意……并把随后发生的任何大声谈话或不寻常的事件报告给管理员。[23]

在更广泛的意义上,控制舞台装置可以给控制剧班提供一种

安全感。正如一名研究者在谈到药剂师与医生的关系时所说的那样:

> 药房是另一个因素。医生常来药剂师的药房取药、了解一些情况或聊天。在这些交谈中,柜台后面的药剂师所具有的优势,就像站着的演讲者对坐着的听众所具有的优势一样。[24]

> 使药剂师产生这种专业独立感的一个重要因素,就是他的药房。在某种意义上,药房是药剂师的一部分。正如人们想象尼普顿(Neptune)*被描绘成从海中升起,同时其本身又是海洋那样,在药剂师的精神气质中,人们也有这样一种幻觉,即他在一片药瓶搁架、柜台以及医疗器材中巍然屹立,而且是这一切的本质的一部分。[25]

弗朗茨·卡夫卡(Franz Kafka)在《审判》(*The Trial*)中提供了一个很精彩的文学例子,诠释了一个人被剥夺了对其舞台装置的控制的后果,书中描述了一个名叫 K 的人在自己的公寓里与当局检察官会面时的情况:

> 他穿戴完毕后就走,威廉紧随其后,穿过隔壁那间空房,再推开旁边房间的双重门走了进去。这是一个 K 很熟悉的房间,刚租给那个叫费劳兰·伯斯纳(Fraulein Bürstner)

---

* 尼普顿,罗马神话中的海神。——译者

的打字员小姐。她早出晚归，平时碰到时也几乎不打招呼。现在，她的那个床头柜已被搬到屋子中央来当办公桌用了，巡官就坐在床头柜后面，跷起二郎腿，一只手搭在椅背上。

……"约瑟夫·K？"巡官问道，这声发问也许不过是让K把分散的注意力集中到他这边来。K点点头。"你对今天早晨发生的这件事大概很吃惊吧？"巡官问，双手又在摆弄床头柜上的几样东西：一支蜡烛、一个火柴盒、一本书和一个针插，仿佛这些是他在审问时的必需品。"当然了！"K说，他一团高兴，心想终于碰到一个通情达理的人，可以跟他谈谈这件事了。"当然了，我是有点儿惊讶，不过，我也并不很吃惊。""并不很吃惊？"巡官反问一句，把蜡烛放到柜子中央，又把其他几件东西放在蜡烛周围。"也许你误解了我的意思，"K赶紧补充道，"我的意思是"——说到这里，K停住了，四下看了一下，想找把椅子。"我想我可以坐下来吧？"他问。"这不太合适吧，"巡官答道。[26]

当然，行使在家里进行表演的特权，是需要付出代价的；一个人有可能通过场景媒介来传达自己的信息，但不可能掩盖场景传达出来的各种事实。此时可以想象，一个潜在的表演者也许为了避免不讨好的表演而不得不避开他自己的舞台及舞台控制；出现这种情况，可能并不仅限于某一次社交聚会因为新订的家具没能及时运到而不得不延期。例如，从伦敦的一个贫民区我们得知：

> ……这个地区的母亲比其他地方的母亲更希望在医院里生孩子。形成这种偏好的主要缘由,似乎是在家生孩子的费用太高,因为必须购买适当的物品,比如毛巾和浴盆,而且每样东西都要达到助产士所要求的标准。同时,这还意味着家里要来一位陌生女子给孩子接生,因此还要专门打扫一下卫生。[27]

当考察剧班表演时,人们经常会发现,有人被赋予了指导和控制戏剧行为进程的权力。宫廷中的王室侍从就是一个例子。有时,以这种方式支配演出的人,在某种意义上是演出的导演,同时,他在表演中扮演着实际的角色。一位小说家对牧师主持结婚典礼的看法向我们证明了这一点:

> 牧师让门半开半掩着,以便他们〔新郎罗伯特(Robert)和伴郎莱昂内尔(Lionel)〕听到他的提示后及时进来。他们像窃听者似的站在门口。莱昂内尔摸了一下口袋,感觉到戒指的环形轮廓,然后把手搭在罗伯特的肘部。一听到提示词,莱昂内尔就立即推开房门,按提示把罗伯特推向前去。
>
> 婚礼在牧师坚定而老练的主持下顺利进行,他严格按照提示流程推进,并皱起眉头威慑表演者。客人们并没有注意到罗伯特费了好大的劲儿才把戒指戴在新娘手上;但是,他们确实注意到新娘的父亲哭得非常厉害,而新娘的母亲却没掉一滴眼泪。但是,这些小事情很快就被人们忘记了。[28]

总之,不同的剧班成员被允许指导表演的方式和程度各不相同。附带说一句,也许有人注意到,表面上各不相同的常规程序竟有着结构上的相似之处,这种相似之处在各地导演的共同志趣上得到了反映。不管是葬礼、婚礼、桥牌会、一日特卖会、绞刑或是野餐,导演真正关注的都是表演进行得是否"平稳""有效",演出是否"顺利",以及是否事先对所有可能的破坏性偶然事件有所准备。

在许多表演中,有两个职责是必须履行的,并且,如果剧班有一位导演的话,那么他就经常负有履行这些职责的特殊义务。

首先,导演有责任纠正那些表演不当的剧班成员,使他们的表演与剧班方针协调起来。一般采用安抚和制裁这两种方法。棒球裁判在为球迷维持一种特定现实时所起的作用也许可以用来作为一个例证:

> 所有裁判都坚持认为球员一定要自我控制,绝不允许有任何蔑视裁决的行为。[29]

> 假如我是球员,我肯定已经发火了,因为我知道必须有一道安全阀来宣泄可怕的紧张心理。作为一名裁判,我可以对球员表示同情。但是也正因为我是裁判,为了不耽误比赛我只能放过那个球员,同时还不能让他侮辱、袭击或奚落我,也不允许有任何诋毁赛事之类的事情发生。在场上处理麻烦和控制球员的问题,跟裁定球员跑垒是否正确同样重要——甚至更困难些。

> 任何裁判都可以轻易地把某位球员罚下场。但是，要让他不被罚下场却非常困难，这需要理解并预先考虑到他的抱怨，从而避免发生不愉快的激烈争吵。[30]

> 我不能容忍在赛场上开玩笑，其他任何裁判也不会容忍。喜剧演员属于舞台或电视，而不属于棒球比赛。任何对棒球运动的拙劣模仿和滑稽讽刺不仅会使比赛低级粗俗，还会使裁判因为容忍这种滑稽闹剧的上演而受到耻笑。这就是为什么你总会看到，一旦滑稽丑角和自以为聪明的人故伎重演就会立即遭到驱逐。[31]

当然，导演也不必过多地压抑不恰当的情绪，有时他还必须激发出人们适当的情感涉入。扶轮社有时用"激情表演"这一短语来形容这种任务。

其次，导演还有责任来分派表演中的角色以及每一角色所使用的个人前台。这是因为，每个机构都可以被看成这样一个场所，那里有若干角色需要分配给未来的表演者，还有有待分配的各种符号装备或仪式道具。

显然，如果导演具有纠正不恰当的表演和分配重要角色、次要角色的特权，那么剧班的其他成员（他们也许关心他们在彼此面前能做出什么表演，以及他们能集体为观众上演什么剧目）对导演的看法就会与他们彼此之间的看法有所不同。而且，如果观众觉察到表演有一位导演，他们也许就会认为，这位导演对于表演的成功负有比其他表演者更大的责任。导演的责任是对表演提出戏剧要求，而其他表演者不会如此自我要求。这也就加剧了表演者与导演之间原本已经存在的疏离感。因此，一位导演可能一开始只是一名剧班成员，但他可能慢慢发现自己已经夹在了观众与表演者之间，成为一种边际角色。他一只脚站在表演者阵营，另一只脚却在观众阵营；他成为一种在两者之间斡旋的"中间人"，却没有"中间人"通常享有的那种保护。工厂里的领班是一个近来经常被讨论的例子。[32]

当研究一种需要由若干表演者组成一个剧班来进行表演的常规程序时，我们有时会发现，剧班的一个成员被推为主角、领头人或人们关注的中心。我们可以在传统的宫廷生活中看到一个极端例子：一个挤满了宫廷朝臣的大厅，按照生动的活人画（living tableau）*的舞台造型样式进行布置，这样从大厅内的任何一个点投来的目光都将朝向国王这一关注中心。表演中国王的穿戴要比其他任何一个在场者更加华丽多彩，座位也比别人的高出一截。在大型音乐喜剧的舞蹈编排中，我们可以发现一种更为壮观的关注中心，即让四五十名舞蹈演员匍匐在女主角周围。

王室表面上的奢华表演，不应该使我们忽视宫廷概念的实际效用：事实上，宫廷之外的"宫廷"并不乏见，好莱坞各电影制片厂的食堂便是一例。尽管从理论上说，个体的确更倾向于与和自己社会身份相同的人建立非正式联系，然而，当仔细考察某个社会阶层时，我们就可能发现，它是由若干独立的社会群体组成

---

* 活人画，是指由活人扮演的静态画面。——译者

的，每个完整的群体中都有且仅有一位地位不同的表演者。通常情况下，群体围绕着一个支配性人物构成，而这个支配性人物一直是舞台表演的关注中心。伊夫林·沃（Evelyn Waugh）在讨论英国上流社会时提到了这一点：

> 回想起25年前，那个时代仍有相当坚固的贵族结构，整个国家被划分成许多不同的势力范围，名门贵族各霸一方。在我的记忆中，达官贵人相互之间都竭力回避，除非他们沾亲带故。他们只会在重大仪式场合和赛马场上相遇。他们彼此之间也不相互造访。在公爵城堡里，你几乎可以看见各色人等——正在康复的病人、贫穷的亲戚、顾问幕僚、食客、舞男和十足的无赖。但有一件事是可以肯定的，那就是你绝不会看到几个公爵聚在一起的情形。在我看来，英国社会就是一个各种部落的复合体，每一部落都有自己的首领、长者、巫医和勇士，每一部落都有自己的方言和自己的神，每一部落都有一种强烈的排外情绪。[33]

在我们的大学和其他知识分子科层体制中，职员们的非正式社会生活也有同样的分裂倾向：那些构成行政小党派的山头和宗派，同时构成了社交生活的"宫廷"，正是在这里，那些"草莽英雄"才能安全地维持他们在聪明才智和深刻见解方面的显赫地位。

总之，人们发现，那些帮助呈现剧班表演的人，每个人获得戏剧性支配优势的程度各不相同；同样，在给予其成员支配优势的程度上，一个剧班的常规程序也不同于另一个剧班的常规程序。

戏剧性支配和指令性支配是表演中两种截然不同的权力类型，这两个概念经过必要的细节修正后，可以运用于整个互动。我们可以指出在整个互动过程中，两个剧班中哪一个更多地拥有这两种权力，以及把两个剧班的参与者都算在内，哪些表演者在这两方面都占据优势地位。

当然，拥有一种支配权的表演者或剧班经常也会拥有另一种支配权，但是情况绝不总是如此。例如，通常在殡仪馆遗体告别期间，社会舞台装置和所有参与者——既包括死者亲属剧班，也包括机构人员剧班——都会得到安排，以使他们能够表达出对死者的感情和与死者的关系；死者总是演出的中心，从戏剧论上讲，是其中的支配性参与者。然而，由于死者亲属缺乏经验、悲痛欲绝，以及演出的主角已经长眠不醒，因此殡仪员会亲自导演这场演出，尽管他可能会在遗体面前保持低调，或者在殡仪馆的另一个房间里为另一场演出做准备。

应该明确，戏剧性支配和指令性支配只是戏剧表演的术语，享有这种支配权的表演者也许没有其他类型的权力和权威。众所周知，居于显著领导位置的演员往往只是个傀儡，他们被推选出来的真实原因可能有许多：或者只是两派对立中一种折中的选择，或者是作为一种手段以抵消某种更大的威胁，或者是作为一种策略来隐藏真实的幕后操纵者，进而隐匿该幕后操纵者背后更重要的势力。因此，不论何时，只要是把正式权力赋予了那些缺乏经验的人，或者作为权宜之计，让他们去支配那些有经验的下属，我们就会发现，这种握有正式权力的人在戏剧的支配性方面只不过是个摆设，真正在指导演出的恰恰是他的下属。[34]所以，关于第一次世界大战中的英国步兵，人们常说，军队中经验丰富、工人阶级出身的中士，时常会教唆新来的中尉军官走在队伍的最前面，扮演富于戏剧性的尊贵角色；一旦遭遇战事，中尉就会以一种显著的戏剧身份迅速地为国捐躯，就像是公学的学生那样。而中士们自己则选择了队伍尾部不太重要的位置，并往往会活下来继续教唆其他新来的中尉。

我们已经提到，戏剧性支配和指令性支配是两个维度，剧班里的每一个位置都能沿着这两个维度而发生变化。稍微变换一下参照点，我们便能发现第三种变化模式。

一般来说，当那些参与社会机构活动的人相互合作、以特定的样式呈现他们的活动时，他们便成为一个剧班的成员。然而，个体在扮演表演者角色时，并不一定要停止将其部分精力投入非戏剧性事务，也就是说，可以投身于一种由表演提供的、可接受的戏剧化活动本身。因此，我们可以预料到，参与某个特定剧班的表演者们在分配单纯活动的时间和单纯表演的时间上会各有不同。在一个极端，总有一些个体很少会在观众面前露脸，所以他们几乎不在乎自己的外表；但在另一个极端，存在着一些有时被称为"纯粹仪式角色"的个体，这些表演者关心的总是他们的外表，而对其他东西毫无兴趣。例如，一个全国性工会的主席和调查指导员，两者也许都在工会总部的办事处消时度日。为了给工会提供体面的前台，他们穿着得体，言谈合宜。然而，人们也许会发现，工会主席还要忙于做许多其他事情，许多重大决定需要他来裁定；而调查指导员除了作为主席的随从在机构中露露面外，几乎再没什么事可干了。工会官员们把这种纯粹仪式角色想象为"橱窗陈列装饰"的一部分。[35]同样的劳动分工也可以在家庭机构中发现，在家里，成员所要展示出的并非只是其完成任务的能力。人们所熟知的炫耀性消费的话题，谈论的正是现代社会中的丈夫们如何负责获取社会经济地位，而妻子们承担的责任则是把丈夫获取的社会经济地位展示出来。在更早一些时候，男仆（footman）的角色也为这种专门化的分工提供了一个更明显的例子：

> 但是，男仆在这些（家庭的）服务事项中的一项主要价值体现，就是他在展示主人的富有程度方面所具有的卓越效能。当然，只要是家里的用人就会有这种价值体现，因为他们存在于家庭机构这一事实本身，就证明了他们的主人有能力支付给他们工钱并养着他们，哪怕他们很少甚至根本不从事生产性的劳动。但是，并非所有用人的这种炫耀性作用都有同样的效果。一些拥有不寻常技艺并且受过专门训练的人要价会更高，他们比那些低报酬的用人更能为主人带来富有的声誉。显然，抛头露面的用人总是会比埋头苦干的用人更

能有效地展示主人的富有。穿制服的用人，无论是车夫还是小厮，都是一批最有效的用人。他们所从事的工作，使他们具有更高的可视度。而且，制服本身就说明他们远离生产劳动这一事实。这种有效性在男仆身上得到了最充分的体现，因为男仆的日常工作使他比其他任何人都更为清楚地暴露在他人的视野之内。因此，他是主人的炫耀性表演中至关重要的一部分。[36]

也许可以这样说，扮演纯粹仪式角色的个体，并不需要获取戏剧性支配的角色。

我们可以这样来给剧班下个定义：剧班是一群个体的集合，他们通过相互间的密切合作来维持一种特定的情境定义。剧班是这样一种集合体：它与社会结构或社会组织无关，而与维持相关情境定义的互动或一系列互动有关。

我们已经看到并将进一步看到，要使表演行之有效，那么促成这种表演的合作程度和特征就会被隐藏起来，并对外保密。因此，剧班带有几分秘密会社（secret society）的性质。当然，观众也许会觉察到，所有剧班成员都被一条没有任何观众参与其中的纽带联结在一起。因此，比如，当顾客进入某个服务机构时，他们会清楚地知道，所有员工都因其职业角色而区别于顾客。然而，机构员工并非因为员工身份而成为剧班成员，他们只是通过合作为了维持某种特定的情境定义。在许多情况下，人们或许不会费力掩饰到底谁是机构的员工，但是，只要他们把如何维持特定的情境定义这一秘密保守起来，他们就构成了一个秘密会社、一个剧班。个体组成剧班可能是由于他们要为自己所属的群体提供帮助，但是，当他们在以戏剧表演的方式自助并进而为他们的群体提供帮助时，他们是作为一个剧班在行动，而不是作为一个群体在行动。因此，这里的剧班就是这样一种秘密会社：其成员在非成员看来已经组成了一个会社，甚至还是一个具有排外性的会社；但是，由他们已知的这些个体所构成的那种会社，却不是因他们作为一个剧班而行动所构成的会社。

既然我们所有人都是剧班活动的参与者，那么我们的内心深处必定多少都会有一点阴谋家的甜蜜犯罪感（sweet guilt of conspirators）。由于每个剧班都在竭力维持某些情境定义的稳定性，并为此掩盖事实或隐匿真相，因此，我们可以想象，表演者会在某种程度上鬼鬼祟祟地度过他的阴谋家生涯。

注释

1. 笔者未发表的医学服务研究成果。
2. Charles S. Johnson, *op. cit.*, pp. 137–138.
3. *Esquire Etiquette* (Philadelphia: Lippincott, 1953), p. 6.
4. Ibid., p. 15.
5. 我从冯·诺依曼的著作（Von Neumann, *op. cit.*）中采纳了把剧班（与表演者相对）当作基本单位的用法，特别是该书的第 53 页，桥牌作为两个打牌者之间的游戏被用来分析，在某些方面，每一方都有两个分离的个体在玩游戏。
6. 个人主义的思维方式往往将诸如自我欺骗和不真诚等过程当作产生于个体人

格深处的性格弱点。从个体外部着手向内推进也许比从个体内部着手向外推进更好。我们可以说，以后出现的一切的出发点在于，个体表演者在观众面前维持对情境的定义。当个体坚守维持操作共识的义务，并在不同的观众面前参与不同的常规程序或扮演特定的角色时，他自然会变得不真诚。自欺可以被看成表演者和观众这两种不同的角色合并到同一个人身上时产生的结果。

7. 参见 Karl Mannheim, *Essays on the Sociology of Culture* (London: Routledge & Kegan Paul, 1956), p. 209。

8. 当然，小集团的形成有许多基础。爱德华·格罗斯（Edward Gross）在"Informal Relations and the Social Organization of Work in an Industrial Office"（未发表的博士论文，芝加哥大学社会学系，1949年）中提出，小集团可以跨越普通的年龄与种族界限，以便把那些被认为相互之间在工作上没有竞争关系的人聚集在一起。

9. Dale, *op. cit.*, p. 141.

10. Floyd Hunter, *Community Power Structure* (Chapel Hill: University of North Carolina Press, 1953), p. 181. 另见 p. 118, p. 212。

11. Gerald Moore, *The Unashamed Accompanist* (New York: Macmillan, 1944), p. 60.

12. Chester Holcombe, *The Real Chinaman* (New York: Dodd, Mead, 1895), p. 293.

13. Solomon, *op. cit.*, p. 75.

14. 家庭中一个有趣的戏剧难题是，性别团结与直系团结跨越了夫妇团结，使丈夫和妻子很难在孩子面前以有权威的样子或者以或亲或疏的旁系亲属的样子来"互相支持"。如前所述，这种成员间的跨越关系造成了结构性裂痕的扩大。

15. Taxel, *op. cit.*, pp. 53-54.

16. Howard S. Becker, "The Teacher in the Authority System of the Public School," *Journal of Educational Sociology*, XXVII, 1953, p. 134.

17. Ibid., 摘自一次访谈, p. 134。

18. E. C. Hughes, "Institutions," Alfred M. Lee, ed., *New Outline of the Principles of*

Sociology（New York：Barnes and Noble，1946），p. 273.

19. William Westley,"The Police"（未发表的博士论文，芝加哥大学社会学系，1952 年），pp. 187-196.

20. 只要儿童被定义为"被排除在外的人"，他们就被允许有些不符合社交礼仪的行为，不要求观众把这些行为的表达性含义看得过于认真。但是，不管是否被看成被排除在外的人，儿童是会泄露一些至关重要的秘事的。

21. 这些事例取自 George Rosenbaum,"An Analysis of Personalization in Neighborhood Apparel Retailing"（未发表的硕士论文，芝加哥大学社会学系，1953 年），pp. 86-87。

22. Joan Beck,"What's Wrong with Sorority Rushing?"*Chicago Tribune Magazine*，January 10，1954，pp. 20-21.

23. Dev Collans, with Stewart Sterling, *I Was a House Detective*（New York：Dutton，1954），p. 56. 省略号为作者所加。

24. Weinlein，*op. cit.*，p. 105.

25. Ibid.，pp. 105-106.

26. Franz Kafka, *The Trial*（New York：Knopf，1948），pp. 14-15.

27. B. M. Spinley, *The Deprived and the Privileged*（London：Routledge and Kegan Paul，1953），p. 45.

28. Warren Miller, *The Sleep of Reason*（Boston：Little，Brown and Company，1958），p. 254.

29. Pinelli，*op. cit.*，p. 141.

30. Ibid.，p. 131.

31. Ibid.，p. 139.

32. 例如，参见 Donald E. Wray,"Marginal Men of Industry：The Foreman,"*American Journal of Sociology*，LIV，1949，pp. 298-301，以及 Fritz Roethlisberger,"The Foreman：Master and Victim of Double Talk,"*Harvard Business Review*，XXIII，1945，pp. 285-294。后面会谈到中间人的角色。

33. Evelyn Waugh,"An Open Letter," in Nancy Mitford, ed., *Noblesse Oblige*（London：Hamish Hamilton，1956），p. 78.

34. 参见 David Riesman, Reuel Denny and Nathan Glazer, *The Lonely Crowd* (New Haven: Yale University Press, 1950), "The Avocational Counselors," pp. 363-367。

35. 参见 Harold L. Wilensky, "The Staff 'Expert': A Study of the Intelligence Function in American Trade Unions"(未发表的博士论文,芝加哥大学社会学系,1953年), Chap. iv。除了他的论文材料外,我还受惠于他的许多富有启发性的建议。

36. J. J. Hecht, *The Domestic Servant Class in Eighteenth-Century England* (London: Routledge, Kegan Paul, 1956), pp. 53-54.

第三章
区域与区域行为

区域可以定义为，在某种程度上被感知上的障碍所限制的任何地方。当然，区域的受限制程度不同，在感知受阻时使用的沟通媒介也不同。例如，电台控制室使用的那种厚玻璃墙，能隔音却可以看透；用纤维板分隔的办公室则与此相反，能隔离出一个可以听见却无法看到的区域。

英美社会是相对的室内社会，表演一般都在有明确边界的区域内进行，这个区域通常还会加上时间的限制。表演所促生的印象和理解就渗透在这样一个区域和时间的跨度之中，从而使身处这一时空之中的人能够观察这种表演，并被表演促成的情境定义所指导。[1]

对表演者和观众而言，表演中通常只有一个视觉关注点，如大厅里的一场政治演说，诊室里医生和病人的谈话。但是，很多表演是由多个相互独立的口头互动组群构成的。譬如很典型的，在鸡尾酒会上就会有好几个在进行交谈的子群；同样，在商店里往往有若干对售货员和顾客在进行口头互动。

我们可以用"前台区域"（front region）来指称特定表演发生的场所。这种场所中固定的符号装备，作为前台的一部分，我们称其为"舞台装置"。我们可以看到，表演的某些方面似乎并不是为了观众，而是为了前台。

一个人在前台区域的表演可以看作其个人形象的尽力展示，他在该区域中的活动维系并体现着某些标准。这些标准可以分为两大类：一类与表演者在和观众进行交谈或手势交流（交谈的替代品）时对待观众的方式有关，这类标准经常被视为"礼貌"（matters of politeness）；另一类与表演者在观众视听范围内（但并不一定与观众交谈）表现自己的方式有关，我们用"体面"（decorum）来指称这类标准，尽管这一用法还需要做进一步的说明和限定。

当我们考察一个区域中的体面要求，即那种并不涉及如何与他人交谈的行为要求时，我们倾向于把这类要求划分为道德性的和工具性的两个子类。道德性要求（moral requirements）以自身为目的，这类规则包括不干涉、不妨害他人，比如性规范、对神圣场所的敬畏等。工具性要求（instrumental requirements）则不以自身为目的，其大致等同于职责，譬如雇主对雇员的要求，要爱护财产、维持工作水准等。人们可能会觉得，体面一词只适合用来指涉道德性要求，而工具性要求需要另外的词来指涉。然而，当我们对某一给定区域的秩序维持状况进行考察时，我们就会发现道德性要求和工具性要求似乎以同样的方式影响着那些必须对这些要求做出反应的人，而且，道德性的和工具性的根据或所谓的合理化都被用来证明大部分必须加以维系的标准。只要这些规定的标准通过制裁手段和某些有制裁力的人而得以维系，那么，对表演者来说，这些标准的正当性是基于道德性根据还是工具性根据，以及是否要求他来体现这种标准，就都是无关紧要的。

应当指出，被我们称为"举止"的个人前台部分对于礼貌而言相当重要，同样，我们所说的"外表"部分对于体面来说也非常重要。还应当注意，体面行为可能表现为对置身其中的区域及其舞台装置的尊敬，但是，这种尊敬，当然，可能只是出于想给观众留下个好印象或不想受到制裁等考虑。最后，还必须指出，体面要求比礼貌要求具有更广泛深入的社会生态学意义。观众能够对整个前台持续地进行有关体面的审视，但是当观众忙于审视时，表演者中也许没有人或只有极少数人需要与观众交谈并表现出礼貌。表演者可以停止表现，但无法停止流露。

在研究社会机构时，对时下流行的体面标准加以描述很重要；但做到这一点非常困难，因为信息提供者和研究者往往会把这些标准视为理所当然，直到碰到意外、危机和特殊事件时才有所察觉。例如，众所周知，不同的商业机构对员工之间的闲聊有不同的标准，但是，当我们碰巧在研究一个有着比较多的外国移民员工的机构时,就会突然意识到,允许员工参与闲聊,并不意味着允许他们使用自己的母语闲聊。[2]

我们往往习惯性地认为像教堂这样的宗教机构的体面准则与日常工作场所的体面准则会大相径庭。但我们不能据此认为宗教机构会比日常工作场所有更多、更严厉的标准。在教堂里,妇女可以坐着,胡思乱想,甚至打盹儿。然而,服装店里的女售货员,却可能被要求站着,注意力集中,不能嚼口香糖,即使不与任何人交谈时也要面带笑容,还得穿着她自己根本买不起的制服。

社会机构中一种叫作"假装作为"(make-work)的体面形式曾被研究过。我们知道,在很多机构中,不仅要求工人在一定时间内完成一定的产量,而且要随时准备着,当有上司造访时,给上司留下卖力工作的印象。从一家造船厂中我们得知:

> 当听说工头就在船体上或车间里,或风闻有行政主管正路过时,立刻就会出现一种戏剧性的变化:班组长和小头目们急匆匆地跑到他们各自的班组,催促工人赶紧干活。经常会听见这样的告诫:"千万别让他看见你坐着。"即使无活可干,他们也会忙碌地扳管子、通管道或把已经上得很紧的螺栓再紧一紧。老板每次来巡视时,总能看到车间里忙碌紧张的劳动场面。这种情形双方都很明白是怎么回事,就像簇拥着一位五星上将在部队视察一样。如果忽略了这些虚假和空洞的表演细节,就会被认为是一种对上级极不尊重的表现。[3]

与此类似，我们在医院的病房里也了解到：

> 观察者在病房工作的第一天，其他护理员就明确地告诉他，打骂病人时不要"让人撞见"，当主管来检查病房时要表现得忙碌一些，不要跟她讲话，除非她先开口。有些护理员专司"放哨"，一旦发现主管来了就给其他人打招呼，以免他们正在干的那些不合宜的事让人发现。有些护理员会故意把活儿留到主管在场时再去干，这样他们就会显得很忙碌，因此，主管也就不会再给他们派其他活儿了。当然，就大部分工作人员而言，变化并不那么明显，主要视每个护理员、主管和病房的情况而定。但是，当上级，譬如主管出现时，几乎所有的护理员都有某种行为变化。绝没有人敢公开蔑视那些规章制度……[4]

从考察"假装作为"，到考察维持工作活动外表的其他标准，如速度、个人兴趣、节约、准确性等，只有一步之遥。[5] 从考察工作中的一般标准，到考察工作场所中道德性和工具性体面要求的其他重要方面，也只差一步，如衣着样式、可容许的说话音量、被禁止的消遣、个人嗜好以及情感流露等，都是我们随后要考察的。

与工作场所中体面要求的其他方面一样，假装作为往往被看成是那些地位低下者的特殊负担。而戏剧论方法要求我们把假装作为与它的反面"假装不作为"的问题一并考虑。因此，我们从这篇描写19世纪早期没落的上流社会人士的回忆录中可知：

人们对待拜访的问题总是特别谨小慎微，这让人想起了《弗洛斯河上的磨坊》(*The Mill on the Floss*)一书中关于拜访的描述。拜访是有固定时间安排的，所以来访和回访的日子大家都很清楚。这是一种包含了很多客套和虚伪做作的礼仪。例如，在拜访的日子里，没有人会去干任何有意义的事，否则，客人们就会感到吃惊。上流社会的家庭会有这样一种虚饰：女士们在正餐后从不做任何正经的或有用的事情；午后要么出去散散步，要么串门，要么就在家优雅地虚度光阴。因此，当有客人来访时，如果姑娘们正在做什么有用的活计，她们就会立刻将其塞到沙发底下，装出正在看书、画画、织毛衣或与人讲着什么轻松时髦话题的样子。我真不知道她们为什么如此造作，因为众所周知，这里的每个姑娘总是不断地忙于制作、修补、裁剪、缝纫、加衬、整饰、改制和设计衣服。你想想，如果那位律师的几个女儿平时不是亲手缝制礼服，她们怎么可能在周日的服装大赛中技压群芳？其实，大家都知道这是怎么回事，可是姑娘们为什么不痛痛快快地承认呢？真是令人费解。或许这只是一种猜测，或是一个缥缈的希望，抑或只是异想天开——这种"无用的贵妇"的名声能使她们超越上流社会舞会的界限，并与乡下人打成一片。[6]

显而易见，尽管假装作为和假装不作为是一枚硬币的两面，但是从事这两个方面表演的人在必须使自己适应演出要求这一点上一致的。

如前所述，当一个人的活动呈现在他人面前时，活动的某些方面会被特意强调，而活动的另外一些方面，即可能有损于他所要制造的印象的那些行动，则会被竭力抑制。显然，那些被强调的事实往往出现在前台区域；而在另一区域——"后台区域"或"后台"（backstage），那些被掩盖的事实则会出现。

后台区域或后台可以被定义为这样一个场所，即相对于给定的表演，在这里的表演所促成的印象，故意要制造出与前台表演相反的效果。当然，这种场所有许多独特的功能。正是在这里，前台表演所传达的各种弦外之音可以被精心设计出来；正是在这里，表演者可以公开制造各种幻象和他需要的印象。在这里，各种舞台道具和个人前台用品都被以一种紧凑的方式折叠进整个表演行为和舞台角色的全套剧目（repertoires）中。[7] 在后台，不同等级的仪式装备，比如各种酒类和服饰都被隐藏起来，这样观众就无法知晓他们实际得到的待遇和他们本来可以得到的待遇之间究竟有什么差别。在这里，像电话这一类设备，都是与外界隔离的，以便表演者可以"私下"使用。人们还可以在这里试穿服饰，试用个人前台用品，仔细检查是否还有疏漏。剧班可以在没有观众在场的情况下进行排练，审查节目有无冒犯观众的表现。也正是在这里，表现蹩脚的剧班成员可以加强训练，或者真的不行就被淘汰出局。在这里，表演者可以放松一下：放下道具，不说台词，甚至可以暂时忘掉自己扮演的角色。波伏瓦生动地描述了当

男性观众不在场时,女性的后台活动:

> 女人间的这种关系之所以有价值,就在于这种关系意味着真实。女人在男人面前总是在演戏;她会假装乐意接受那种无足轻重的身份,并以模仿、装扮和刻意的言辞在男人面前展示一种虚构的形象。如此装腔作势需要一种持续的紧张感。当和丈夫或情人在一起的时候,每个女人或多或少都会感到:"这真的不是我自己。"男人的世界粗犷豪放、轮廓清晰、棱角分明,男人的声音荡气回肠,男人的目光不加掩饰,相互接触也毛毛糙糙。然而,女人与其他女人在一起时,她就像是在幕后;她擦拭装备,但并不是要投入战斗;她整理自己的服饰,准备梳妆打扮,部署着自己的战术;在登台之前,她会穿着晨衣和拖鞋在舞台两侧悠闲踱步。她喜欢这种温暖、闲适、轻松的氛围……
>
> 对有些女人来说,她们之间这种温暖而轻松的亲密关系要比和男人在一起时那种盛大场面宝贵多了。[8]

后台通常位于舞台的一侧,与前台被隔墙和有人把守的过道隔离开。由于前台和后台以这种方式毗连,因此,在前台表演的演员可以随时得到后台的帮助,也可以暂时中断表演到后台稍事休息。总之,后台是表演者可以确信观众不会突然闯入的地方。

由于表演中最关键的秘密可以在后台看到,而且演员在后台的行为也与他所扮演的角色完全不符,因此可想而知,封闭前台通往后台的过道不让观众进入,或者隐藏整个后台,就是自然而然的事了。这是一种被广泛应用的印象管理技术,需要进一步探讨。

显然,后台控制在"工作控制"中有十分重要的意义,人们可以借此摆脱周遭的羁绊放松一下。如果一个工人想要成功地做出成天卖力干活的样子,他就必须有一个安全的地方来藏匿他实际不到一天时间就能完成全天任务的秘密。[9]如果要给死者亲属造成死者安然沉睡的幻象,殡仪员就必须设法阻止死者亲属进入工作间,以便为尸体脱水、填充、化装,从而为最后的演出做好准备。[10]如果精神病院的某位员工想让前来探望的病人家属对医院有一个好印象,他就必须把探望者挡在病房(特别是慢性病房)之外,把外来者限制在专为接待设置的探望室里,那里配有讲究的摆设,并能确保所有在场的病人都穿着得体、干净,举止相对正常并受到善待。同样,许多服务性维修行业,都会要求顾客把需要保养、维修的物品留下而先离开现场,以便工人能在私下干活。等顾客回头来取回他的汽车、手表、裤子或收音机时,这些东西会完好无损地呈现在他面前,但他不会知道维修过程中的工作量和工作种类,更不会知道工作中出现了多少差错以及判断收费合理性所需的其他服务细节。

服务行业的人往往会认为阻止观众进入后台是他们的权利,因此,当遇到这种通用策略不能适用的情形时,他们就会特别恼火。例如,美国汽车加油站的管理人员在这方面就遇到很多麻烦。[11]顾客往往不愿意把需要修理的汽车成天停放在加油站或在加油站停放一整夜，他们觉得只有把汽车开进车库停放才会放心。而且，当技工修理和调试汽车时，顾客觉得他们有权在一旁观看。因此，如果维修工试图以幻想的服务来增加收费，自然就会在精明的顾客面前暴露无遗。实际上，顾客不仅无视加油站职员的后台权利，而且把整个加油站看成男人们的"开放之城"（open city）——他随时有弄脏衣服的风险，因而他有权要求全部后台的特权。男性司机经常在加油站到处闲逛，歪戴着帽子，随地吐痰，满嘴脏话，还要求免费的服务和行程咨询。他们会大摇大摆地进来，随便使用站内的卫生间和工具、办公室的电话，或者跑进储藏室里翻找他们需要的零件。[12]甚至为了避开红绿灯，有些驾驶员会抄近路开车穿过加油站的车道，全然不顾经营者的所有权。

如果工作人员不能有效控制后台，那就会面临很多问题，设得兰旅馆的例子说明了这一点。旅馆的厨房是为客人准备饭菜的地方，也是员工吃饭和日常生活的地方，所以，这里保留着岛上佃农的文化。在此，我们可以看一下这种文化的某些细节。

在厨房里，通行佃农式雇主与雇工的关系。尽管洗刷碗碟的小男孩只有14岁，而男老板有30多岁，但他们之间还是直呼其名。老板夫妇和员工一起吃饭，在饭桌上以相对平等的身份闲聊。当老板在厨房里非正式地宴请亲戚朋友时，旅馆的一般员工都可以加入。老板与员工间的这种亲近平等的关系模式，与外来宾客在场时双方所表现的样子完全不同，也不符合宾客所持有的社会距离观念，即安排房间的主人应该与搬运行李的搬运工以及每晚为客人擦皮鞋、倒便壶的女仆有很大区别。

同样，旅馆的厨房沿袭了岛上的饮食模式。偶尔也有肉吃，但他们通常只是用清水煮着吃。经常吃鱼，也是用水煮着吃，或者用盐腌着吃。土豆是每天一次的正餐中必不可少的，几乎总是连皮煮熟，也是按岛上人的习惯食用：直接用手从放在桌子中间的碗里拿一个，用叉子叉住，用小刀去皮，把皮整齐地堆在自己的碟子旁边，饭后再用刀把皮拢起来。油布当桌布用。几乎每顿饭饭前总要上一碗汤，喝完汤的汤碗还可以当碟子一样用来盛饭装菜（因为几乎所有的食物都是水煮的，所以这是个好办法）。有时，刀叉也是用拳头握住，上茶用的是没有茶碟的杯子。虽然从许多方面看，岛上饮食似乎还算过得去，餐桌礼仪通常也比较讲究，但是，岛上的居民清楚地知道他们的饮食模式与英国中产阶级的饮食习惯是不同的，而且在某些方面还正好与之相反。这种差异最明显地表现在他们把原本为客人准备的食物拿到厨房自己吃的时候。（这种情况并非罕见，但也不是经常有，因为员工喜欢自己的食物胜于喜欢为客人准备的食物。）这时，他们还是按照岛上的方式用餐：不是分成每人一份，而是大家共享一锅。吃剩的肉或水果馅饼也会被端上桌，这和客人吃的基本一样，只是客人的要更新鲜一点。但是以岛上的标准衡量，这似乎也并没什么不妥。如果用不新鲜的面包和蛋糕做的布丁不符合客人的要求的话，那就留在厨房自己吃。

在旅馆厨房里，往往会出现一些佃农式的着装和姿态。比如，经理有时会按照当地的习惯，在厨房戴着帽子；洗碗的小伙子会把痰精准地啐到一边的煤桶里；女工休息时跷着二郎腿，一点儿也没有女士的样子。

除了这些文化差异外，还有其他原因导致旅馆工作人员在厨房的行为举止与在休息大厅的行为举止完全不同，因为那些在宾客休息区域呈现或隐含的旅馆服务标准，在厨房却并没有被完全遵守。在厨房区域的洗碗处，有时，还没喝的汤上已经长了霉。在厨房火炉的烧水壶上烘着湿袜子——一种标准的岛上人的习惯。如果客人要求泡一壶新茶，他们会用没洗过的茶壶来泡茶，结满茶垢的壶底上还粘着几周前泡过的茶叶。新鲜的鲱鱼开膛掏肚后，用报纸揩一下就算干净了。变软变形的黄油块被重新搓揉一下，只要看上去像新鲜的，就可以再端出去给客人食用了。上好的布丁不是给厨房员工准备的，但在送给客人之前，大家会肆意地用手指抠一点尝尝。在用餐高峰期，用过的酒杯收进厨房倒空后只抹一下就又投入使用，根本不洗。[13]

因此，考虑到厨房里的活动与在旅馆宾客区域促成的印象有各种各样的抵牾之处，我们就很容易理解为什么从厨房通往旅馆其他区域的那扇门永远是旅馆管理者的一块心病（sore spot）。女仆希望门总是开着的，这样她们就能更方便地端着碗碟进进出出，也更容易了解客人是否需要她们提供专为他们准备的服务，同时可以尽可能地与那些她们逐渐熟悉起来的客人保持接触。由于她们在客人面前扮演的只是仆人的角色，因此，她们感到即使客人经过门口，通过敞开的门看到她们在厨房里的表现，也不会使她们损失什么。但是，管理者却不然，他们希望门被关上，他们不愿意因为厨房习惯的暴露，而有损于客人赋予他们的中产阶级身份。于是，这扇门一天到晚，不是被女仆愤怒地推开，就是被管理者愤怒地关上，整天"砰""砰"地响个不停。如果装上现代餐馆里那种弹力门或许可以部分地解决这一舞台演出问题。很多小型营业场所通常都会在这种门上装一小块玻璃作为单向窥视孔，这或许也能解决一些问题。

在电台或电视台的演播室里，我们还可以看到另一些"后台困境"（backstage difficulties）的有趣例子。此时的后台可以被定义为没有被摄像机镜头对准的区域，或是"实况录音"的话筒感应范围之外的区域。因此，播音员可能会在离摄像机一臂之遥处，用一只手将赞助商的产品举到镜头前，而另一只手却捏着鼻子和同事开玩笑，因为他的脸在画面之外。当然，职业播音员可以讲出很多这样的经典笑话，讲述那些自认为处在后台的播音员实际是如何被直播的，以及他的这种后台行为又是如何使直播应当维护的情境定义失去可信度的。因此，出于技术原因，播音员藏身其后的这堵隔墙是很不牢靠的，常常只是因轻轻一按开关或转动摄像机机位就会坍塌。播音老手必须善于应对这种演出意外。

当前流行的一些房屋建筑设计中，也存在着与此相关的特殊

"后台困境"。用很薄的隔墙就可以阻挡邻居的视线,但不能防止彼此听到对方前台和后台活动的动静。因此,英国的住宅研究者把它称为"界(共用)墙"(party wall),并指出了它的如下后果:

> 这种房子的住户可以听到各种"邻近的"噪声,从生日聚会的喧闹声到日常生活的响动。受访者提到无线电接收/发射器的声音、夜里婴儿的啼哭声、咳嗽声、上床睡觉前鞋子掉落的声音、孩子们在楼梯上跑上跑下或在起居室地板上跑动的声音、胡乱弹奏的钢琴声、嬉笑声或大声讲话的声音。邻居还提到从夫妻卧室里传来的声音:听起来令人震惊,"你甚至能听到他们用尿壶的声音,这真令人讨厌,简直糟透了";或者听起来很烦人,"我听到他们在床上争吵。一个要看书,一个想睡觉。听到夫妻在床上的声音真叫人尴尬,我只好把床换个方向"……"我爱在床上看书,对声音又特别敏感,所以,听到他们谈话搅得我看不进书";或者感到拘束,"你有时会听到他们在说一些颇为私密的话,比如男人对他的妻子说她的脚冰凉。这使你意识到自己必须压低声音说私事";并且,"这让你感到束手束脚,好像你在夜里必须踮着脚进卧室似的"。[14]

对于那些彼此不太熟悉的邻居来说,如此了解别人的私生活,真是件令人尴尬的事。

显贵人物经历的意外事件可以作为"后台困境"的最后一个

例证。这些人可能显得神圣不可侵犯,以至于其唯一恰当的形象就是被一大群随从前呼后拥或身处盛大典礼的中心。对他们来说,在任何其他场合出现在他人面前都是不当的,因为这种非正式的露面可能有损于加诸其身的神秘感。因此,必须禁止观众进入显贵人物休闲的任何场所。如果这个休闲场所很大,像19世纪中国皇帝的一样,或者,无法确认显贵人物栖身何处,那么非法侵入问题就会变得相当严重。所以,维多利亚女王规定:在王宫里的任何人,只要看见她乘坐的马车驶近,都要转过头去或转身朝别的方向走开。因此,如果碰到女王突然出现,宫中大臣有时也顾不得自己的颜面而只能急忙躲进灌木丛中。[15]

尽管这些关于后台困境的例子有的比较极端,但事实上,在人们研究过的任一社会机构中,的确都存在着某些与后台控制有关的难题。

工作区域和娱乐区域是后台控制的两个领域。还有一个区域是,我们的社会普遍倾向于让表演者控制他们满足其生物需要的场所。在我们的社会中,排便是个体活动的一部分,而这种活动与人们在其他许多表演中所提出的干净和整洁的标准不相一致。这种活动致使个体衣冠不整,并且"退出表演",也就是说,要卸掉与别人面对面互动时的表演面具。如果此时突然要求他立即重置个人前台,并迅速进入互动状态,对他来说是相当困难的。这也许就是我们社会中的厕所门要装锁的原因之一。一个人在床上睡觉时,往往是静止的,从表演的角度讲,他需要苏醒一段时间后才能使自己进入互动状态，或摆出一副社交面孔，这就解释了为什么要把卧室与客厅隔开。这种隔离的效用因以下事实而被强化：性活动往往发生在卧室，而这种互动形式也使得表演者不能立即转入另一种互动。

观察印象管理最有趣的时机之一是，表演者离开后台进入可以看见观众的区域或离开可以看见观众的区域进入后台的一瞬间，此时，我们就能够捕捉到"上装"和"卸装"的精彩画面。奥威尔（Orwell）曾谈到服务员，而且是从一个洗碗工的后台视角讲述的，他给我们提供了如下例子：

> 看着一个服务员走进旅馆餐厅真是让人大开眼界。在他通过门口的当儿，他身上突然起了变化。他两肩溜直，所有脏乱、仓促、躁怒顷刻间消失得无影无踪。他在地毯上步履轻盈，露出貌似祭司的庄重神色。我记得我们餐厅的总管助理——一个急性子的意大利人，有一次站在餐厅门口训斥一个打碎酒瓶的学徒。他挥舞着拳头喊道（幸亏门还能隔音）：
>
> "你说，你还配当服务员吗？你这个小混蛋！你还是一个服务员呢！你连在你妈的妓院里擦地板都不够格。婊子养的！"
>
> 他骂够了便朝门口走去；开门时又骂了一句算是最后的侮辱，就像《汤姆·琼斯》（*Tom Jones*）中的大地主韦斯顿（Western）一样。
>
> 然后，他走进餐厅，手托盘子，步态优雅，宛如天鹅一

般。10秒钟后，他已经在向一位顾客毕恭毕敬地鞠躬了。当你看到他鞠躬微笑，露出训练有素的侍者那种和蔼可亲的笑容时，你不禁会想，有这样一位贵族为自己服务，顾客难免会自惭形秽。[16]

英国一名深入基层的参与观察者提供了另一个例子：

> 前面提到的那位名叫阿迪（Addie）的女仆和另外两名女服务员的举止，就像演戏一样。她们高举托盘，形容矜持、派头十足地走进厨房，好似演员退入舞台两侧。趁往盘子里盛菜之机，休息片刻，又带着准备再次出场的面容悄然出去。厨师和我像是留在废弃物中的舞台工作人员，仿佛已瞥见另一个世界，我们几乎听到了那些看不见的观众的掌声。[17]

家政服务的衰落加速了奥威尔提到的那种发生在中产阶级家庭主妇身上的变化。当设宴款待友人时，她必须以一种能让自己在用人和女主人的角色之间来回切换的方式处理厨房里的脏活，这样在她进出餐厅时，就要不断变换自己的动作、举止和性情。一些礼仪书籍为如何便利这种转变提供了有益的指导，比如建议如果女主人要退到后台待一段时间，如整理床铺，那么，男主人带客人到花园里散会儿步就能够维护家庭形象。

在我们的社会中，前后台的分界线随处可见。如前所述，除下层社会的家庭之外，一般家庭的卧室和盥洗室是不允许楼下观众进入的。这些房间是主人用来梳洗、穿戴、打扮的，而接待朋友则在别的地方。当然,就像厨房用于处理食物一样,卧室和盥洗室是处理身体的场所。事实上,正是这些舞台装置使中产阶级的生活与下层阶级的生活得以区分。但是,我们社会中的所有阶层都有划分居住区域前后台的习惯。前台经过装饰修整,洁净有序;相对地,后台往往不讨人喜欢。同样,在社交场合,成年人是从前台进入的;社交能力不完备者,如用人、送货员、孩子,都得从后面进入。

尽管我们对居住区域内外的舞台布置比较熟悉,但我们往往对其他方面的舞台布置很少留意。在美国,街坊四邻中那些8—14岁的孩子和其他一些胆大妄为之徒,对四通八达的里弄小巷的入口了如指掌,并经常穿梭其中;他们曾经对这些入口趣味盎然,但等他们长大后却不再为之所动。类似地,看门人和清洁女工对通往营业大楼后台区域的各个小门非常熟悉,而且,对秘密运送肮脏的清洁设备、大型舞台道具和他们自己的世俗运输系统了如指掌。同样,商店也有类似的布置,"柜台后面"和仓库就是后台。

如果把某一特定社会的价值观考虑进来,显然,某些地方的后台特征是以一种物质的方式构建的,相对于邻近区域,这些场所不可避免地会成为后台。在我们的社会中,装潢艺术往往帮了我们的忙,建筑物中承载服务功能的部分被刷成深色,使用空心瓷砖,而前台区域则被刷上白色的灰泥。若干固定设备也使这种区分更具永久性。雇主往往会把形象欠佳的员工安排在后台,而把"能给人留下好印象"的员工安排在前台工作,从而达到和谐的状态。雇主不仅可以把那些不能让观众看到的工作交给形象不佳的员工去干,也可以把那些能够遮掩但不必遮掩的工作让他们去做。正如休斯所言[18],在美国的工厂里,如果黑人雇员能像化学工程师那样,被隔离在工厂的主要作业区之外,那么他们就更容易获得高级职员的身份。(这一切涉及一种众所周知但很少被研究的社会生态分类。)就人们通常的期待而言,在后台工作的人要达到技术标准,而在前台工作的人要达到表现力标准。

一个地方通常会有特定的演出,那里的装潢和永久性固定装置以及经常在那里看到的演员和表演,往往会赋予这个地方一种魔力;即使没有日常演出,这个地方仍留有某些前台特征。因此,即便只有修理工在场,教堂和教室也会保持着它们平时的某种氛围,虽然修理工在进行维修时也许并没有表现出特别的恭敬,但是他们的不敬往往是结构性的,特别是指在某种意义上,他们应该意识到这种氛围,实际上却没有意识到的情况。同理,某些特定场所,也许因为常被人们视为一种无须维持某些标准的隐蔽之地,以至于最后完全被当成了后台区域。猎人住的山林小屋和运动场地的更衣室就是例子。避暑胜地的前台要求也十分宽松,这使得原本比较拘谨的人也敢于穿着平常不便在陌生人面前穿着的衣服招摇过市。另外,人们发现,在罪犯经常出没的地方,甚至罪犯聚居的区域,也没必要维持行为的"合法性"。据说,巴黎曾经有过这种有趣的事例:

因此，在 17 世纪，要想成为一个真正的黑帮成员（Ar-gotier），不仅要像乞丐那样会乞求施舍，还要有扒手和小偷的那种灵巧身手。这些伎俩通常只有在被称为"圣迹区"（*Cours des Miracles*）的社会渣滓的积聚区域才能学到。用一位 17 世纪初的作家的话说，这些屋院，或可被称为"胜地"，之所以有如此美称，是因为："那些整天像瘸子、残废和浮肿病人似的地痞无赖，看似疾病缠身，但晚上回来时，腋下不是夹着一块牛腰肉，就是一块带骨小牛肉，或一只羊腿，腰上还挂着一瓶酒，一进院子他们就扔掉拐杖，变得身强力壮、精神抖擞，像古代人庆祝酒神节那样狂饮作乐，跳着各式舞蹈，手里还舞动着白天的战利品，而屋院主此时正在为他们准备晚餐。这个院子就是那么神奇，还有什么情境能比瘸子昂首阔步更令人惊奇的呢？"[19]

在这样的后台区域中，恰恰因为人们不刻意追求达到某种重要效果这一事实本身，反而为互动定下了基调——身处其中的人会自然而然地表现得如同在所有事务上都熟不拘礼。

尽管人们倾向把某个区域标定为与某种表演相关联的前台或后台，但很多区域在这一时刻和意义上是前台，而在另一时刻和意义上却成了后台。如一位高级主管的私人办公室无疑是前台，他在机构中的地位正是通过办公室里高品位的陈设体现出来的。而也是在这里，他可以脱掉外衣，松开领带，手上拿着一瓶酒，与同级别的行政人员打成一片，甚至肆意喧哗。[20]同样，一个商业机构在与其他机构的人通信时，会使用质地精美的印有机构抬头的信笺，但它或许可以接受如下忠告：

> 机构内部的通信用纸应更多考虑经济而非礼仪。廉价纸、有色纸、油印纸或打印纸——如果"只是在家里"，随便用哪种都可以。[21]

但是在同一本书中，作者指出了对这种后台情境定义的某些限制：

> 印有姓名的个人便笺在办公室里通常作为草稿纸用，可以随便、没有限制地使用。只是要注意一点：尽管方便，但资历甚浅的基层员工都不应随意使用。如同地毯和门上的姓名一样，在有些机构中，印有姓名的个人便笺也是一种身份的象征。[22]

同样，星期日早上，全家人都可以利用房屋四周的墙壁来掩饰不修边幅、礼仪不周，这时，通常只限于厨房和卧室内的不拘小节可以扩展至所有房间。另外，在美国中产阶级聚居区，每到下午，从孩子们的儿童游乐场到自己家之间的这一地带，也会被母亲们当作后台。她们穿着牛仔裤、趿着便鞋行走其间，素面朝天，推着婴儿车，嘴里叼着香烟，与同伴无所顾忌地闲聊。巴黎工人阶级居住区清晨的情形也是如此，妇女们觉得她们有权把后台延伸至附近的商店，她们披着浴袍，戴着发网，也不梳妆打扮，就趿着拖鞋嗒嗒地到附近商店去搜寻牛奶和新鲜面包。人们发现，在美国的一些主要城市，模特儿穿着拍照时的时装，大步流星却又小心翼翼地穿行于主要街道，匆匆忙忙，目不斜视。她们手里提着帽盒，头上戴着保护发型的发网，此时她并不是为了刻意制造某种效果，而是为了防止在赶往拍摄地点的途中弄乱了装束，她们知道她们真正的表演场所是在拍摄场地的摄像机前。当然，一个区域如果被彻底确立为定期上演特定常规程序的前台，那么在每次表演前后，它都可以充当后台，因为这时，那些永久性固定装置可能需要维修、保养、调试，或者表演者也可能会在这里进行彩排。对此，只需在餐馆、商店或养老院每天早晨向我们开放前几分钟向里面扫视一下就能明白。总之，必须记住，前台和后台之分，仅仅是就特定表演而言，因此，我们指的是当特定表演正在进行时，该场所所具有的功能。

前文提到，那些在同一剧班表演的合作者，彼此关系密切。这种亲密关系往往只有观众不在场的时候才会表现出来，因为它所传达出的自我和剧班印象与一个人想要在观众面前努力维护的自我和剧班印象经常是矛盾的。由于后台是限制观众进入的，因此不难想象，在这里彼此间的亲密关系决定了社会交往的基调。同样，在前台，我们可能会看到一种繁文缛节占了上风。

在整个西方社会，有两种不同的行为语言：一种是非正式的或后台行为语言，另一种是在表演场合使用的行为语言。后台语言包括：相互直呼其名，共同做决定，说脏话，公开谈论有关性内容的话题，发牢骚，抽烟，衣着随便马虎，站姿和坐姿都不讲究，说方言或不规范的语言，嘀嘀咕咕或大喊大叫，嬉笑打闹和"开玩笑"，不太顾及他人感受的一些微小但有象征意义的行为举止，轻微的身体自我涉入（self-involvements），譬如哼着小调、吹口哨、咀嚼、啃东西、打嗝和排气。而前台行为语言中没有上述表现，在某种意义上，甚至正好与之截然相反。概言之，后台行为允许一些小动作，这些小动作常常被认为是亲密关系的象征，同时也是对在场其他人和该区域的不尊重，而前台区域的行为则不允许有这种可能冒犯他人的举动。应当指出，后台行为具有心理学家所称的"退行性"（regressive）特征。当然，问题在于，后台是否给予了个体退行的机会，或者，从临床角度说，这种退行是不是在不恰当的场合中因为某些不被社会所认可的动机而产生的后台行为。

通过营造一种后台氛围，一个人能把任何区域变成后台。因此，我们会发现在很多社会机构中，表演者将前台的一块区域占为己有，在那里行事随便，使之与该区域的其他部分相隔离。如在美国的一些餐馆，特别是在那些所谓"下等饭馆"（one-arm joints），员工们会占据离门最远或离厨房最近的卡座，至少在某些方面，他们在那儿的行为举止就像在后台一样。同样，在未满员的夜间航班上，空姐们在履行了基本职责之后，也许就会闲散地在机舱尾部的座位上坐下来，脱掉正式的高跟鞋，换上平底鞋，点起一支香烟*，在那里营造一种非服务性的环境，轻松地

---

* 20世纪90年代之前，美国的航班上允许吸烟。——译者

低声交谈，有时还拉上一两个乘客一块儿闲聊。

更重要的是，我们不应该认为具体情境会提供正式行为或非正式行为的纯粹样板，尽管人们通常会在定义这种情境时侧重于两个方向中的一个。我们之所以找不到这些纯粹范例，是因为在这场表演中的剧班同伴在某种程度上会成为另一场表演的演员和观众，而这场表演的演员和观众在某种程度上（无论这种程度多么轻微）也会成为另一场表演中的剧班同伴。因此，在一种具体的情境中，我们可以期待这种或那种样式占据优势，至于对两种样式间实际取得的结合或均衡，我们仍感疑惑，也深感无力把握。

我想强调如下事实：一种具体情境中的活动总是正式样式与非正式样式的折中。后台的非正式性有三个常见的约束条件：第一，当观众不在场时，剧班的每一个成员可能都希望维持这种印象，即他绝对会恪守剧班秘密，绝不会在观众面前把角色演砸。每一个剧班成员不仅希望观众把他视为称职的角色，而且希望剧班同伴把自己当成忠诚可靠、训练有素的表演者。第二，在后台，经常会出现表演者相互鼓劲的场面，目的是维持某种印象：即将开场的表演必会成功，或者刚刚结束的演出其实并没有那么糟糕。第三，如果剧班内有社会分化基本层面的各种代表，如不同年龄段的人、不同种族群体的人等，则后台活动的自由度就会受到某些无形的（discretionary）限制。毫无疑问，性别是最重要的社会分化，任何社会，无论男女两性成员的关系多么密切，在对方面前都需要维持某种形象。例如，我们得知在美国西海岸的一家造船厂就有如下情形：

> 在与女工的日常交往中，绝大部分男人总是彬彬有礼、殷勤有加。要是女工进入船体和工棚，男人们就会友好地揭下墙上的裸体照片和色情画并将其塞进黑漆漆的工具箱。为了表现对"女士"的尊重，男人们变得举止文雅、勤于剃胡须、语调温和。如果他们感到女人可能听到他们说话，他们的语言禁忌甚至会达到令人发笑的程度，尤其在女人自己都觉得对这些禁语习以为常和无动于衷的情况下。我经常会看见一些男人，他们本来是想出口骂人的，并且觉得理所当然，可是，一旦意识到有女性观众在场，他们顿时面红耳赤、手足无措、声音喑哑，以致其他人根本听不清楚他们在说什么。在男女工共进午餐时，在空闲时的闲聊中，在一切与熟悉的社会交往有关的事务中，甚至在陌生的造船厂环境中，男人们几乎原封不动地保持着在自己家里时的行为模式：对贤妻和良母的尊重，对姐妹的友善周全，甚至对年幼无知的女儿的呵护。[23]

切斯特菲尔德（Chesterfield）就另一个社会的情况做了类似表述：

> 在和与你平等的人混在一起的时候（当混在一起时，某种程度上所有人都是平等的），大家被允许享受更大程度的轻松和自由，但也是有礼仪限制的。社会尊重必不可少，你

可以谦虚地开始你的谈话主题，但要非常小心，"在有人吊死的人家，切莫提及绳子"。你的言辞、姿势、态度有更大的自由度，但绝不是毫无限制。你可以把手插在口袋里，也可以吸鼻烟，坐下或站着都可以，偶尔走几步也没关系；但是我相信你绝不会认为吹口哨，歪戴着帽子，解开吊袜带或衣服扣子，躺在沙发上，睡在床上，或在安乐椅里摇来晃去，是有礼貌的。只有当无人在场时，你才可以有这种自由；否则，这种不礼貌行为会激怒上司，让同级的人感到震惊和冒犯，而对下级则意味着粗鲁和侮辱。[24]

金赛对夫妻间的裸体禁忌，尤其是老一代美国工人阶级夫妻间裸体禁忌的研究资料，也证明了上述观点。[25]当然，在此起作用的因素并非只是庄重。设得兰岛的两个姑娘也说，等她们不久之后结婚了，她们一定要穿着睡衣睡觉——这不是因为庄重，而是因为她们的身材与她们心目中现代都市女孩的理想身材相去甚远。她们举例说，自己的一两个女友不需要对此如此敏感，因为体重的突然减轻会有损女友（们）的庄重。

我们说过，表演者在后台会相对随便、亲近、放松，而在表演时则会谨小慎微。但我们不能就此认为，日常人际关系中那些令人愉快的事，如礼貌、热情、慷慨以及乐于交往等，都只能发生在后台，而猜忌、势利、炫耀威权等只会出现于前台。在很多情况下，我们似乎把仅有的热情和兴致全部奉献给了正在观看我们表演的人；而后台团结最可靠的标志也只在于它比较安全，一个人在那儿闷闷不乐、心烦意乱也不致招惹麻烦。

有意思的是，尽管每个剧班都能意识到自己的后台行为中存有一些"未经表演的"不光彩的方面，但对与之互动的其他剧班却未必能得出同样的结论。当学生们离开教室到外面休息时，会举止随便，不加检点，但学生们往往不会意识到，此时他们的老师回到"公共休息室"里也会借后台行为稍事休息，叼着烟卷，骂骂咧咧。当然，我们知道，仅有一个成员的剧班可能会对自己抱有非常悲观的想法，许多精神病治疗医师正是通过告诉病人一些有关他人的真实生活状况，来减轻病人的无力感，增强其对生活的信心。在这些对自己的认识和对他人的错觉背后，隐藏着一种重要的社会流动（无论是向上流动、向下流动还是横向流动）的动力和失望。人们常常试图逃离这个只有前台区域行为和后台区域行为的两面世界，他们也许认为，如果他们能够获得那个梦寐以求的新位置，他们就会具有那个位置上的个体所表现出的气质，而不会同时又成为表演者。当然，一旦他们实现了这一愿望，他们就会发现，新处境与老处境有始料未及的相似之处：两者都涉及向观众展示前台，两者都会使表演者陷入肮脏可鄙、琐碎无聊的舞台表演。

人们有时会认为，粗俗的不拘礼仪只是一个文化问题，也就是劳工阶级的一个特征，而那些地位高者并不以这种方式持身处世。当然，关键在于地位高者往往在小剧班里活动，一天当中大部分时间都在进行口头表演，而属于劳工阶级的人往往是大剧班的成员，他们一天当中大部分时间身处后台或进行非口头表演。因此，一个人在地位金字塔中位置越高，能与之亲密交往的人就越少，其在后台待的时间就越少，就越有可能被要求既得体又有礼貌。但是，假如有恰当的时机和合适的同伴，相当神圣的表演者也会，甚至是必须，以颇为低俗的方式行事。由于数量上和策略上的原因，我们也许更多地知道劳动者惯用后台举止，却未必了解显贵也有后台举止。我们可以在没有任何剧班同伴的国家元首那里找到这种情形的有趣例证。有时，如果他们想娱乐放松一下，就会给身边的老朋友一种礼节上的地位，让他们扮演剧班同伴的角色，这构成了"老搭档"（side-kick）功能的实例。正如庞森比对爱德华国王1904年访问丹麦的描述表明的那样，王室侍从经常充当这种角色：

> 晚餐有几道佳肴和许多美酒，通常要持续一个半小时。饭后，我们手挽手走进客厅，丹麦国王和王室成员再次环室而坐。八点钟，我们回到自己的房间里抽烟，但是，因为丹麦的陪同人员随行，所以谈话也仅限于礼貌性地问一些彼此国家的习俗。九点钟，我们返回客厅玩游戏，通常是玩Loo*，但没有赌注。
>
> 十点钟，我们如释重负地获准回到自己的房间，这些夜晚对每个人都是一种煎熬，但国王表现得像个天使，玩着因

---

* Loo，一种古老的纸牌游戏。——译者

点数太低而早已不时兴的惠斯特牌*。但是，这样过了一周，他决定打桥牌，只是要等到丹麦国王睡觉之后。我们得像往常一样按部就班一直到十点钟，之后，俄国使馆的德米多夫（Demidoff）王子一到国王下榻处，我们几个人——国王、德米多夫王子、西摩·福蒂斯丘（Seymour Fortescue）和我——就一起打桥牌，此时我们玩的点数很高。这种游戏一直进行到访问结束，能从丹麦王宫的繁文缛节中解脱出来放松一下自己，真是一件乐事。[26]

关于后台关系，最后我还想指出一点。我们已经说过，某一项表演中的合作者在没有观众在场时彼此间可能表现得相当亲密。但也应当注意到，一个人可能完全适应了他的前台区域活动（或前台区域角色）以至于会把后台放松也当成表演。一个人在退到后台时或许感到不得不以一种随意的方式竭力摆脱他在前台扮演的角色，这种后台行为与其说是为表演提供放松的机会，还不如说是一种更为做作的表演。

在这一章，我们讨论了后台控制的效用以及不能实现这种控制时所产生的戏剧表演困境。现在，我想讨论一下控制进入前台区域的问题，但为此我们有必要对原来的参照系稍做补充。

我们考察过两种有界限的区域：前台区域是某一特定的表演正在进行或可能进行的地方；后台区域是那些与表演相关但与表

---

* 惠斯特牌，四人用全副扑克分两组对垒的牌戏，类似桥牌。——译者

演促成的印象不相一致的行为发生的地方。我们有理由增加第三区域——剩余区域，即已确定的两种区域以外的所有地方。我们不妨把这种区域称为"局外"（the outside）区域。把这种既非特定表演的前台也非其后台的区域称为局外区域，符合我们对社会机构的常识性看法，因为我们看到的大部分建筑物，其内部房间一般经常或暂时会被用作后台区域和前台区域。我们还发现，建筑物的外墙会把这两种类型的房间与外界隔开。那些处在机构外的人，我们称之为"局外人"。

尽管局外区域的概念不言而喻，但如果使用不慎，我们就会受到误导和迷惑，当我们把注意力从前台或后台转向局外时，我们的参照点往往也会从一场表演切换到另一场表演。如果我们以一场正在进行的特定表演为参照点，那些局外人就将成为表演实际的或潜在的观众，这种我们即将看到的表演与正在进行的那种表演，或者十分不同，或者十分类似。当局外人出人意料地进入一个正在进行的表演的前台或后台区域时，研究他们不合时宜的出现所造成的后果，最好不要从它对正在进行的表演的影响入手，而要从它对另一种表演的影响入手，即从表演者和观众在某一时间、某一地点在局外人面前所呈现的表演入手，此时这些局外人则是预期的观众。

对于概念的使用，还有其他方面需要谨慎对待。隔离前后台区域与外界的墙，显然在这些区域中上演和呈现的表演中发挥了某种作用，但建筑物的外部装饰应当在一定程度上被视为另一场表演的一个方面，有时，这种外部装饰的作用也许更为重要。从一个英国村庄的住宅情况，我们得知：

> 村里大部分房子窗帘的材料种类都与每扇窗户的可见程度直接相关。"最好的"窗帘往往挂在最显眼的窗户上，它们比那些人们看不到的窗户上挂的帘子要好得多，而且，印有图案的一面总是朝向屋外。使用最"时尚"、最昂贵的材料，使其格外引人注意，这是一种赢得声望的典型手段。[27]

本报告的第一章指出，表演者往往想要给人一种印象，或者尽量避免与给别人的印象相抵触，也就是说，他们正在扮演的角色是他们最重要的角色，他们声称具有或被赋予的品质是他们最为本质和特有的品质。因此，当人们观看了一场并不是为他们而准备的表演时，他们不但会对这场表演感到失望，而且会对专门为他们准备的表演也没了兴趣。诚如肯尼思·伯克所言，表演者也会感到不知所措：

> 在我们各自独立的反应中，所有人都像那种在办公室里是暴君而在家里是懦夫的人，或者像一个在艺术领域才华横溢而在人际关系中畏首畏尾的音乐家。这种分裂使我们很难把这些不同的方面统一起来（例如，如果那个在办公室里飞扬跋扈而在家里软弱无能的人突然对他的妻子或孩子发号施令，他会发现他的这种分裂使他无能为力，他会因此感到束手无策和痛苦不堪）。[28]

当一个人的表演依赖精致的舞台装置时，这些问题就变得更为棘手。因此，赫尔曼·梅尔维尔（Herman Melville）在谈论他在海军服役时的那位舰长时，隐隐地有一种失望，因为任何时候他们在甲板上相遇，舰长总是对他"视而不见"；梅尔维尔退役后，在华盛顿的一次招待宴会上他们不期而遇，此时，这位舰长却对他亲切友善：

> 尽管在护卫舰上，这位海军准将从未以任何方式跟我打过招呼——我对他也是如此——可是在公使举行的招待会上，我们却有说不完的话。我还注意到，在外国政要和美国各界巨头云集的人群中，我这位可敬的朋友并不像他在"永不沉没号"后甲板黄铜色的栏杆旁凭栏独立时那般高大。像其他许多绅士一样，他在他的"老家"——护卫舰的怀抱中显得最为卓尔不群，并备受尊重。[29]

表演者解决这一问题的办法就是把观众隔离开来，使目睹了他这一角色的观众，看不到他的另一角色。因此，有些法裔加拿大牧师，虽不希望过一种连与朋友一起去海边游泳都不能如愿的严苛生活，但仍然感到最好还是不要与本教区的居民一起游泳，因为这种举动所体现的亲密关系与教堂工作所要求的距离和尊重相抵牾。前台控制是隔离观众的一种措施。如果不能维持这种控制，那么表演者便无法知道他在某一时刻应该扮演何种角色，而另一时刻他又应该扮演什么角色，从而在几种角色的戏剧表演中都难以成功。理解药剂师的行为并不难；当他面对手中拿着处方的顾客，他的举动活像一位推销员或满脸灰尘的仓库保管员；而当他面对一位碰巧只想买一张三分钱邮票或一杯巧克力软糖圣代的顾客时，却会摆出一副颇有尊严的、公正无私的、精通医术的、高度职业化的架势。[30]

很显然，表演者不仅需要把那些看到他另一种不一致表演的人排斥在观众之外，而且必须把以前看过他表演并且这种表演与当下的表演有出入的人，也排斥在观众之外，这对他十分有益。那些在社会上经历过大起大落的人，正是通过确保摆脱有关其出身的信息，才能如此冠冕堂皇。另外，表演者不但要在不同的观众面前表演不同的常规程序，而且要把观看同一常规程序的观众也分隔开来。唯其如此，每个观众才能感到，尽管观看这一常规程序的还有许多其他观众，但只有他看到的才是最好的表演。这再次表明了前台控制的重要性。

通过对表演的恰当安排，表演者不仅能够把不同的观众隔离开来（在不同的前台区域或在同一前台区域的不同时间为他们表演），而且可以在两场表演之间留出几分钟时间，使自己在另一场表演开始之前，从本场表演的个人前台中解脱出来放松一下身心。但是，如果在某一社会机构中，剧班的同一成员或不同成员必须同时应付不同的观众，有时就会出现问题。如果不同的观众可以进入彼此的听力范围，那么，要让每个观众都觉得受到了特殊和唯一的照顾就很困难。因此，如果女主人想让每一位客人都感到自己受到了一种特别热情的欢迎或道别——实际上是一种特殊的表演，她就必须把这种表演安排在与客人所在房间相隔离的前厅。同样，如果一家殡仪馆在一天内承办两场丧事，就必须拟定好两批观众的行进路线，使他们不会相遇，以免给客户造成好像不是在办自己家丧事的感觉。再比如在家具店，一名售货员在领着一位顾客看完一套家具后，准备带他到另一套价格更高的家具前时，一定要设法不让这位顾客听到旁边那名售货员的谈话，因为那名售货员正领着另一位顾客走到他们刚才看过的那套家具前，刚才被这名售货员贬低的那套家具此时正在被那名售货员盛赞。[31]当然，如果有墙把两位观众分隔开来，表演者就能快速地从一个区域转移到另一个区域，从而维持他正在促成的印象。这种分离用的隔墙事实上正在美国的牙医和其他医生中日益流行，因为这种舞台装置可在两个接受检查的病人之间起到隔离的作用。

　　如果隔离观众失败，局外人无意看到了不是针对他的表演，印象管理就会出现问题。解决这种困难有两种调和技术值得一提。第一，所有那些原来的观众可能突然被赋予并接受了暂时的后台身份，成为表演者的共谋，双方共同为这位不速之客演出一段适合他观看的剧目。因此，一对正在发生口角的夫妇突然面对一位初识的客人时，就会立刻把个人恩怨放在一边，表现出他们之间相敬如宾、恩爱如初的一面，他们的亲密关系就像在给这位突然闯入者表演的一样。这时，谁都不会提及任何不能在三人之间共享的话题和关系。一般来说，如果要以新来者习惯的方式对待他，表演者就必须迅速地从他正在进行的表演转换到让新来者感到适宜的表演。要平稳地完成这种转换，让新来者错误地以为突然呈现在他面前的这出戏就是表演者的自然呈现，这确实很难。就算做到了，原来在场的观众或许也会觉得，他们一直以为是表演者真实自我的东西原来并不真实。

如前所述，应对突然闯入的最好办法，是让在场的人转换到一种能够包容闯入者的情境定义中去。第二种调和技术是给闯入者以明确的欢迎，好像他本来就应该一直在场似的。原先的表演或多或少还能因此而继续进行下去，但它被迫接纳了新来者。因此，当一个人不期而至，发现他的朋友正在宴请宾客时，他通常会受到热情欢迎和盛情挽留。如果他没有受到主人特别热情的欢迎，或他感到有些受到冷落，那么这位闯入者就会对主人与他在其他场合中建立起的友谊和情感深感怀疑。

然而，一般来说，这两种技术似乎没有哪种是完全有效的。通常，当闯入者进入前台区域时，表演者往往会匆匆上演他们在其他时间和地点为闯入者准备的节目，这种突然要求在瞬间准备就绪投入演出的特别行动，至少会给既定的表演行动方针带来暂时的混乱。表演者会发现他们置身于两种可能的现实之间而依违不决，在明确信号发出和收到之前，剧班成员会束手无策、无所适从。因此，窘迫几乎是不可避免的。在这种情况下，闯入者可能不会受到前文提及的任何一种调和性的待遇，相反，他会被人们视而不见，或毫不客气地请出去。

注释

1. 赖特和巴克在一份研究方法论的报告中，曾讨论过"行为情境"（behavioral setting）这个术语。他们明确地把行为期望和特定场所联系起来。参见 Herbert F. Wright and Roger G. Barker, *Methods in Psychological Ecology*（Topeka, Kansas：Ray's Printing Service, 1950）。

2. 参见 Gross, *op. cit.*, p. 186。

3. Katherine Archibald, *Wartime Shipyard*（Berkeley and Los Angeles：University of California Press, 1947）, p. 159.

4. Willoughby, *op. cit.*, p. 43.

5. 对一些主要工作标准的分析，请参见格罗斯的著作（Gross, *op. cit.*），上述这些标准的例子也源自该书。

6. Sir Walter Besant, "Fifty Years Ago," *The Graphic Jubilee Number*, 1887, 转引自 James Laver, *Victorian Vista*（Boston：Houghton Mifflin, 1955）, p. 147。

7. 正如梅特罗（Métraux, *op. cit.*, p. 24）所指出的，即使是伏都教在作法时也需要这些后台设施：

> 每一个附体案例都有其戏剧性的一面，这表现在化装上。圣殿各个房间同剧院的舞台一样，被附体者在这儿能够找到必要的配饰。与癔症患者以各种症状——一种个人化的表现方式——展示其痛苦和欲望不同，附体仪式必须符合神话人物的经典形象。

8. De Beauvoir, *op. cit.*, p. 543.

9. 参见 Orvis Collins, Melville Dalton, and Donald Roy, "Restriction of Output and Social Cleavage in Industry," *Applied Anthropology*（现为 *Human Organization*）, IV, 1946, pp. 1–14, 尤其是 p. 9。

10. 海本斯坦先生在大学的专题讨论会上说，在有些州，殡仪员有权阻止死者亲属进入正在处理尸体的工作间。或许，让非专业人员尤其是死者亲属看到尸体的处理过程，实在是太可怕了。海本斯坦还指出，亲属也希望自己被挡在殡仪员工作间之外，因为他们也害怕自己这种病态的好奇心。

11. 以下这段话引自社会调查公司对200家小商行经理的调查。

12. 在一家跑车修理厂，经理给我讲了这样一件事。一位顾客进入储藏室拿了一个垫圈，在柜台后面拿给他看：

　　顾客："多少钱？"

　　经理："先生，你从哪儿拿的东西？如果你跑到银行柜台后面，拿了一卷镍币给出纳员看，会怎样？"

　　顾客："可这儿不是银行。"

　　经理："行了，这就是我的镍币。你到底想要什么，先生？"

　　顾客："如果你偏要这样认为，那好吧。这是你的特权。我想要一个适用于1951年产的 Anglia 的垫圈。"

　　经理："你拿的是1954年款的。"

也许经理所描述的对话和动作与实际发生的有出入，但这确实反映了经理的处境和他对此的感受。

13. 不应当把现实与标准外表之间的悖谬看成是极端的例子。如果仔细观察西方城市中任何一个中产阶级家庭的后台，就会同样发现现实与外表间的巨大差异。而在那些存在一定程度的商业化运作的地方，这种差异往往就会更大。

14. Leo Kuper, "Blueprint for Living Together," in Leo Kuper et al., *Living in Towns* (London：The Cresset Press, 1953), pp. 14–15.

15. Ponsonby, *op. cit.*, p. 32.

16. George Orwell, *Down and Out in Paris and London* (London：Secker and Warburg, 1951), pp. 68–69.

17. Monica Dickens, *One Pair of Hands* (London：Michael Joseph, Mermaid Books, 1952), p. 13.

18. 在芝加哥大学的专题讨论会上的发言。

19. Paul LaCroix, *Manners, Custom, and Dress during the Middle Ages and during the Renaissance Period* (London：Chapman and Hall, 1876), p. 471.

20. 当只有一个人在场时，私人小办公室能够非常方便地变成后台。这就是有时候速记员宁愿待在一间私人小办公室而不愿意到宽敞的开放式办公间工作的一个原因。在开放式办公间里，可能经常有人在场，因而他必须持续给人一种努力工作的印象；而在小办公室里，只要头儿不在，他就不必佯装干活且规规矩矩。参见 Richard Rencke, "The Status Characteristics of Jobs in a Fac-

tory"（未发表的硕士论文，芝加哥大学社会学系，1953 年），p. 53。
21. *Esquire Etiquette*, p. 65.
22. Ibid.
23. Archibald, *op. cit.*, pp. 16–17.
24. *Letters of Lord Chesterfield to His Son*（Everyman's ed.; New York: Dutton, 1929），p. 239.
25. Alfred C. Kinsey, Wardell B. Pomeroy, and Clyde E. Martin, *Sexual Behavior in the Human Male*（Philadelphia: Saunders, 1948），pp. 366–367.
26. Ponsonby, *op. cit.*, p. 269.
27. W. M. Williams, *The Sociology of an English Village*（London: Routledge and Kegan Paul, 1956），p. 112.
28. Kenneth Burke, *Permanence and Change*（New York: New Republic, Inc., 1953），fn. p. 309.
29. Herman Melville, *White Jacket*（New York: Grove Press, n. d.），p. 277.
30. 参见 Weinlein, *op. cit.*, pp. 147–148。
31. 参见 Louise Conant, "The Borax House," *The American Mercury*, XVII, 1929, p. 172。

第四章

不协调的角色

任何一个剧班都有一个总体目标，那就是维持其表演所建立的情境定义。这一目标将会涉及对有些事实的渲染，以及对另一些事实的掩饰。鉴于经由表演得以戏剧化的现实的脆弱性及其所需的表现一致性，通常有这样一些事实，如果它们在表演过程中引起了人们的注意，就会使表演所建立的印象失信、受到干扰或失效。可以说，这些事实提供了一种"破坏性信息"。因此，对许多表演而言，一个基本问题就是信息控制的问题，绝不能让观众获得任何有关正在被定义的情境的破坏性信息。换句话说，一个剧班必须能够保守自己的秘密，而且必须保守住。

在继续我们的讨论之前，必须先交代一下这些秘密的类型，因为不同类型秘密的泄露会以不同方式对表演造成威胁。分类的依据是秘密所发挥的功能，以及秘密与他人对秘密持有者的看法之间的关系。我假设，任何一个特定的秘密都代表着一种以上的类型。

第一，有些秘密有时会被称作"隐秘"（dark）秘密。这包括一个剧班知道并隐瞒的、与剧班试图在观众面前所要维护的自我形象相矛盾的事实。当然，隐秘秘密是双重秘密：一是被隐藏起来的关键事实，二是人们还未公开承认的关键事实。隐秘秘密在第一章讨论误传的那一节中已有考察。

第二，存在着一些所谓的"战略"秘密。这些秘密与一个剧班的意图和能力有关，剧班对观众隐瞒这些内容，以阻止他们有效适应剧班正在筹划实现的状态。战略秘密是企业和军队在设计未来抵御对手的行动时会使用的那些秘密。只要剧班不以没有战略秘密而自居，其战略秘密就不一定是隐秘秘密。然而应该指出的是，即使一个剧班的战略秘密不是隐秘的，这种秘密的泄露或被发现仍会破坏剧班的表演，因为剧班会在无意间突然发现，秘密泄露之前所要求维持的谨慎、缄默以及行动的含糊不明都是无效甚至是愚蠢的。我们可以进而指出，那些纯粹具有战略意义的秘密，往往会在基于秘密准备的行动完成之时，最终被剧班所泄露，而那些隐秘的秘密则会被剧班努力永远保守。还可以补充一点，即信息之所以被隐瞒，往往不是由于它已知的战略重要性，而是因为人们感觉它总有一天可能会获得这种重要性。

第三，存在着所谓的"内部"秘密。拥有这些秘密，标志着个体是某一群体的成员，并能帮助该群体成员感到自己独立并区别于那些"不知内情"的个体。[1] 内部秘密赋予主观感受到的社会距离以客观的理性内容。社会机构中几乎所有的信息都具有这种排外功能，而且可以说，这并不是某个人的事情。

内部秘密可能没有多少战略意义，而且可能不是非常隐秘。如果确是如此，那么这种秘密被发现或被偶然泄露并不会从根本上破坏剧班的表演；表演者仅仅需要将其秘密偏好转换到另一件事上即可。当然，战略秘密和隐秘秘密都非常适合充当内部秘密，而且我们发现，事实上，秘密的战略或隐秘特征往往因此而被夸大。十分有趣的是，社会群体的领导者有时会面临有关重要战略秘密的两难困境。当秘密最终大白于天下时，群体中那些之前没有获知秘密的人会感到被排斥和冒犯，但获知秘密的人越多，有意和无意泄露秘密的可能性就越大。

一个剧班可能会获知另一个剧班的秘密，认识到这一点，就可以提出另外两种类型的秘密。第一种，我们可以称之为"受托"（entrusted）秘密。这是一种由于秘密获知者与秘密所涉及的剧班之间的关系而不得不保守的秘密。如果一个受托保守秘密的人要成为一个守信用的人，他就必须保守秘密，即使该秘密不是关于他的。因此，例如，当一个律师泄露了其当事人的不法行为时，两种完全不同的表演都受到了威胁：一是当事人向法庭表明清白的表演，二是律师向其当事人表示自己可以信赖的表演。我们还会注意到，一个剧班的战略秘密，不管隐秘与否，都可能成为剧班成员的受托秘密，因为剧班的每个成员都会以对剧班忠贞不渝的面目出现在同伴面前。

有关另一剧班秘密的第二种信息可以称为"自理"(free)秘密。自理秘密是人们可以泄露的自己所知道的别人的秘密,同时这种泄密不会破坏其所呈现的自我形象。一个人可以通过自己发现、他人无意泄露、轻率供认、道听途说等途径获得自理秘密。总之我们必须了解,一个剧班的自理秘密或受托秘密可能是另一个剧班的隐秘秘密或战略秘密,因此一个剧班的重大秘密如果被他人获知,那么该剧班通常会尽力迫使获知秘密的人将这些秘密视为受托秘密而非自理秘密来对待。

本章侧重对获知剧班秘密的各种人、他们的特权地位的基础及其所构成的威胁进行讨论。然而,在继续讨论之前,应该解释清楚的是,并非所有的破坏性信息都是在秘密中发现的,而且信息控制不仅仅限于保守秘密。例如,几乎每场演出中都会有一些与演出给人留下的印象不相符的事实,但这些事实并没有被任何人收集和组织成可资利用的形式。因此,一家工会的报纸可能只有非常少的读者,以至于担心自己饭碗的编辑可能会拒绝对读者人数进行专业调查,以保证他自己或其他任何人都没有证据来怀疑他工作是无效的。[2] 这些都属于潜在的秘密,而保守秘密的问题与将潜在秘密保持在潜在状态的问题大不相同。另一个没有包含在秘密中的破坏性信息的例子,可以在先前提到的无意姿态那种情况中发现。这些情况携带的信息——某种情境定义——与表演者公开宣称的是矛盾的,但这些不适当的情况并不构成秘密。避免这种表现不当的情况也属于一种信息控制，但在本章，我们对此不予讨论。

假定以某一特定表演作为参照点，我们已经根据功能区分出了三种关键角色：表演者的角色、接受表演的角色，以及既不参与表演也不参与观察的局外人角色。我们也可以根据角色扮演人通常可获得的信息来区分这些关键角色。表演者知道他们所要促成的印象，且一般也掌握着有关表演的破坏性信息。观众只知道那些允许他们察觉的事情，以及他们通过仔细观察发现的一些有限的非正式信息。总体上说，观众知道表演所促成的情境定义，但并不掌握关于情境定义的破坏性信息。局外人既不知道表演的秘密，也不知道通过它所促成的现实外表。最后，我们可以根据角色扮演者所进入的区域对上述三种关键角色进行描述：表演者出现在前台和后台区域，观众只出现在前台区域，而局外人则被排除在这两个区域之外。因此，我们需要注意的是，在表演过程中，我们会发现功能、可获得的信息和所进入的区域三者之间的相关性，例如，只要我们知道了个体进入的区域，我们就可以知道他所扮演的角色，以及他所掌握的有关表演的信息。

然而，实际上，功能、可获得的信息、所进入的区域三者之间很少会完全一致。有关表演的另外一些因素会不断出现，从而使功能、信息、地点三者之间的简单关系变得错综复杂。其中一些因素被频繁采用，它们对表演的意义也显而易见，以至于我们可以将它们称为角色；不过，从它们与那三种关键角色的相互关系来看，我们最好把它们称作不协调角色。我们在此将对其中一些较为突出的不协调角色进行考察。

最引人注目的不协调角色或许就是那些使人们戴着虚假面具进入社会机构的角色了。可以在此列举几类。

第一，存在着"告密者"的角色。告密者是这样一类人：他们假装成剧班成员，得到允许进入后台，并借此获取破坏性信息，然后公开或背地里将表演出卖给观众。这种角色在政治、军事、工业以及犯罪领域里都臭名昭著。如果一个人最初加入剧班时看起来是真心实意的，且并没有预谋泄露剧班的秘密，我们有时会将其称为叛徒、变节者、懦夫，尤其是那些本应该成为一名正派队友的人。而那些一直打算告发剧班，且当初仅为这一目的而加入剧班的人，我们有时会将其称作间谍。当然，人们经常会注意到，不论是叛徒还是间谍，那些告密者都经常占据着极好的位置来耍两面派，一面将秘密出卖给买主，一面又将买主的秘密出卖给别人。当然，还可以根据其他方式来对告密者加以分类，如汉斯·施派尔（Hans Speier）所言：有些受过职业训练，有些则属于非专业人员；有些社会地位高，有些社会地位较低；有些是为了钱，有些则是出于信念。[3]

第二，存在着"托儿"的角色。"托儿"是指那些看似是普通观众，而实际上却与表演者串通一气的人。通常情况下，"托儿"要么为观众提供表演者所寻求的那种反应的看得见的模式，要么提供表演发展到某一时刻所需的那种观众反应。娱乐行业所使用的"托儿"和"职业捧场者"这两个称谓，已被广泛使用。我们对这种角色的了解无疑起源于露天市场，下列定义表明了概念的由来：

> Stick，名词，指受雇于赌场（一种"固定的"赌摊）经营者，通过赢取浮华的大奖以引诱围观的人参与赌博的人——有时是一个当地的乡巴佬。当"冤大头们"（本地人）开始赌博时，他就离开赌场，并把赢取的东西交到赌场外一个似乎与赌场没有明显关系的人手中。[4]

> Shillaber，名词，马戏团雇员，一旦站在宣传台上招揽观众的人结束了其滔滔不绝的宣传，他就会在最佳时机冲到售票亭前。他和同伙抢购戏票入场，于是宣传台下的围观者也争先恐后地跟着这样做了。[5]

我们不应认为"托儿"只在不体面的表演中才会出现。（尽管也许只有不体面的"托儿"才会一贯地、毫不忸怩地扮演自己的角色。）例如，在非正式的闲聊式聚会中，当丈夫谈起一段趣闻时，妻子一般会表现出很感兴趣的样子，并给予他适当的提示和暗示，尽管事实上这段趣闻她已经听过很多遍了，也知道丈夫做出第一次谈起这件事的样子只不过是一种表演而已。因此，"托儿"是这样一种人：他看上去是一名单纯的观众，实际上却为了表演剧班的利益而施展着他暗藏的老练手法。

现在我们来讨论观众中的另一种冒名顶替者，但这一次，他施展其暗藏的老练手法并非为了表演者的利益,而是为了观众的利益。作为这种冒名顶替者的一个例子,有人受雇来检验表演者所维持的标准,以保证表演促成的印象与现实不会相差太远。他以官方或非官方的身份为毫无戒心的公众提供保护,以普通观察者所不具备的洞察力和严格的道德标准扮演着观众的角色。

有时这些代理人会公开行事,预先向表演者发出警告,告知其下次表演将会被检查。这样,首场表演者和那些被逮着的人都得到了明确的警告,即他们所说的一切都将作为评判他们的依据。一个从一开始就承认其目的的参与观察者,也会给他所观察的表演者以类似的机会。

然而,代理人有时会秘密行事,扮演一个普通的容易受骗的观众,给表演者设下圈套使其自投罗网。在普通行业中,那些不发出警告的代理人有时被称作"秘密监督人"*,他们总是让人防不胜防,所以理所当然不受欢迎。一名售货员可能会发现,她曾对一位顾客暴躁失礼,而这位顾客实际上是公司的代理人,是来检查真正顾客的购物体验的。一名杂货商可能会发现,他曾经将商品按违规的价格出售给顾客,而这位顾客实际上是一名价格专家且有权处理价格问题。铁路员工也会面临同样的问题:

> 以前,列车员可以要求得到乘客的尊敬;而现在,如果他走进有女士就座的车厢时没有摘下帽子,或者没有流露出

---

* 秘密监督人,这是第三类不协调角色。——译者

那种讨人喜欢的谄媚（这是不断增强的阶级意识、欧洲文化及酒店行业模式的扩散，以及与其他形式的交通工具的激烈竞争等因素强加于他的），"秘密监督人"就可能会"告发他"。[6]

与之相似的是，一个街头娼妓也许会发现，有时在她日常拉客的初始阶段所得到的来自观众的回应，实际上来自乔装成嫖客的警察。[7]而这种始终存在的可能性，会使她对陌生观众倍加谨慎，并在行为上有一定程度的收敛。

顺便提一句，我们必须小心区分真正的秘密监督人与自封的秘密监督人，后者常被称作"吹毛求疵者"或"自作聪明者"，他们并不具有其自称掌握的后台管理知识，法律或习俗也没有赋予他们代表观众的权力。

今天，我们习惯将那些对表演者和表演标准进行检查（不论是公开进行的，还是事先没有发出警告的）的代理人视为服务结构的一部分，尤其是视为政府组织代表消费者和纳税人施加的社会控制的一部分。不过，这类工作经常被运用于更为广泛的社会领域。纹章部门和礼宾部门是我们熟悉的例子，这些机构的作用是使达官显贵、政府高级官员以及那些虚伪地自称拥有这种地位的人各司其职。

第四，观众中还有另一类特殊的人。这类人在观众席中占据一个不起眼的位置，当观众离开时他也随之离开，但他离开是要到他的雇主，即他所观察的剧班的竞争对手那里去，报告他的所见所闻。他是职业探子——就像是梅西百货（Macy's）里金贝尔的人，或者金贝尔百货（Gimbel's）里梅西的人；他是时尚密探，或是国家航空技术展会上的外国人。探子是这样的人：在严格的法律意义上，他有权观看表演，但人们时常会感到，他应该识相地待在自己的后台区域，因为他对表演感兴趣的动机不纯，所以与完全合法的观众相比较，他的这种兴趣既让人感到麻烦，又让人觉得厌恶。

第五，还有一种不协调角色常被称为中间人或调解人。中间人知道每一方的秘密，并给每一方留下他会保守秘密的忠实印象，但他给每一方都留下他对他们要比对另一方更加忠诚的虚假印象。有时，如作为劳资纠纷的仲裁人，中间人似乎起到在两个必然对立的剧班之间达成双赢协议的桥梁作用。有时，如作为剧院经纪人，中间人的作用会是向每一方稍加夸张地描述另一方，以使双方能够建立起更亲密的关系。有时，如作为婚姻介绍人，中间人可能会承担起向另一方传达这一方试探性建议的工作，这种建议如果公开提出，另一方就有可能勉为其难地接受，或者会断然拒绝。

当中间人作为两个剧班的成员，并对两者施加影响时，我们就会看到一种奇妙的景象，就像是一个人拼命地在同自己打网球一样。我们不得不再次承认，个体在我们的考察中绝不是一个自然单位，而是剧班及其成员。作为个体，中间人的活动是稀奇古怪、立场不稳、有失尊严的，他在两种外表和两种忠诚之间游移不定。作为两个剧班的成员,中间人的摇摆不定是完全可以理解的。中间人可以被简单地看作双重的"托儿"。

最近对工头的作用所进行的一项研究,可以用来说明中间人的角色。他不仅需要承担起导演的职责,代表管理方的观众,对工厂第一线的表演进行指导,而且必须将他所知道的以及观众所见到的情况转换成让自己的良心和观众都愿意接受的甜言蜜语。[8] 主持正式会议的主席是中间人角色的另一个例子。一旦他宣布开会并介绍演讲嘉宾,他可能就会开始发挥他作为其他听众的示范典型的作用,通过夸张的表现来表明他们应该表现出的投入和欣赏,并预先暗示他们是否要对某一特定言论报以肃然起敬、开怀大笑或是赞赏的微笑。演讲者接受邀请往往是因为他假设大会主席会对其"予以照顾",即大会主席会成为听众的榜样,并一丝不苟地证实演讲的确意义重大这一看法。大会主席的表演在一定程度上会起到这种作用,也是因为观众对他负有义务,即观众有义务证实他所提出的任何一种情境定义,简言之,这是一种跟随主席洗耳恭听的义务。当然,保证演讲者看起来很受欢迎,而且观众听得入迷,要完成这样的戏剧任务并非易事,以至于大会主席经常会滞留于一种表面上正在聆听,实际上却心不在焉的状态。

中间人角色在非正式的娱乐互动中似乎尤为重要,这再一次说明了两个剧班形式的功用。当谈话圈子中某一个体的行为或言语引起了在场其他人的一致注意时,他就定义了情境,但他定义情境的方式可能不易被观众所接受。这时,在场的某个人就会感到自己比其他人对他负有更多的责任，我们可以预料到，这个与发言人关系最亲密的人会努力将言说者与听众之间的差异，转换为一种比最初的表达更易于让全体听众接受的观点。稍后，再有一个人发言时，另外一个人可能就会发现自己承担着中间人和调解人的角色。实际上，连续不断的交谈可以被视为剧班的形成和再形成，以及中间人的产生和再产生。

我们已经讨论了几种不协调角色：告密者、托儿、监督人、探子以及中间人。在每一种不协调角色中，我们都能发现在虚构的角色、可获得的信息以及所进入的区域之间存在着意料之外的、不甚明显的关系。在每一种情况下，我们所研究的个体都可能参与了表演者和观众之间的实际互动。我们还可以考虑另外一种不协调角色，即"无足轻重者"（non-person）；扮演这种角色的人会在互动过程中出现，但在某些方面他们既不是表演者也不是观众，他们也不像告密者、托儿、探子那样假装成某种角色，实际却并不是那类人。[9]

在我们的社会中，最典型的无足轻重者也许就是仆人了。我们可以设想，当主人在家中表演热情待客时，这类人就会出现在前台区域。从某种意义上讲，仆人是主人剧班的一部分（如先前所论述的）；而在某些方面，他又被表演者和观众定义为不在场的某些人。在某些群体中，基于无须对仆人维持印象这一观点，仆人也可以出现在后台区域。特罗洛普夫人（Mrs. Trollope）给我们提供了几个例子：

我的确经常有机会观察到主人对其奴仆的出现视而不见的那种习惯性漠视。主人谈论着奴仆,谈论他们的处境、才能、品行,就好像奴仆们完全没有听觉能力一样。我曾见过一位年轻的女士,她在桌旁落座时坐在了一男一女中间,为保持庄重,她的身体明显地靠向那位女士,以避免不礼貌地触碰到那位男士的胳膊肘。就是这位年轻的女士,我曾看到她在一个黑人男仆面前若无其事地束紧她的胸衣。一位弗吉尼亚州的绅士告诉我,自从他结婚之后,他就习惯了让一个黑人女孩与他们夫妇同寝一室。我问他为什么需要这种伴寝。"天哪!"他回答,"如果夜里我想喝杯水,我该怎么办呢?"[10]

这只是一个极端的例子。人们往往只在对仆人有所"要求"时才会与他们对话,不过,尽管如此,他们在某些区域的出现通常还是会对那些完全在场的人造成某些限制;显然,当仆人与被服侍者之间的社会距离不是太大时,这种限制就更明显了。相对于我们社会中类似仆人的其他角色,如电梯操作员和计程车司机等,关系双方似乎都不确定,当着无足轻重者的面做出何种亲密举动是被允许的。

除了这些类似仆人的角色之外,还存在着一些其他类型的人,他们的出现有时也会被视若不见,儿童、老人、病人等都是常见的例子。此外,我们还发现今天日益壮大的技术人员队伍——速记员、广电技术员、摄影师、秘密警察等——在重要仪式中扮演技术角色而非剧本中的角色。

无足轻重者似乎通常都身居服从地位，并且不受重视；但我们绝不能低估那些被赋予或扮演这种角色的人，能够利用这种角色作为防卫性手段的程度。另外，我们必须进一步指出，可能会出现这种情况，即身居低位者发现他们对待身居高位者的唯一可行方式就是对其视而不见。因此，在设得兰岛，当英国公学的医生到贫穷的佃农家中给人治病时，居民有时会尽可能对其视而不见，以此来解决他们与医生之间建立关系时的难题。另外，我们可以进一步指出，剧班可以对个体视而不见，这样做并不是因为这是自然而然的事，或这是唯一可行的事，而是将其作为一种明确的方式，来表达对一个行为不当的人的敌意。在这种情况下，重要的是向被排斥者表明他正在被忽视，而为了表明这一点所开展的活动本身，也许只是次要的。

我们已经讨论了几类人，他们并不是简单意义上的表演者、观众或局外人，他们拥有我们也许无法预期的可获得的信息和进入各种区域的途径。现在，我们来讨论一下另外四种不协调角色，大体上包括在表演过程中不在场，但出人意料地会获得有关表演信息的人。

第一种是可以被称作"服务专家"的重要角色。扮演这类角色的人主要擅长设计、修复、保持其客户要在他人面前维持的形象。其中一些人，如牙医、理发师、皮肤病专家等，善于处理个人形象问题；另外一些人，如经济师、会计师、律师、研究人员等，擅长为客户的言辞表达提供事实基础，也就是说，制定客户剧班的立论准绳或智识立场。

根据具体的研究，我们知道，服务专家如果不能获得与表演者本人一样多或者更多的有关表演者表演方面的破坏性信息，他就很难满足个体表演者的需求。服务专家如同剧班成员一样，他们知道表演的秘密，并获得了有关表演的后台信息。然而，与剧班成员不同的是，服务专家尽管也为表演做出了贡献，却无须承担表演时面临的风险，无须体验表演失败可能引发的愧疚感，当然也享受不到表演成功带来的满足感。另外，与剧班成员不同的是，服务专家知道别人的秘密，但别人没有相应地知道他的秘密。正是在这一背景下，我们可以理解职业道德常常会要求服务专家表现出"谨慎"，即不能泄露他因职责而获知的表演秘密。因此，举例来说，当前心理治疗师广泛受托介入家庭纠纷，他们保证，除了对他们的督导以外，他们会对自己所知的一切保持沉默。

当专家的一般社会地位高于他为之提供服务的个体的社会地位时，他对他们的一般社会评价，可能会通过他所必须了解的有关他们的特定情况而得到证实。在某些情况下，这成为维持现状的一个重要因素。因此，在美国的一些城镇中，中上层银行家发现，有些小企业主为了少纳税而表现出与他们的银行交易记录不相一致的前台；而另一些企业主在公众面前呈现出对自身的偿还能力相当有自信，私下却可怜巴巴、东碰西撞地申请贷款。履行慈善职责的中产阶级医生，必须在难以启齿的环境下治疗难以启齿的疾病，他们也处于类似的位置，因为他们不可能使下层社会的人做到保护自己免受居其上位者对他们隐私的详细了解。与此相似，房东知道他所有的房客都表现得像是那种总是及时缴付房租的人，但实际上对于有些房客来说，这种表现仅仅是表现而已。(那些不是服务专家的人有时会有同样清醒的看法。例如，在许多组织中，行政官员要观察职员的工作情况，尽管职员们都维持着忙碌的外表，但私底下行政官员实际上对某些下属的不良工作状况了如指掌。)

当然，我们有时会发现，客户的一般社会地位会高于那些被雇来料理客户前台的专家。在这种情况下，就会出现一种有趣的两难困境：一方虽拥有较高的地位，但信息控制程度较低；而另一方拥有的地位较低，但信息控制程度较高。在这种情况下，专家可能会对地位高于他的客户在表演中表现出的笨拙印象深刻，从而忘记了自己的地位劣势。结果就是，这些专家有时会产生一种特有的矛盾心理：一方面乐于接近地位高于自己的人，另一方面则因为这种接近而想对"居上位者"冷嘲热讽。因此，看门人通过他所提供的服务，知道房客喝哪种酒、吃哪种食物、收到了什么信件、离开公寓时还有哪些账单没付清，外表整洁光鲜的某寓所女主人是否正来月经，以及房客的厨房、浴室及其他后台区域是否整洁。[11]同样，汽车加油站的老板也可能知道，某个开"凯迪拉克"的客人只舍得买1美元的汽油，或者买减价汽油，或者试图让加油站为其提供免费服务。他还知道，有些男人装出一副谙熟汽车技术的样子，自命不凡，但实际上他们不仅不会诊断汽车故障，甚至都没有能力熟练地将汽车开到油泵边上。同样，服装零售商也会知道，有些顾客外表西装革履，有时却会令人意外地穿着肮脏的内衣，而且顾客会毫不掩饰地根据让人改头换面的程度来对一件衣服做出评判。那些经营男士服装的人知道，有些男人所维持的不修边幅的粗糙外表，实际上只是一种表演；有些看似坚定且沉默的男人也会一套衣服接着一套衣服地试穿，一顶帽子接着一顶帽子地试戴，直到他们对自己在镜子里的形象完全满意为止。此外，警察们也能从富商巨贾要求他们做什么事和不做什么事中知道，社会的栋梁有些倾斜了。[12]旅馆的女仆知道，那些在楼下表现得有如谦谦君子的男客人，在楼上会如何跟她们调情。[13]而负责旅馆安全的保安，也就是人们常说的"旅馆侦探"，会发现废纸篓里可能藏着两封自杀遗书的草稿：

> 亲爱的——
> 　　当你收到这封信时，我已经到了你无论做什么都再也伤害不到我的地方了——
> 　　当你读这封信时，你无论做什么都不能够再伤害[14]

看来，一个不顾一切决意去死的人，还是将他最后的感情稍稍做了些排演，目的只是要留下一个印象：这封遗书无论如何也不意味着终结。另外一个例子是，一些提供不太光明正大服务的服务

专家,在城市的偏远区域(后台)设有办事处,以避免人们清楚地看到前来寻求帮助的客户。用休斯的话来说:

> 小说中常会描述这样的情节:一位贵妇人,蒙着面纱,穿街走巷,独自一人在城市中隐蔽的角落里寻找提供服务的算命先生或接生婆。城市中有些地方鲜为人知,人们可以在此寻求专门的服务,同时他们可不想被社交圈的人看到自己和提供这些服务的人在一起。这些服务既有非法的,也有虽然合法但却令人尴尬的。[15]

当然,专家也可以是匿名的,如同那些灭鼠专家,他们在广告上说,他们保证乘坐无标志的伪装货车去客户家服务。当然,任何对匿名的保证都是一种公开的宣示,表明客户需要它并愿意利用它。

显然,如果一位专家的工作要求他站在后台观察别人的表演,那么对于被观察的人来说,这是非常令人尴尬的。通过变换一下作为参照点的表演,我们就可以发现其他一些结果。我们经常发现,客户聘请一位专家,也许并不是为了从专家那里获得有关自己在他人面前表演方面的帮助,而是为了显示自己有专家协助这件事本身。许多女人去美容院,主要是为了享受别人对她献殷勤,并被尊称为夫人,而不只是因为她们需要做头发。例如,在印度教信徒中,能有一位提供专门服务的专家来为自己操办重要的宗教事务,对于证实自己的种姓地位具有至关重要的作用。[16]

在类似这样的情况下，表演者的兴趣在于让人们知道哪位专家在为自己提供服务，而不在于专家如何有助于他的表演。我们也发现，客户有时会有一些特殊的需要，这类需要实在是不太体面，以至于客户一般都难以对专家启齿；现在出现了一些能够满足客户这类特殊需要的专家，在这类专家面前客户通常不会感到羞耻。因此，人们有时迫不得已会到药剂师那里去求取点儿堕胎药、避孕药，或者治疗性病的药，而不愿向自己的医生寻求帮助。[17]类似地，在美国，一个卷入不体面纠纷的人可能会求助于一位黑人律师，因为他在白人律师面前可能会感到羞耻。[18]

很明显，拥有受托秘密的服务专家能够运用他们的知识来让被他们掌握了秘密的表演者做出让步。法律、职业道德以及理性的利己主义，通常会使各种形式的敲诈勒索行为得以收敛，但是这些社会控制形式却常常难以制止服务专家要求客户做出细小让步的微妙要求。或许，聘用律师、会计师、经济师或者其他语言修辞领域的专家，并把那些被聘用的专家纳入公司，这种趋势部分地代表了为确保慎重而付出的努力；一旦这些语言修辞领域的专家成为组织的一部分，大概就可以采用新的方法来确保其保守秘密。将专家纳入自己的组织，甚至自己的剧班，就更能保证专家的技能运用是为了自己的表演，而不是为了任何虽值得称颂却与表演不相关的事情，包括提供公正的观点，或者为专家的专业观众提供有趣的理论资料等事情。[19]

需要补充说明的是，有一种专家角色是"训练专家"（training

specialist）。扮演这类角色的个体的任务非常复杂：要教会表演者如何给人留下良好的印象，同时要扮演未来观众的角色，并用惩罚来表明不适当行为的后果。父母和老师也许是我们社会中这类角色的基本范例，训练军校学员的中士则是另一个例子。

表演者在训练者面前常会感到很不自在，因为之前他们就受到过训练者的教导，并且对学过的内容已习以为常。然而，训练者却往往会使表演者回想起他本已经忘记了的某种生动的自我形象，即他正处在笨拙摸索和成长过程中的那个自我形象。表演者可以使自己忘掉自己曾多么愚蠢，但是无法使训练者也忘掉这件事。正如里茨勒谈到羞耻事实时所指出的那样，"如果有其他人知道，这事实就成立了，他的自我形象也就不再是他自己的记忆和遗忘能力所能支配的了"[20]。如果有些人曾经很了解我们前台背后的某些情况——"知道我们的底细"，同时他们又代表了观众对我们的反应，因此也不可能像剧班老成员那样为我们所接受，那么，我们也许就很难对他们采取一贯的从容立场。

我们已经提到，上述服务专家是这样一种人：他不是表演者，却能够进入后台区域，获取破坏性信息。第二种是扮演"密友"角色的人。对于密友，表演者可以向他坦白自己的过失，也会坦率地向他详述表演过程中所制造的印象仅仅是印象而已。一般而言，密友都会置身事外，只是间接地参与后台和前台区域的活动。例如，丈夫会把妻子当成密友，向她讲述自己每天在办公室里的那些事儿，如官场里的阴谋诡计、难以言表的复杂情感以及装腔作势等；如果丈夫要写一封辞职信或求职信，妻子就会检查信件的草稿，以确保信件的表达恰当无误。前任外交官或退役拳击运动员撰写回忆录时，往往会把读者带到后台，使读者成为某一重大表演的准密友，尽管这一表演早已成为历史。

不同于服务专家，一个受到别人信赖的密友，不会把接受这种信任当成一种业务来经营；他接受信息而不接受酬金，以此表达别人对他的友谊、信任和尊重。然而，我们发现，客户经常试图把服务专家变成密友（可能是将此作为确保周密的手段），尤其是当专家的工作仅仅是倾听和交谈时，如牧师和心理治疗师。

现在我们来讨论第三种角色。与专家和密友角色一样，同行（colleague）也能为扮演这一角色的人提供一些有关他们没有参与的表演的信息。

我们可以这样来给同行下个定义，即指那些为同类观众表演相同的常规程序，但不像剧班成员那样在同一时间和地点、面对同一特定观众共同参加表演的人。正如人们所说，同行是命运共同体。因为要呈现相同类型的表演，所以他们知道彼此的困难和观点；不管他们各自的方言是什么，他们终究都要讲同一种社会语言。尽管为争夺观众而竞争的同行可能会互相保守一些战略秘密，但他们彼此间却不能够很好地隐瞒某些对观众隐瞒的事情。在其他人面前所维持的前台不必在自己人中间维持，因此，他们在彼此面前也可能比较放松。休斯最近对这种休戚相关的复杂性做了如下阐述：

一个职位的工作准则之一是自主决定，它允许同行之间交换一些有关他们与其他人关系的秘密。在这些秘密中，人们会发现对他们自己的任务、权能，以及他们的上司、他们自己、客户、下属和普通公众的弱点进行的玩世不恭的调侃。这种调侃卸下了他们肩头的负担，且是一种防卫性手段。这种双方所必需的不言而喻的相互信任，建立在对同行的两个假设之上。第一是同行不会误解，第二是同行不会对非同行转述。要确保一个新的同行不会误解，需要一场社交姿态的友好比赛。那些把这种比赛当成真正的战争，或过于严肃地对待这种入行仪式的狂热分子，是不可能被信任的，人们不会让他们听到同行间关于工作的轻松调侃或内心的疑虑和担忧，他也不会了解工作准则中要靠暗示或姿态来传达的那部分内容。他得不到信任，因为尽管他不会玩弄权术，但却有背信的嫌疑。为了能够自由自在、相互信任地沟通交流，人们就必须习惯每个人的各种情绪。他们必须对彼此间的沉默和言谈感到轻松自如。[21]

西蒙娜·德·波伏瓦对同行间团结一致的其他方面做了精彩的阐述。尽管她的本意是要描述妇女的特殊境遇，但她告诉了我们有关所有同行群体的一些事情：

一个女人所成功维持或形成的女性间的友谊对她来说是很宝贵的，但这种友谊与男人之间的友谊非常不同。后者是个体间的交流，互通各自感兴趣的想法和打算。而女人则局限于一般女性的命运，被一种内在的共谋关系束缚在一起。她们在彼此间首先要寻找的是对她们所拥有的共同经验体系的肯定。她们不讨论观点和一般看法，而是互相交流秘密和菜谱；她们结成反对联盟，这个联盟的价值要超越男性的价值。她们共同寻觅能够摆脱自身枷锁的力量；通过相互承认自己的性冷淡，同时嘲笑男人的欲望或他们的笨拙，来否定男性的性支配地位；她们讽刺性地质疑自己的丈夫和整个男性群体在道德上和智力上的优越感。

她们比较种种经历：怀孕、生子、她们自己和孩子的疾病、家庭琐事。这些都成了人类历史中的重要事件。她们的工作不是技术性的；通过传授菜谱以及类似的东西，她们赋予这种源自口头传统的神秘科学以神圣的尊严。[22]

因此，我们可以清楚地看到，为什么用来描述同行的措辞与用来描述剧班成员的措辞一样，变成了一种内群体的措辞，以及为什么用来描述观众的措辞，又往往带有外群体措辞的情感。

当剧班成员与一个陌生人接触，而后者正好是他们的同行时，新来者会被暂时赋予一种仪式性的、含有敬意的剧班成员的身份，说明这一点饶有趣味。这里有一种"消防员来访"的复杂情结。剧班成员对待他们的来宾，就好像后者与他们有着长期交往关系一样，立刻就变得很亲密。不管剧班成员之间享有什么样的交往特权，来宾往往会被赋予俱乐部成员的权益。尤其当来宾和主人恰巧曾在同一家机构接受训练，或者接受过同一教练的训练，或者两者兼而有之时，这种礼遇会更加明显。来自同一家族、同一职业学校、同一监狱、同一公学或同一小镇的人都是很明显的例子。当"老相识"重逢时，也许很难维持在后台的那种胡闹，放下平日习惯了的装腔作势可能就成为一种义务和姿态，但要进一步摆出其他的样子，也许就困难了。

这些讨论隐含的意思非常有趣，即一个总是按常规程序对相同的观众进行表演的剧班与这些观众的社会距离，可能要比与那些偶尔接触该剧班的同行之间的社交关系更加疏远。因此，在设得兰岛上，乡绅们从孩童时期起就扮演乡绅的角色，对他们的佃农邻居自然很熟悉。然而，如果一名绅士作为访客来到岛上，经过适当的推荐和引介，在一次下午茶的过程中就可能与岛上的乡绅建立起非常亲密的关系，而佃农们终其一生也不可能在交往中与他们的乡绅邻居建立起这种亲密关系。因为绅士们一起喝下午茶，对于绅士与佃农的关系来说是一个后台区域。在喝茶时，他们会嘲笑佃农，他们平日在佃农面前保持的拘谨举止已经荡然无存，取而代之的是绅士们的欢饮喧闹。在此，绅士们面临这样一个事实，即他们在某些关键方面都是与佃农相似的，而在某些不受人欢迎的方面，绅士和佃农是不同的。谁都会有一些秘密的嬉戏，但是，许多佃农都不知道他们的乡绅邻居也会这样。[23]

我们可以说，一个同行礼节性地给予另一同行的善意，可能只是一种示好："你不告发我，我也不会告发你。"这就在某种程度上解释了，为什么医生和店主会优待那些与他们本行业有某种联系的人，给予他们职业层面上的礼遇或价格上的优惠。这是对那些消息灵通因而有可能成为秘密监督人的人的贿赂。

同行关系的本质使我们能够理解内部通婚这一重要社会过程。内部通婚，是指同一阶层、同一种姓、同一职业、同一宗教信仰或同一种族的家庭，倾向于将婚姻关系限制在相同社会地位的家庭之内。被同源纽带捆绑在一起的人，可以看到彼此前台背后的东西。这通常会令人感到窘迫，但如果在后台的新来者本人也一直保持着同样的表演，或者对同样的破坏性信息了如指掌，场面就不会那么尴尬了。把某个本应在局外或最多只是观众的人带进后台并引入剧班，这样的婚姻就不是门当户对的婚姻。

值得注意的是，在某种身份上是同行，并因此处于某种亲密关系中的人，在其他方面却可能并不是同行。人们有时会感到，在其他方面权力较小或地位较低的同行可能会过分夸大他们的熟悉程度，从而威胁到在这些其他地位基础上本应保持的社会距离。在美国社会中，地位较低的少数族群中的中产阶级人士，经常会受到比他们阶级地位更低的兄弟的这种威胁。正如休斯在讨论不同种族间的同行关系时所提到的：

> 窘境源于这样一个事实：虽然对于某一职业来说，让外行人看到同行之间的不和是不利的，但对于个体来说，被实际或潜在的顾客看到他与黑人这类被鄙视的群体中的人交往，甚至存在同行关系，是更为不利的。避免这种窘境的最好方法，就是尽可能不与黑人专业人士接触。[24]

同样，那些社会地位明显较低的雇主，如某些美国加油站的经营者，往往会发现他们的雇员希望所有工作都以后台方式进行，命令和指示都以请求或开玩笑的方式来下达。当然，这种威胁还通过下述事实而得以加强：非同行人员可能会同样简化情境，更倾向于根据自己所交往的人来判断别人。但是在此，我们又碰到了一些问题，除非我们改变参照点，从一种表演转变为另一种表演，否则就无法充分考察这些问题。

正如那些过于重视同行关系的人会引起麻烦一样，那些太不重视同行关系的人也会引起麻烦。一个心怀不满的同行，可能会背叛他的同行，并将他曾经的同行仍在表演的秘密出卖给观众。每一种角色中都会有被免去了神职的牧师来告诉我们修道院的内幕，新闻界总是对这些坦白和揭露具有极其浓厚的兴趣。因此，某位医生会在出版物中描述他的同行是如何分配医疗费用的，他们彼此之间又是如何争夺病人的，如何精心谋划利用医疗器械来为病人做那些完全没有必要的手术，以骗取病人的钱财。[25]用伯克的话来说，我们由此得到了有关"医学修辞"的补充信息：

> 将这种供述应用于我们的目的，我们就能够观察到，即使是医生办公室里的医疗器械，也不能单纯根据其诊断用途来进行判断，它还具有医学修辞的功能。无论是什么器械，都是一种具有感染力的意象。如果借助各种观测仪器、计量器、仪表等，让一个病人接受了一系列让人厌烦的穿刺抽液、检查、诊断等，他可能会感到满足，毕竟作为一个病

人，他参与了这种戏剧性的活动，尽管医生并没有为他做什么实质性的治疗；反之，如果他接受了真正的治疗而没有经历上述浮夸的盛况，他可能会认为自己被欺骗了。[26]

当然，从一种非常有限的意义上说，只要允许任何非同行成为密友，就会有人叛变。

叛变者经常持有一种道德立场，声称忠于角色理想甚于忠于那些虚伪地表现自己的表演者。当一位同行"变节"或者倒退时，他便不再试图维持那种已经被认可的既定身份，也不再顾忌同行或观众所期待的那种前台，这时就出现了另一种形式的不忠。这种离经叛道的人是第四种角色，被称作"拆自己台"的人。因此，设得兰岛上的居民，为了向来自外面世界的造访者证明自己是进步的农民，会对岛上的少数佃农怀有稍许的敌意，因为这些佃农不修边幅、不讲卫生，拒绝建造前院，也拒绝用不那么能象征传统农民身份的东西来取代茅草屋顶。与之相似的是，在芝加哥曾有一个由在战争中失明的退役军人组成的组织，他们坚决拒绝可怜人的角色，并在城市中"巡视"，查寻那些在街角巷尾接受救济而拆自己台的盲人战友。

关于同行关系，我们最后还必须补充一点。有些同行群体的成员很少会对彼此的良好行为负责。譬如，母亲们在某些方面来说是一个同行群体，但是一般而言，某位母亲的误入歧途或忏悔，似乎不会怎么影响到人们对其他母亲的尊重。另一方面，也存在着一些共同特征较明显的同行群体，在人们眼中，对这些群体成员的认同是密切相关的，以至于一个成员的良好声誉要依赖其他成员的良好品行。如果某一个成员的劣迹被揭露，那么所有成员的名誉都会受到一些损害。作为这种认同的原因和结果，我们经常会发现，这类群体的成员会正式地结合成为一个集合体，这个集合体可以代表群体的专门利益，并可对任何破坏其他成员所建立的情境定义的成员进行处罚。显然，这类同行成员构成了一种不同于普通剧班的剧班，它的观众彼此间并不直接面对面地接触，只是在他们所看到的表演结束后才交流看法。同样，这类同行中的叛变者也是一个叛徒或变节者。

这些有关同行群体的事实所隐含的意义，迫使我们将原先的定义框架稍做改动。我们必须把一种边缘类型的"弱关联"观众包括进来，构成这类观众的成员彼此间在表演期间并不面对面地接触，但最终他们会把各自所观看表演的反馈汇总起来。当然，并非只有同行群体才会面对这类观众。例如，国务院或外交部向分散在世界各地的外交官传达当前的外交方针。在这些外交官严格贯彻这个方针的过程中，就他们行动的性质和时间上的步调一致、密切配合而言，他们显然是或意欲作为一个统一的剧班，在世界范围内呈现表演。但是，在这种情况下，观众彼此间当然不会有直接的面对面接触。

注释

1. 参见里斯曼（Riesman）对"内部知情人"的讨论，*op. cit.*, pp. 199-209。
2. Wilensky, *op. cit.*, Ch. VII.

3. Hans Speier, *Social Order and the Risks of War*（Glencoe, Ill.：The Free Press, 1952）, p. 264.

4. David Maurer, "Carnival Cant：A Glossary of Circus and Carnival Slang," *American Speech*, VI, 1931, p. 336.

5. P. W. White, "A Circus List," *American Speech*, I, 1926, p. 283.

6. W. Fred Cottrell, *The Railroader*（Stanford：Stanford University Press, 1940）, p. 87.

7. J. M. Murtagh and Sara Harris, *Cast the First Stone*（New York：Pocket Books, Cardinal Edition, 1958）, p. 100, pp. 225–230.

8. 见 Roethlisberger, *op. cit.*。

9. 对于这种角色的更详尽的论述，请见 Goffman, *op. cit.*, chap. xvi。

10. Mrs. Trollope, *Domestic Manners of the Americans*（2 vols.; London：Whittaker, Treacher, 1832）, II, pp. 56–57.

11. 见 Ray Gold, "The Chicago Flat Janitor"（未发表的硕士论文，芝加哥大学社会学系，1950 年），尤其是 Chap. IV, "The Garbage"。

12. Westley, *op. cit.*, p. 131.

13. 笔者对设得兰旅馆的研究。

14. Collans, *op. cit.*, p. 156.

15. E. C. Hughes and Helen M. Hughes, *Where People Meet*（Glencoe, Ill.：The Free Press, 1952）, p. 171.

16. 此处与别处的一些有关印度的材料，由麦金·马里奥特（McKim Marriott）提供。此外，他还提出了其他见解，在此谨表谢意。

17. Weinlein, *op. cit.*, p. 106.

18. William H. Hale, "The Career Development of the Negro Lawyer"（未发表的博士论文，芝加哥大学社会学系，1949 年），p. 72.

19. 语言修辞领域的专家被引入组织后，人们期望他会收集和提供材料，以便最大限度地支持剧班当时提出的主张。案件的事实一般只是次要的事情，仅仅是会被连同其他因素一起考虑的一个因素，比如对手可能提出的论点，剧班可能想要得到其支持的普通公众的倾向，每个相关人员都感到有义务口头支持的原则，如此等等。非常有趣的是，帮助收集和提供一系列用于剧班言辞表演的事实的人，可能被雇来执行截然不同的任务，即亲自向观众呈现和传达这种前台。这就是为演出起草礼仪规范与在演出中表演礼仪规范之间的不同。这里有一种潜在的困境。越能使专家不顾其职业准则而只为雇用他的剧班的利益着想，他为剧班提供的论据也许就越有用；但是，专家作为一个仅对公正的事实感兴趣的独立人员所拥有的声誉越高，他在观众面前出现并呈现他的发现时，给人的印象也许就越深刻。此类事情在威伦斯基（Wilensky）的前引著作中，有着非常丰富的材料。

20. Riezler, *op. cit.*, p. 458.
21. Hughes and Hughes, *op. cit.*, pp. 168–169.
22. De Beauvoir, *op. cit.*, p. 542.
23. 岛上的乡绅有时会讨论与本地人进行社交是多么困难，因为双方没有共同的兴趣爱好。尽管绅士们明确意识到如果一个佃农来喝茶会出现什么样的场面，但他们似乎没有意识到，午后用茶这种"*esprit*"（法语，意为"集体精神"）是多么依赖那些不喝茶的佃农的存在。
24. Hughes and Hughes, *op. cit.*, p. 172.
25. Lewis G. Arrowsmith, "The Young Doctor in New York," *The American Mercury*, XXII, 1931, pp. 1–10.
26. Kenneth Burke, *A Rhetoric of Motives* (New York：Prentice-Hall, 1953), p. 171.

第五章
角色外的沟通

当两个剧班出于互动的目的而呈现在彼此面前时，每个剧班的成员都倾向于维持其方针，即自己就是自己声称的样子。他们倾向于与角色保持一致。他们必须抑制后台那些不拘礼节的行为，以防止各种姿态相互影响而引起崩溃，这样同一剧班中的所有参与者才能投入表演。互动中的每一位参与者通常都会努力认清并保持自己的位置，维持各种出于互动目的而建立的正式和非正式的平衡，甚至会把这种处理方式扩展为对剧班同伴的要求。同时，每个剧班都倾向于抑制对自己和对其他剧班的真诚坦率，而尽量提供一种让对方相对更能接受的自我概念和他人概念。为了确保沟通能够沿着既定的狭窄通道进行下去，每个剧班都随时准备以既默契又巧妙的方式，帮助对方剧班维持它试图促成的印象。

当然，在重大危机时刻，一系列新的动机可能会突然生效，从而使两个剧班间既定的社会距离急剧增加或减少。一个可以引证的例子是一项关于某医院病房的研究。在这家医院中，医生们对一些志愿者进行实验性治疗，他们都是患有一种新陈代谢系统失调症的病人。这种疾病，人们知之甚少，也没有更有效的治疗方法。[1] 由于医生的治疗只是出于研究的目的，加之病人对治疗效果也不抱希望，因此，医生与病人之间通常那种鲜明的界限变得模糊了。医生恭敬地与病人一起详细讨论症状，而病人也开始把自己看成实验研究的合作者。然而，当危机过去时，先前的那种操作共识似乎会重新建立，尽管相互之间感到有些忸怩不安。同时，当表演突然出现中断，尤其是当发现身份被误认的情况时，被塑造的角色便会瞬间瓦解，而隐藏在角色背后的表演者会"忘了自己"，并脱口而出一个没有表演过的惊叹词。例如，一位美国将军的妻子曾讲述，在一个夏日的夜晚，她与身着便衣的丈夫一起驾驶一辆军用敞篷吉普车在兜风，接下来，发生了一件事：

> 我们听见一声响，是尖锐刺耳的刹车声，开着吉普车的宪兵队士兵示意我们把车停在路边。几个宪兵跳下车，径直朝我们走来。
>
> "你开的是公车，车上还坐着个女人，"一名粗野的士兵喊道，"请出示你的行车许可证。"
>
> 当然，在军队中，没有行车许可证是无权使用军车的，行车许可证是有权使用吉普车的证明。这名士兵相当认真，

并继续要求韦恩（Wayne）出示驾驶执照——另一份韦恩应该拥有的军用证件。

当然，他既没有带驾驶执照，也未带行车许可证。但是，在他身边的车座上，恰好放着他那顶四星上将军帽。他平静地把帽子戴在头上，此时，宪兵们正在他们的吉普车里翻找表格，打算给韦恩以某种处罚。随后，他们拿起表格，转身朝我们走来。突然，他们目瞪口呆，站在那里。

四颗星哪！

这时，先前那个一直在发问的士兵，来不及多想便脱口而出："天哪！"话一出口，他吃了一惊，赶忙用手把嘴捂住。随后，他竭力鼓起勇气想摆脱尴尬的处境，说道："长官，我刚才没认出您来。"[2]

人们会注意到，在我们英美社会中，诸如"天哪""我的天哪"或类似的面部表情，通常表明，表演者承认自己意外地置身于困境中，显然已无力在其中维持自己扮演的角色了。这些表达体现了一种角色外沟通的极端形式，并且，这些表达已成为一种惯例，几乎构成了一种当场请求原谅的表演，即向对方表明，我们都是一些蹩脚的表演者。

然而，这些危机终归只是例外；达成操作共识和公开占据某种地位才是规则。但是，在这种典型的君子协定下，还存在着更多普遍而不那么明显的沟通趋势。如果这些趋势不是潜藏着的，如果这些观念是以正式的而非秘密的方式进行沟通，那么，它们就会有悖于参与者正式提出的预设定义，并将其破坏。当我们研究某一社会机构时，几乎总会发现这种不一致的思想情感。它们表明，尽管表演者会把他对情境所做的反应装作好像是直接的、不假思索的和自发的，并且他自己也可能会认为事实正是如此，但是在某些情况下，他总是有可能向在场的一两个人表明，他正在维持的表演仅仅是一场演出而已。然而，正是这种角色外沟通的存在，证明了基于剧班和潜在互动的干扰对表演进行研究是合适的。必须重申，我们并不认为私下的秘密沟通比正式的沟通（两者是不相容的）更能反映真实的现实；问题的关键是，通常表演者会同时卷入两种沟通中。对这种双重卷入必须慎重管理，否则，正式的预设定义就会遭到破坏。表演者会参与多种类型的沟通，他们通过这些沟通渠道传达那些在互动中与公开展现的印象相悖的信息。接下来，我们将考虑其中的四种类型：缺席对待、上演闲谈、剧班共谋和再合作的行为。

缺 席 对 待

当一个剧班的成员转入后台时，观众就看不到他们，也听不到他们的言谈。通常此时，他们就会以一种特殊方式来贬损观众，这与他们面对面对待观众的方式完全不同。例如，在服务行业中，当表演者转入后台时，那些在表演期间受到礼遇的顾客，常常会被表演者奚落、议论、讥讽、诅咒和评头论足。在后台，表演者会制订出计划来"出卖"顾客,采取各种"手段"攻击顾客,或者抚慰顾客。[3]例如,在设得兰旅馆的厨房里,工作人员会使用绰号来称呼宾客。他们会惟妙惟肖地模仿宾客的言语、腔调和举止等,以此作为笑料和评头论足的谈资;他们还会像学究和临床诊断师一般,讨论宾客的癖性、嗜好和社会地位;当工作人员进入宾客看不到他们和听不见他们说话的地方,他们就会以怪诞的面部表情和咒骂来回敬宾客对服务的小要求。而当宾客在自己的圈子中时,也会发生类似的情形,这时,工作人员会被宾客描绘成懒猪、像木头一样的原始标本、贪财的动物等。然而,一旦宾客和工作人员直接交谈,双方就都会表现出相互尊重和温文尔雅的姿态。同样,几乎没有任何友谊关系能幸免:人们在朋友背后所表达的态度,与当着朋友的面表现出来的态度往往大相径庭。

当然,有时也会发生与贬损情况正好相反的情形,表演者也会在背后赞扬观众,而他们当着观众的面却不被允许这样做。但是,暗中贬损看起来比暗中赞扬更为普遍,或许是因为这种贬损有利于维护剧班的团结,以牺牲不在场的人的利益为代价来显示在场的人相互之间的尊重,也许还可以补偿在必须给予观众面对面的善待时可能发生的自尊损失。

值得一提的是,有两种常见的贬损缺席观众的方法。第一种方法是,当表演者位于他们在观众面前呈现的区域,而观众尚未到来或者已经离开时,表演者有时会让一部分剧班成员扮演观众的角色，共同表演一出讽刺他们与观众互动的戏。例如，弗朗西丝·多诺万（Frances Donovan）就这样描述过一些在女售货员中通用的笑料：

> 除非她们非常忙，否则姑娘们通常不会分开太久。一种无法抗拒的吸引力把她们聚拢在一起。一旦有机会，她们就会玩"顾客"游戏，这是一种她们自己发明的漫画式的喜剧游戏，她们似乎永远都玩不腻。我从来没有在任何舞台上见过如此卓越的表演。一个姑娘扮演售货员，另一个则扮演挑选衣服的顾客。她们一起演出的剧目足以使一位歌舞杂耍剧迷大饱眼福。[4]

丹尼斯·金凯德（Dennis Kincaid）在研究早期英国统治下的印度时，描述过当地人为英国人安排的社交活动，也与以上情形类似：

> 如果那些年轻的客人在这些娱乐活动中没有发现什么乐趣，那么他们的东道主呢？尽管平日会从拉吉（Raji）的优雅和卡利安涅（Kaliani）的机智中得到满足，当下也会感到不自在，只要客人还没有离去，东道主就没法享受自己的宴会。接下来是一场英国客人很少能了解到的娱乐活动。大门被关上后，和所有印度人一样善于模仿的舞女们就会惟妙惟肖地模仿那些刚刚离去的讨厌的客人，而先前那种令人不适的紧张则在阵阵愉快的笑声中消失了。当英国人的马车还在

路上咔嗒咔嗒作响时，在这里，拉吉和卡利安涅已经粉墨登场，丑化、嘲弄着那些英国客人，他们对英国人的舞蹈进行粗野的夸张，并加以东方化的篡改。这些小步舞和乡村舞蹈在英国人的眼里是如此淳朴自然，与印度舞女那种挑逗性的舞姿迥然相异，然而，在印度人看来，它们简直令人反感至极。[5]

毫无疑问，这种行为不仅是对前台的一种仪式化的亵渎，也是对观众的一种仪式化的亵渎。[6]

第二种方法是，经常区别使用指称措辞（terms of reference）和交谈措辞（terms of address）。当观众在场时，表演者会采用讨人喜欢的方式与他们交谈。在美国社会，这种方式包括一些礼节性的正规称呼，如"先生""阁下"，或一些热情亲切的称呼，如教名、昵称等。选择使用正式称呼或非正式称呼，这要看对方的个人意愿。当观众不在场时，他们往往被冠以光秃秃的姓氏、（当面不允许使用的）教名、绰号或全名的轻蔑发音。有时，表演者在背后议论观众时，甚至连无礼的称谓都不用，只用一个代号，这种代号把观众全部归入一个抽象的类别。例如，当病人不在场时，医生提到他们时就会称他们为"有心脏病的"或"带链球菌的"；理发师私下称其顾客为"脑袋"。同样，当观众不在场时，表演者会用一种包含距离感的贬义词提及他们，以表明对内群体和外群体的区分。例如，乐师会把其客人称为"老古董"（squares）；美国本地的女职员私下会称她的外国同事为"德国难民"（G. R.'s）[7]；美国士兵会在背后称呼与他们一起工作的英国士兵为"英国佬"（limeys）[8]；狂欢节上的那些小商贩，一面在人前夸张地吆喝、熟练地招揽生意，另一面却私下称顾客为"乡巴佬"、"土人"或"土包子"；当某个犹太人的行为有违常规时，作为观众，他就会被称为"异教徒"（goyim），同样，黑人们聚在一起时，有时也会用"白人佬"（ofay）来指称白人。有一项关于扒手团伙的出色研究，提出了类似的观点：

> 对扒手而言，人们的口袋之所以重要，是因为它里面装着钱财。事实上，口袋已经成为这样一种符号，它象征着行窃目标以及（或许主要是口袋里面的）钱财，例如"左裤边"、"边上"或"里边"等，都是根据特定的时间和地点用来指称作为行窃目标的口袋。事实上，扒手根据行窃目标的口袋来定义行窃目标是谁，并且，这样的形象化表述整个扒窃团伙都很明白。[9]

也许，最无情的称呼会出现在下述情形中：某人要求人们当面以非常亲昵的称呼来和他说话，人们可以勉强为之；但是，一旦他离开现场，人们就会以正式的称呼来谈论他。因此，在设得兰岛，当一位来访者要求当地的佃农以其教名来称呼他，有时这种要求会被当面答应，但在这位来访者离开后，人们就会以正式的称谓来指称他，从而把他推回到人们认为他应该在的位置。

我已经谈了两种基本方法，这些都是表演者用以贬损观众的方法——嘲弄角色扮演和使用贬损性的指称措辞。还有其他一些常见的方法。当没有观众在场时，剧班成员可能会以一种玩世不恭或纯粹的技术提及自己的日常表演，以此来有力证明他们实际所持的态度与他们在观众面前所表现的并不一致。如果有人警告剧班成员说观众正在靠近，剧班成员可能会故意拖延他们的表演直到最后一刻，观众几乎要看到后台活动了。同样，一旦观众离开，剧班成员就会迅速进入后台，放松自己。通过这种有目的的快速切换，剧班在某种意义上可以通过后台的行为来玷污和亵渎观众，或反抗那种在观众面前维持表演的义务，或强调剧班与观众之间的明确区分，并且，做所有这些事情都不会让观众有丝毫察觉。与这些缺席对待相对应的，还有其他一些常见的攻击性行为，如当某个剧班成员即将离开（或仅仅打算离开）他的剧班，上升、下降到或进入观众行列时，他就会像那些缺席的观众一样，遭到嘲笑和戏弄。此时，剧班其他成员会把这个准备离开的剧班成员当作已经离开了对待，可以肆无忌惮地对他进行辱骂或熟视无睹，并且暗示对观众也会如此。最后，还有一种攻击性的例子，它发生在某人从观众阵营被正式引入剧班的时候。同样，他会受到玩笑式的戏谑，并经历"一段难以忍受的时期"，其中的原因与他刚才离开原先剧班时会遭受辱骂如出一辙。[10]

这些贬损技巧是值得关注的，它们表明了这样一个事实：从语言表达上看，人们当面会受到相对客气的礼遇，而在背后则会受到相对不好的对待。这似乎是对社会互动的基本概括之一，但是我们不应该用所谓"人之常情"来寻求对它的解释。如前所述，在后台对观众进行贬损，有助于维持剧班的士气。有观众在场时，礼貌周到地对待他们是必要的，这不是为了他们，或者说不仅仅是为了他们，而是为了保持这种持续而和睦有序的互动。表演者对观众中某一成员的"实际"感情（无论是积极的还是消极的）似乎与这一问题并无关系，因为这既不能成为当面应该如何对待这位观众的决定性因素，也不会成为背后应该如何对待他的决定性因素。有一点是真的，即后台活动通常会采取召开军事会议的形式；但是，当两个剧班在互动战场相遇时，一般说来，它们的相遇好像不是出于战争或和平的目的。它们只是在暂时的休战中相遇，这是一种操作共识，目的在于完成各自的任务。

上 演 闲 谈

当剧班成员走出观众在场的区域时，他们的讨论通常会转向有关舞台表演的问题。他们会提出一些关于符号装备状况的问题；聚集在此的剧班成员初步提出并"确定"看台、台词和各处位置；分析可用前台区域的优缺点；考虑可能出现的观众的规模和特点；讨论过去表演中出现的混乱，以及目前可能出现的混乱；相互传递有关其他剧班的新闻；仔细揣摩观众对上一场表演的反应，这种揣摩有时被称作"马后炮"（post mortems）；他们抚平创伤，提振士气，以准备下一场表演。

上演闲谈，有时也可用其他名称来表述，诸如闲话、"行话交谈"等，这是一个老生常谈的概念。我之所以在此强调这一概念，是因为它有助于表明这一事实：社会角色各不相同的人们生活在同一种舞台经验的氛围中。喜剧演员的谈话内容与专家学者的谈话内容截然不同，但是，关于他们谈话内容的谈话却是极为相似的。这种相似能达到令人吃惊的程度：谈话前，谈话者与他们的朋友交谈，讨论什么能吸引观众，什么不能吸引观众，什么会冒犯观众，什么不会冒犯观众；谈话后，所有谈话者又会与他们的朋友交谈，讨论他们谈话时的现场情况，他们吸引了什么样的观众，以及他们受到了什么样的欢迎。上演闲谈在讨论后台行为和同行间团结一致时已经有所涉及，此处不再进一步讨论。

剧 班 共 谋

当一个参与者在互动过程中传达某些信息时，我们希望他仅以自己所选择角色的口吻公开地表达他对整个互动的评论。这样，所有在场的人作为这种表达的接收者，都会获得平等的地位。因此，诸如窃窃私语等行为，通常会被看作不合适的而被禁止，因为它会破坏表演者表里如一和言行一致的那种印象。[11]

尽管人们期望表演者所说的一切都符合他所营造的情境的定义，但在互动过程中，表演者可能会传达大量与角色不符的信息，并且，这种传达方式并不会让观众意识到表演者传达了任何与情境定义不相符合的东西。被允许参与这种秘密沟通的人，相对于其他参与者而言，处于一种共谋的关系之中。通过相互承认，他们对其他在场者保守有关秘密；他们相互承认，他们所维持的真诚的表演是他们正式设计的角色的呈现，也仅仅是一种表演。借助这种附属的表演，表演者甚至可以在表演的同时确保后台的团结，以不受惩罚的方式表达观众无法接受的事情，以及观众认为无法接受的关于表演者的事情。我将用"剧班共谋"来指称任何一种密谋沟通，这种沟通是以一种非常小心谨慎的方式传达的，因而不会对在观众面前促成的幻象构成威胁。

在暗号系统中，可以发现剧班共谋的一种重要类型。表演者可以通过这种暗号系统，秘密地接收或传递相关信息、援助请求，以及与成功表演相关的其他事项。通常情况下，这些舞台提示主要来自或汇集到导演那里，这些有效的隐秘语言极大地简化了导演的印象管理任务。舞台提示通常把那些在前台参与演出的人与在后台提供帮助或指导的人联系起来。例如，通过脚踏蜂鸣器，女主人可以向厨房工作人员发出指示，同时若无其事地在餐桌前与客人交谈。同样，在广播电视节目的制作过程中，控制室里的人可以借助一套手势语来指导表演者，尤其是有关演播的节奏，而不会让观众知道在表演者和观众正式参与的沟通之外有一套控制沟通的系统在运作。还有，在商务部门中，那些想要迅速而又巧妙地结束会谈的经理，常常会让他们的秘书在恰当的时间以恰当的借口打断会谈。再有一个例子取自美国常见的鞋店。有

第五章　角色外的沟通

时，如果某位顾客想要一双比店里有的或常见的尺码稍微大一点的鞋子，可以这样处理：

> 要给顾客制造一种印象，即他看中的鞋子只要撑大一点就会相当合适。于是，售货员会告诉顾客，他将用"34号楦头"把鞋子撑大一些。这句行话其实是在告诉负责包装的人，他无须把鞋子撑大，只要照原样包好，放在柜台下面，稍过一会儿再拿给顾客。[12]

当然，舞台提示也会在表演者和混入观众的"托儿"或同伙之间使用，就像卖珠宝或珍奇杂物的小贩与他安插在受骗者中的"托儿"之间的互相"帮衬"一样。我们发现，这些舞台提示在剧班成员忙于表演时在他们之间使用得更为普遍。事实上，这些提示为我们采用剧班概念而非采用个人表演模式的概念来分析互动提供了依据。例如，这类剧班共谋在美国商店的印象管理中发挥了重要作用。尽管提示系统中的某些术语似乎已经相对标准化，并且以相同的形式出现在全国各地的许多商店中，但是具体到某一家商店，其店员通常会形成自己的提示系统，进而操纵呈现给顾客的表演。当店员都是会说某一外语的人时（有时就是会有这种情况），他们就会使用这种语言进行秘密沟通——父母也会这样做，他们在年幼的孩子面前拼写单词，上流社会的成员也会用法语相互交谈，谈论他们不想让孩子、用人或售货员听到的事情。然而，这种策略就像窃窃私语一样，被认为是粗鲁无礼的；

这种方法虽然能够保守秘密，却不能掩盖他们正在保守秘密这一事实。在这种情况下，剧班成员很难维持他们对顾客所表现出来的真诚的前台（或对孩子表现出来的坦诚等）。那些顾客能够理解的、听起来并无恶意的用语，对于售货员才是更为有效的。例如，某位顾客满怀希望地进入一家鞋店，说想要一双宽度为 B 的鞋子，售货员就会使用这样的话术使顾客相信，他将买的就是他想要的鞋子：

> ……售货员会把另一个正在走廊上走过的售货员叫来，并问道："本尼（Benny），这双鞋是多大的？"那位被称为"Benny"的售货员会得到暗示，这双鞋的宽度应该是 B。[13]

在一篇有关博拉克斯（Borax）*家具店的文章中，有一个关于这种共谋的有趣的例子：

> 现在，顾客进到店里了，猜猜看她会不会掏钱买东西。她可能会嫌价格太贵，必须和她丈夫商量一下，或者她仅仅只是进来逛逛。让她空手离开（没有买东西就走了），这在博拉克斯商店实属出格。因此，售货员会通过店里许多脚踏开关发出求援信号。不一会儿，"经理"就出场了，他全神贯注地盯着这套家具，全然不理向他发出信号的阿拉丁（Aladdin）。

---

* 博拉克斯，特指式样繁多的便宜家具。——译者

"对不起，狄克逊（Dixon）先生，"售货员说道，装着很不愿意打扰这位大忙人的样子，"不知道您能否帮助一下这位顾客，她认为这套家具的价格太高了。夫人，这是我们的经理，狄克逊先生。"

狄克逊先生装模作样地清了清嗓子。他身高六英尺，头发是银灰色的，上衣翻领上别着一枚共济会的徽章。从他的外表看，没有人会想到他只是个"托儿"（T. O. man），一个专门对付那些难缠的顾客的特殊售货员。

"可以，"狄克逊先生摸着他那被刮得干干净净的下巴说，"本内特（Bennett），去忙你的事吧，我会关照这位夫人的。反正我现在也不太忙。"

先前那个售货员就像侍从一样走开了，但是，假如狄克逊先生搞砸了这桩买卖，那么他将会受到那个售货员的重责。[14]

这里描述的把顾客介绍给另一个扮演经理角色的售货员的做法，显然在许多零售店里都很常见。还有一个实例，来自一份关于家具售货员语言的报告：

"告诉我这件家具的编号。"这是一句关于家具价格的问话。接下来的回答会是一个代码。这种代码全美通用，并且，只需简单地将成本加倍，售货员就会知道可以在里面加上多少利润。[15]

> "Verlier"被用作一项指令……意思是"请你离开一会儿"。当一个售货员想让另一个售货员知道后者在场会妨碍一桩生意时，就会使用这个词。[16]

在我们商业生活中那些半非法和高压的边缘地带，随处可见剧班成员使用明显习得的词来秘密传达那些对表演至关重要的信息。或许，在那种比较有身份的圈子中，这类代码不太多见。[17]然而，我们发现，无论在哪儿，剧班同伴都会使用一种非正式的，而且通常是无意识习得的姿势和表情语言，来传达共谋的舞台提示。

有时，这些非正式的提示或"高级信号"会出现在表演的某个阶段。例如，当"在大伙面前"时，丈夫会借助语调的细微差异，或者姿势的轻微变动，向他的妻子传达信息，即他们俩现在应该起身告辞了。这样，夫妻剧班就能在行动上维持一种看似自发却往往以严格纪律为前提的一致。有时，表演者会通过提示提醒另一个表演者：你的行为已经越界了。例如，在桌子下面踢脚和挤眉弄眼已经成为滑稽有趣的例子。有位钢琴伴奏者提出了一种方法，可以使偏离伴奏的演唱者回到正确的调子上来：

> 他（伴奏者）在伴奏中加入了更多的高音，好让演唱者能听清楚这些音调，并让这些音调盖过或者说穿过演唱者自己的声音。或许钢琴伴奏中的某个音符是需要由演唱者唱出来的，于是，他就突出地把这个音符弹奏出来。如果这个音

符实际上并没有被写在钢琴乐谱上,他就必须用高八度的音把它弹奏出来,响亮得足以让演唱者清晰地听到。假如演唱者的声音高了四分之一个音,或低了四分之一个音,那么这会是一种特别的技巧,以应对继续走调的演唱,尤其当伴奏者在整个乐章中都要随演唱者的音调弹奏时,更是如此。一旦发现危险信号,伴奏者就会进入警惕状态,并时刻留心演唱者的音准。[18]

这位作者还谈了一些适用于许多类型的表演的东西:

> 机敏的演唱者只需从其合作者那里得到最细微的提示就足够了。的确,它们是如此细微,以至于演唱者本人在从中受益的同时并不能有意识地感觉到它们。演唱者越迟钝,这些提示就需要越直接,因而也就会越明显。[19]

另一个例子引自戴尔的有关论述,他指出,在会议期间,公务员会采用某些办法暗示他的部长,让他知道他可能会有麻烦了:

> 然而,在会谈过程中,一些新的、未曾预料到的观点会被提出来,所以,如果委员会中的公务员发现他的部长表达了他认为不甚适当的观点,他不会直截了当地指出;他要么会给部长写一张字条,要么会巧妙地提出一些证据或建议,似乎是在对部长的观点做一些枝节上的修正。经验丰富的部长会立即觉察到红灯的出现,然后温文尔雅地退回到安全境

地，或至少会将讨论推迟。很明显，当部长和公务员同为一个委员会的成员时，双方有时都需要具有一些机智和敏锐的洞察力。[20]

通常情况下，非正式的舞台提示会提醒剧班成员，观众已经不期而至。因此，在设得兰岛的旅馆里，当某位客人在未经邀请的情况下进入厨房时，首先发现这一情况的人会以一种特别的声调叫某个伙伴的名字，如果不止一人在场，他会叫出一个集合体的名字，例如"伙计们"。一旦听到这一信号，男人们就会摘去帽子，把跷在椅子上的脚放下来；女人们会合乎体统地整理好衣着。所有在场的人都会明显地挺直腰板准备被迫表演。众所周知，广播电台播音室里采用的视觉信号是通过正式学习而习得的，这种信号表明"你正在广播"。庞森比描述过一种同样普遍的提示：

> 女王（维多利亚）在盛夏乘车时通常都会打个盹，在这种情况下，为了不让村民们看到她睡着的样子，每当前面有一大群人出现时，我总是会扬鞭策马，急驰而过。这样就会引起一阵喧闹。于是，同车的比阿特丽斯（Beatrice）公主便会知道，前面出现了一大群人，并且，假如我所引起的喧闹还没能让女王醒来，那么公主就会把她叫醒。[21]

当然，当许多其他的表演者处于放松状态时，总会有一些人在那里望风。凯瑟琳·阿奇博尔德（Katherine Archibald）对造船厂工作的研究可以说明这一点：

> 每当工作特别怠惰时，我会站在工具间门口望风，一旦监工或科室领班突然出现，我就要向屋里发出警报，因为这时候屋里十来个小工头和工人正凑在一起兴致勃勃地玩扑克呢。[22]

同样，有一些典型的舞台提示告诉表演者：现在平安无事，可以放松一下。另一些警示信号则告诉表演者：虽然看似可以放松警惕，但事实上依然有一些观众在场，因此，这样做是不明智的。实际上，在犯罪团伙中，诸如"警察"的耳朵在听，或者警察的眼睛在看，这种警示是极其重要的，因而被赋予了一种特殊的名称——"给个信号"（giving the office）。当然，这些信号还可以告诉剧班，某个看上去并无恶意的观众，实际上是个探子或打听行情的人，或者是一个在其他方面与其所表现出来的不一样的人。

如果没有这样一套警示信号，任何剧班——比如一个家庭——都很难做好印象管理。有一项关于伦敦一对同居一室的母女的专题研究报告，提供了下面的例子：

> 经过真纳罗（Gennaro）餐厅时，我就对我们的午餐充满了担忧：不知道我妈妈会怎样看待斯科蒂（Scotty）（被我第一次带回家吃午饭的美甲师同事），也不知道斯科蒂会怎样看待我妈妈。我们刚走上楼梯，我就开始大声说话，提醒妈妈我不是一个人。事实上，这完全是我们之间的一种暗号。

> 因为两个人住在一个房间时，说不准会有如何凌乱不整的样子呈现在不速之客的眼前。几乎总会有一只锅或脏盘子放在了不该放的地方，或者会有袜子或裙子在炉子旁烘着。我妈妈听到她那疯丫头的警报后，马上就会像杂技团的舞蹈演员一样转成一团，把那些锅碗瓢盆以及袜子之类的东西藏起来，然后，她会镇静下来，泰然自若地迎接客人。如果她收拾得太快，遗漏了一些非常明显的东西，我就会看到她警惕地盯着这些东西，而我则要在不引起客人注意的情况下做些什么。[23]

最后需要指出的是，越是无意识地学习和运用这些暗示，剧班成员就越容易掩盖他们实际上是作为一个剧班的成员在合作的事实。如前所述，即使对自己的成员来说，剧班也可能是一个秘密会社。

与舞台提示密切相关的是，我们还发现剧班会努力创造一些相互间可以传递口信的方式，以此保护他们已经建立起来的印象。而且，假如观众发现他们正在传递此类信息，那么这种印象就可能会遭到破坏。让我们再次引用英国文官的例子：

> 当一名公务员被要求去现场旁听议会通过某项议案，或因为某场辩论被要求去议院时，情况就完全不同了。他不能以个人的身份发言，而只能向部长提供材料和建议，并希望部长能够充分利用它们。不用说，部长事先已经得到了精心

第五章　角色外的沟通

准备的"内容简报",诸如某项重要议案的二读*或三读**,或部里的年度预算介绍:在这种场合,部长会得到关于可能提出的每一个问题的充分评注,甚至还有种种谦恭有礼并带有官方色彩的逸闻趣事和"轻松调剂"。部长和他的私人秘书以及常务次官会花大量时间和精力挑选这些评注,从中选出最有分量的要点加以强调,并给它们安排出最佳的次序,还要设计出一个让人印象深刻的结尾。这一切对部长及其下属来说都是轻而易举的,他们可以悄悄地、从容不迫地完成。但辩论结束时的答辩才是关键。在这个问题上,部长必须主要依靠自己。诚然,坐在议长右侧的小旁听席上或上议院入口处的公务员们已经耐心地记下了反对党发言中的不准确之处、被歪曲的事实、错误的推论、对政府提案的误解以及类似的弱点,但要把这些"炮弹"送上前线往往是困难的。有时,部长的议会私人秘书会从后排座位起身,漫不经心地走到公务员旁听席上,与公务员低声交谈;有时,他会把一张便条传递给部长;极少数情况下,部长会亲自过来问个问题。所有这些细微的沟通都必须在上下两院的眼皮子底下进行,没有哪个部长愿意让自己显得像一个不了解自己的角色并需要被提示的演员。[24]

或许,在商务礼节方面,对战略秘密的关注甚于对道德性秘密的

---

*　"the second reading",二读,辩论议案采纳与否。——译者
**　"the third reading",三读,对委员会所修正议案的最后辩论。——译者

关注，从下面的引文中可见一斑：

> ……当某个局外人可能听到你的电话谈话时，要注意自己的通话内容。如果你正从某人那里接收一条信息，并且你想确认一下自己是否听错了，那么，不要重复信息，而要请来电话的对方再说一遍，这样你那响亮的嗓门就不会向周围的人泄露可能事关私人事务的信息。
>
> ……在局外人来访前要合上你的文件，或者养成一种把文件放进文件夹或压在白纸下面的习惯。
>
> ……如果你必须与自己组织中的某人交谈，而他正与某个局外人在一起，那么，你应该采用使第三个人无法获知任何相关信息的方式来沟通。你最好使用内部电话系统而不是对讲机，或者把你要说的事写在纸条上递给他，而不是在大庭广众下谈论其中的内容。[25]

如果先前约好的来访者来了，你应该及时获得通知。假如这时你正在与另一个人密谈，你的秘书应打断你，譬如说："三点钟您还有个约会，我想您没忘。"（她不会在局外人面前提到来访者的名字。假如你好像不记得你在"三点钟约会"的对象是谁，她就应该把名字写在一张纸上递给你，或者通过你的私人电话而不是扬声系统告知你。）[26]

我们已经阐述了舞台提示是剧班共谋的一种主要类型。另一种类型涉及沟通，它的主要功能是让表演者确信这样一个事实，

第五章　角色外的沟通

即他并非真正赞同操作共识，他所表演的仅仅是表演罢了。由此，他至少为自己提供了一道秘密防线来对付观众提出的要求，我们把这种活动称为"嘲弄的共谋"。它通常涉及对观众的秘密贬损，尽管有时它也包含一些对观众的溢美之词，但那完全不是操作共识的表现。在这里，我们可以把"嘲弄的共谋"看作我们前面讨论过的"缺席对待"的对应行为，当然，这种共谋是以偷偷摸摸的方式进行的。

在通常情况下，嘲弄的共谋可能更多地发生于表演者和他自身之间。小学生们提供了这样一个例证：他们一边把中指和食指交叉搭着*，一边照样撒谎；或者在老师背过身去看不见他们时伸出舌头做鬼脸。同样，员工们也经常冲着他们的老板挤眉弄眼，或无声地做出诅咒的手势。但是，这些蔑视或逆反行为都是在行为指向的对象看不见它们的时候表现出来的。或许，这种共谋中最胆怯的形式，就是一边扮演倾听者，一边随手涂鸦或者"开小差"到愉悦的意境中去。

嘲弄的共谋也发生于正在表演的剧班成员之间。例如，虽然口头侮辱的暗号仅仅是用来对付我们商业生活中那些极为愚蠢的人，但是，无论一个商业机构拥有多高的声誉，都无法完全控制其职员的某种行为，比如在那些令人生厌的或即使并非令人生厌但其行为却令人反感的顾客面前，相互交换一个会心的眼神。同样，在我们的社会中，一对夫妻或两个密友很难在与第三个人共

---

* 这种动作是西方的一种迷信，认为这样做会带来好运或减轻说谎的罪过。——译者

度一个欢乐融洽的夜晚时，不出现这样的情况：在某个时刻，他们会相互对视，而这种眼神交流中所隐含的态度，与他们表面上对第三个人所持的态度暗自相悖。

当表演者被迫处于与他内心的情感截然对立的位置上时，我们就会发现一种更具破坏力的针对观众的攻击性行为方式。

当某一剧班成员是在为剧班同伴特殊且秘密的消遣活动扮演角色时，会发生类似的角色外沟通。例如，他会以一种积极热诚的姿态，迅速、夸张又准确地进入角色，而且，其表演与观众所期待的是如此接近，以至于观众并不会意识到，或者不能确信，这种表演正是在取笑他们。因此，那些被迫演奏"老掉牙"爵士乐的音乐家，有时会演奏得比要求的状态还要老土。通过这种略微的夸张，他们相互传达对观众的蔑视以及自己对高雅艺术的忠诚。[27]如果某位剧班成员在表演时想戏弄另一位表演者，一种多少有些类似的共谋方式便会出现。这种共谋方式的直接目的是使剧班的同伴们突然笑出声来，或笑得直不起腰来，或笑得前仰后合几乎失去平衡。例如，在设得兰旅馆，有时厨师会端庄地站在通向旅馆前台区域的厨房门口，用标准的英语一本正经地回答宾客的问题。这时，厨房里的女仆便会强忍着不笑出来，在暗中不断地嘲笑他。通过取笑观众和嘲弄剧班同伴，表演者可以表明，他不仅不受正式互动的束缚，而且在一定程度上还可以对互动进行控制，以至于可以随心所欲地玩弄它。

最后一种嘲弄的共谋的形式是，当一个人正在与另一个在某些方面表现得令人生厌的人互动时,他会试图引起第三个人(被定义为互动的局外人)的注意。他以这种方式表明,自己无须对另一个人的人品或行为负责。最后,我们可以注意到,所有这些嘲弄的共谋的形式几乎都是在不自觉的情况下产生的,也就是说,人们还未来得及加以控制,它们就已经被表演性的提示传达出来了。

鉴于剧班成员之间可以通过多种形式进行角色外的沟通,我们完全可以预料到,即使在没有实际需要的情况下,表演者们也会对这种活动产生依赖,从而欢迎同伴参与他们的个人表演。完全可以这样理解,在剧班中好像发展出了一种被称为"老搭档"的特殊角色,他总是为另一个人效劳并加入某种表演,其目的是保证后者心情愉快。在权力差异明显、有权者与无权者之间没有社交禁忌的地方,人们会发现这种特殊的交往方式。一篇写于18世纪末的传记小说提供了关于所谓同伴这种临时的社会角色的一个例证:

> 简言之,我的工作就是如此:时刻准备着,陪同夫人参加她喜欢的各种娱乐聚会或商务活动。早上,我陪她去各种售货店、拍卖行和展览会等,尤其是一些重要的购物场合。我会陪她参加她的一切拜访活动,除非已经特别选好了随行人员。同时,当有人来访时,我也要在场。在这些场合,我扮演着一名高级仆人的角色。[28]

这种差事看起来像是要求下属按照雇主的意愿陪伴雇主，但是，这并不是出于卑微的目的，也不是仅仅出于这些目的，而是为了让雇主始终有一个可以与之联手的人，来对付在场的其他人。

再合作的行为

上文已经指出，当人们出于互动的目的而聚到一起时，每个人都在剧班的常规程序中，依附剧班选派给他的角色，与他的剧班同伴一起，对其他剧班成员维持着一种既谦恭有礼又轻松随便、既有距离又亲密无间的浑然一体的状态。但是，这并不意味着剧班成员会以公开对待观众的方式公开对待彼此，而是表明剧班成员会以不同于他们的最"自然"的方式对待彼此。上文已经表明，共谋的沟通是剧班成员从剧班间互动所要求的限制中获得些许放松的方法。它是一种偏离的形式，观众应该不会察觉到，因此，它倾向于维持现状的完整性。但是，表演者似乎很少会满足于通过安全途径来表达对操作共识的不满。他们经常尝试运用一种既会被观众听到，又不会公然威胁到两个剧班之间的团结和它们之间的社会距离的方式，进行角色外的言说。这些临时的、非正式的或受到控制的再合作现象往往具有攻击性，为我们提供了一个有趣的研究领域。

当两个剧班达成一种正式的操作共识，以保证安全的社会互动时，我们通常会发现，它们之间会有一种非正式的沟通途径直指对方。这种非正式的沟通可能通过含沙射影、口音模仿、恰到好处的玩笑、蓄意的停顿、隐晦的暗示、有目的的嘲弄、富有表现力的弦外之音以及其他各种示意活动来进行。关于这种松弛度的规矩是相当严格的。如果接收者当面指责沟通者传达了令人难以接受的信息，沟通者有权否认他的行为"意味着什么"，而接收者有权表现得好像对方什么都没有传达，或者只是传达了无害的信息。

或许，这种暗中沟通最普遍的意图，在于每个剧班都打着礼貌和恭维的幌子，巧妙地使自己占据有利的位置，而让对方处于不利的地位。[29]于是，剧班常常急于摆脱那种将自身限制在操作共识中的束缚。十分有趣的是，正是这些抬高自我和贬损他人的隐秘力量，而不是那种书生气十足的交往礼仪，经常会给社交接触带来一种沉闷的、强制性的僵化。

在许多类型的社会互动中，一个剧班可以通过非正式沟通提供的方式，向另一个剧班提出明确的、不容妥协的建议，要求增加或减少社会距离和礼仪，或者要求双方把这种互动转移到一种包含一套新角色的表演中去。这种方式有时被称为"试探"，包含着谨慎的披露和暗示性的要求。通过谨慎地做出模棱两可的或对新来者有隐秘含义的表述，表演者能够在自己不放松戒备的情况下，发现废除眼前的这种情境定义是否可能。例如，由于在那些在职业、意识形态、民族、阶级等方面与自己是同行的人面前，不必保持社会距离或戒备，同行们会发展出一种秘密暗号，它们对于非同行是无害的，却能够使新同行知道他到了自己人中间，因而可以放松一下，不必像在公众面前那样保持严肃的状态。例如，19世纪印度暗杀团的黑镖客*将他们每年的抢劫行动隐藏在为期九个月的社会公益活动之后，他们拥有一套可以相互识别的暗号。正如一位作家所说：

> 当黑镖客们相遇时，虽然彼此很陌生，但有一些专属于他们的举止，能让他们很快相互确认对方的身份。为了确证自己的推断，其中一个人会喊"阿利汗"（Alee Khan），一旦对方也重复了这个词，那么，双方都会明白这是自己人。[30]

同样，在英国的劳工阶级中我们也发现，有人会问陌生人来自"多远的东方"，共济会会员都知道应该如何回答这一暗语，而且明白在他回答后，在场的人就会放松下来，随之以不宽容的态度对待天主教教徒和没落阶级。（在英美社会中，被介绍人的姓氏和外表也起着类似的作用，它们会告诉你，对哪些人进行中伤是很不明智的。）同样，在卖熟食的餐馆里，一些顾客坚持要求用黑麦面包做他们的三明治，并且要求不加黄油。这就给店员一种暗示，表明顾客已经准备好接受自己的种族身份。[31]

亲密社会中的两个成员，通过谨慎的披露使彼此更加了解对方，或许是所有披露性沟通中最不微妙的形式。在日常生活中，没有秘密会社中那种个体成员披露身份的形式，因此，披露性沟

---

* 黑镖客，强盗与杀人者的宗教性组织，在印度各地活动300余年，于19世纪中叶绝迹。黑镖客通常会设局骗取旅客的信任，与之同行，伺机用手帕或绳索将其勒死，占有其财物，并将其掩埋。——译者

通中包含着更多微妙的过程。当人们对彼此的观点和状况还不了解时,会出现一种试探的过程,即某个人每次都会向对方透露一点自己的观点和身份。在略微放下一些戒备后,他会等待对方做出表示,以证明他这样做是安全的;而且,在这种再确认得到保证后,他就可以再稍稍放下一些戒备。通过这种模棱两可的方式,每一步都得到一次确认,一直到对方不再给予确证时,他才会停止摘除自己面具的过程。此时,他会表现得好像他前面最后一次自我披露根本就不是主动示好。例如,当两个人交谈时,他们发现,在他们尝试着表达自己真实的政治观点时,需要如何小心谨慎。当其中一位把自己的政治观点和盘托出时,另一位可能就不再披露他那种极左或极右的观点。在这种情况下,那个持极端观点的人便会老练地开始表演,好像他的观点并没有比对方更为极端似的。

我们社会中与异性恋生活有关的一些神话和事实也说明了这种逐渐的、谨慎的披露过程。性关系被定义为一种由男性主导的亲密关系。事实上,求爱行为是一种男性对既定性别秩序的蓄意攻击,男性试图通过求爱开始时对女性表示绝对尊重并使自己属于从属地位来控制她。[32]然而,在操作共识碰巧是由具有优势地位和距离感的女性表演者,以及处于从属地位的男性表演者来定义的情境中,就会出现一种更具攻击性的颠覆既定性别秩序的行动。在这种情况下,男性表演者可能会重新定义情境,强调他的性支配地位,以反抗他在社会经济方面的从属地位。[33]例如,在我们的无产阶级文学作品中，正是由贫穷的男性向有钱的女性提出了这种重新定义。人们经常谈论的《查泰莱夫人的情人》一书，就是一个鲜明的例子。当我们研究服务行业时，尤其是那些社会地位较低的服务行业时，就难免会发现，从业者总会有许多奇闻趣事可讲，关于他们或他们的某位同事如何把服务关系重新定义成性关系（或者已经有人为他们重新进行了定义）。这种具有攻击性的重新定义的故事，不仅是特殊职业神话的重要构成部分，也是整个男性亚文化神话的重要内容。

通过短暂的再合作，从属者可能会以某种非正式的方式把握了互动的方向，或者支配者会以某种非正式的方式扩大了互动的范围，于是，再合作往往会在所谓"含糊其词"（double-talk）[34]的情况下，获得某种稳定性和制度化。通过这种沟通技巧，两个个体就可以用一种与他们的正式关系不相一致的方式相互传达信息，或者彼此谈论与他们的正式关系不相一致的事情。"含糊其词"包含着一种可以由双方传达出来，并能持续一段时间的暗示。这是一种不同于其他共谋沟通的类型。在这种共谋沟通的类型中，共谋所针对的人物角色正是由参与共谋的人扮演的。"含糊其词"通常发生在支配者和从属者之间的互动中。它所涉及的事务，从工作职责上说，非从属者的能力和权限所能及，但实际上却取决于他。通过采用"含糊其词"的方式，从属者可以引入一些行动方针，而他不必公开承认这种引入所具有的含义，引入这些方针也不会危及自己与支配者之间的身份地位差异。显然，像兵营和监狱那种地方，这种"含糊其词"的情况比比皆是。同样，"含糊其词"也经常发生于这样一种情境中，即从属者有长期的工作经验，而支配者却没有。就好像政府机构中的"常务"副部长与政府任命的部长之间的情况那样，或者下级会说员工间的语言，而他的上司却不会。我们还可以发现，在签订了非法协议的两个人之间，也会存在"含糊其词"的现象，因为二人可以通过这种技巧进行沟通，同时，任何一方都不会因此而受制于对方。有时，在彼此必须维持相互对立或相对疏远印象的两个剧班之间，也可以发现某种类似的共谋形式，因为这两个剧班会同时感到在某些问题上达成协议对双方都有利。当然，这种共谋必须以不妨碍他们彼此间维持的对立立场为前提。[35]换言之，可以交易，又不必形成交易通常带来的团结一致的关系。也许，更为重要的是，"含糊其词"经常会出现在亲密的家庭和工作情境中，它是提出要求和拒绝命令的一种安全手段，因为在不改变关系的情况下，公然提出某些要求或拒绝某些命令是不可能的。

我已集中探讨了那些常见的再合作行为——围绕剧班之间界限的活动，或超越或离开剧班之间界限的活动。诸如非正式的咕哝、谨慎的披露以及含糊其词的过程，这些都是例子。接下来，我将在上述讨论的基础上再做一些补充。

当两剧班之间建立起的操作共识包含着明显的对立时，我们会发现，每个剧班内部的分工最终可能导致一种暂时的再合作，这种再合作使我们意识到，并非只有在军队中才有缔结盟友的问题。一个剧班中的某个专家可能会发现，他与对立剧班的同行之间有许多相似之处，他们会使用同一种语言，这种语言能使他们在一个相对独立于所有其他参与者的剧班基础上合作。例如，在劳资谈判中，无论是哪个剧班中的外行人，当他犯了一个明显的法律知识上的错误时，对立双方的律师都会发现这一点，并交换共谋的眼色。如果这些专家不是某个剧班的固定成员，而只是在谈判期间受雇而来的，那么，从某种角度来说，他们似乎更忠于他们的职业和同行，而不是他们在当时碰巧为之服务的那个剧班。然而，如果要维持剧班之间的对立印象，那么专家之间的那种跨剧班的忠诚就不得不被压抑，只能偷偷地表现出来。所以，律师如果察觉到他的委托人希望他保持对对方律师的敌意，他就只能等到在后台休庭时再与对方律师就正在审理的案件进行友好的合议。在讨论公务员在议会辩论中所扮演的角色时，戴尔做了类似的描述：

> 就一个议题进行固定辩论……通常只需要一天的时间。如果某个部门不幸有一个冗长且有争议的议案要提交全院委员会，那么，负责该议案的部长和公务员就必须从下午4点一直待到晚上11点（有时，如果11点还没有结束，就会拖得更晚一点），或许，日复一日，从周一到周四都是如此……尽管如此，对公务员来说，他们总是能从这种不幸中得到某种补偿。正是在这种时候，他们最有可能更新并扩大他们在议会中的交际圈。此时，与一整天的固定辩论相比，

无论是议员还是官员，压力都会小得多。所以，当某位名声不佳、令人厌烦的议员正在提出某项谁都知道不可能通过的修正案时，他们就悄悄溜出议事厅，逃到吸烟室或露天平台上，彼此愉快地聊天，此乃完全合法之举。于是，无论是政府的或反对派的高级官员，还是公务员们，都会在这夜以继日的忙碌中结下某种同志式的情谊。[36]

相当有趣的是，在某些情况下，这种后台的友好程度之大，甚至可能对表演构成威胁。因此，根据比赛规定，代表对立球迷的两支棒球队的选手在比赛开始前不得随意交谈：

> 这是一条很容易理解的规则。看到两队选手在赛前像喝下午茶一样地聊天，而在比赛开始时，又期望他们在赛场上为获胜不顾一切地拼杀，这种情况是难以想象的。因此，他们必须装作始终都是竞争对手的样子。[37]

上面所有的例子（包括对立专家之间的友好关系等）都表明，问题的关键不在于剧班的秘密会被泄露，或者剧班的利益蒙受损害（尽管此类情况有时会发生），而在于剧班之间形成的那种对立印象会遭到破坏。专家的贡献必须显得像是对事件真相所做的自然反应，即独立地把自己置于与对方剧班相对立的位置上。虽然当他向对方专家表示友好时，他所做贡献的技术价值不会受到影响，但是从戏剧论的角度来看，这在一定程度上表明，这种例行公事的表演是花钱买来的。

上述讨论并不意味着友好关系仅仅出现在暂时处于对立关系的专家之间。无论何时，只要忠诚出现了交叉，就会有一群人叫嚷着形成一个剧班，同时会悄悄地形成另一个剧班。因此，如果两个剧班必须维持高度的对立情绪或社会距离，或者两者兼而有之，那么，便会逐渐形成一个界限分明的区域，这个区域不仅是剧班维持表演的后台，而且对双方剧班成员都是开放的。例如，在公立精神病院，人们经常会发现一个房间或一处隔离场所，在那里，医生和病人可以一起活动，诸如玩扑克牌或聊天。而且大家都很清楚，这里的护理人员不会"仗势欺人"。有时候，军营中也会有同样的区域。一份关于海上生活的回忆录提供了另一例证：

> 在船上的厨房里，历来有一条规矩，即每个人都可以畅所欲言，就像在伦敦海德公园的演讲角一样。如果一位长官针对某人在厨房的言论来非难后者，那么事后他会发现，自己在船上已经陷入孤立，没有人会再与他往来。[38]

举例来说，厨师干活的时候从来都不是独自一人，他身边总是围着一群人，他们坐在板凳上，把脚搁在横木档上，面对炉灶背靠墙，两颊映得通红，兴奋地听着厨师瞎吹牛或讲鬼故事。这些行为足以表明：厨房成了船上的乡村广场，而厨师和他的炉灶是热狗摊。如果年轻的水手以一种下级长官的姿态进入其中，他很快就会发现，这是唯一的军官和士兵在完全平等的基础上会面的地方。除了有人会叫他"亲爱的"或"兄弟"外,厨师还会让他坐在属于他的位置上,也就是挨着坐在小板凳上的石油工汉克(Hank)就座……

如果没有这种由厨房提供的自由气氛,那么,全体船员的关系就会潜藏着危机。人人都承认,一旦进入热带海域,船上人们的关系就会变得紧张起来,船员也会变得难以管理。有人把这些归因于高温,而另一些人则清楚地意识到:这是因为失去了那个古老的安全阀——厨房。[39]

通常情况下,在两个剧班进入社会互动时,我们能看出一个剧班的社会声望较低,而另一个较高。在这种情况下,当我们考虑再合作行为时,通常会认为,总是声望较低的剧班会努力改变互动的基础,使之对自己更为有利,或者缩小自己与拥有较高声望的剧班之间的社会距离并减少礼仪规范。相当有趣的是,在某些情况下,声望较高的剧班会提供方便,允许声望较低者亲近并与之建立起密切和平等的关系。这种延伸后台亲密关系至低位者的做法,或许是为了更长远的利益而暂时为之。因此,巴纳德(Barnard)先生告诉我们,为了防止罢工,他总是故意在一个代表失业工人的委员会前发誓。他还告诉我们,他清楚地意识到这样做的重要性:

根据我的判断——这一判断已经为那些我尊重其意见的人所证实,一般而言,一个身份地位较高的人在身份地位较低的人或下属面前发誓赌咒,实在是很不好的习惯,即使后者或许并不反对他这样做，甚至知道这是他一贯的做法。我认识的人中，很少有人这样做而不会遭受不利的影响。我认为，原因在于，任何降低上级地位尊严的做法都会使人更难接受地位间的差别。对于一个组织来说也是这样，尤其是拥有较高地位者又是组织的象征，因此，人们会认为是整个组织的声望受到了损害。但本案是个例外，因为我的发誓是精心安排的，并且伴随着猛烈地拍击桌子的声音。[40]

在实行环境疗法的精神病院中，可以发现类似的情境。通过让护士甚至一般的护理人员参加那种通常是医生参加的神圣的职业会议，这些非职业医务人员会感到他们与医生之间的距离正在缩小，因此，他们会更愿意接纳医生对病人的看法。牺牲上层的排外主义可以使下层的士气大增。马克斯韦尔·琼斯（Maxwell Jones）在一份关于英国环境疗法的报告中，向我们提供了这一过程的真实记录：

> 在医院里，我们尝试着扩展医生的角色，以实现我们限定的治疗目标，同时，尽量避免虚饰。这意味着在相当程度上打破了医院的传统。我们的着装并不符合权威人士所定义的一般概念。我们不穿白大褂，也不再把引人注目的听诊器以及具有侵犯性的叩诊小锤子作为我们身体形象的延伸物。[41]

事实上，当我们研究两个剧班在日常情境中的互动时，我们可以发现，人们通常期望地位较高的剧班更具亲和力一些。其中一个原因是，前台的松弛为以物易物提供了基础；上位者获得某种服务或物品，下位者则获得对亲密关系的纵容。众所周知，在英国，上层阶级在与商人和小官吏进行交往时，如果有求于这些人，那么，上层阶级平日里所保持的那种冷漠态度便会顷刻消解。同样，这种距离的放松，会在互动中催生一种自发的涉入感。无论如何，两个剧班之间的互动往往包含某种程度的让步，这种让步只是为了试探一下对方的底线，看看是否可以从对方那里获得好处。

如果一个表演者拒绝保持其位置，不论他的等级比观众高还是低，我们都可以预料到，导演（如果有一个的话）和观众都会对他抱有恶意。在许多情况下，剧班其他成员也可能会反对他。正如我们在上文阐述等级破坏者问题时所指出的：作为剧班一员，他对观众的任何额外迁就都是对其他成员所采取立场的威胁；同样，他们从对自己将要采取的立场的了解和控制中获得的安全感，也会受到威胁。例如，在学校里，一位教师对她的学生深怀同情，或在休息时参加他们的游戏，或乐于与他们中地位较低的学生保持密切接触，这时，其他教师就会发现，自己努力在本职工作中维持的那种印象已经受到了威胁。[42]事实上，当个别表演者跨越了剧班间的界限时，或者当某人变得太友好、太宽容或太敌对时，我们可以料想会出现一个反响圈，它对地位较低的剧班、地位较高的剧班以及个别的越轨者都会产生影响。

对这些影响，可以引用最近一项关于商船海员的研究加以说明。作者指出，当官员们为航行职责发生争执时，海员们会利用这种不和，向那些他们认为是被冤枉的官员表示同情：

> 通过这种做法（支持某个争论者），船员们希望他能放下傲慢的架子，并在讨论海况时给予他们某种程度的平等权。这使他们很快获得了他们希望拥有的某些特权，诸如可以进入驾驶室，而不必站在舰桥两翼。他们利用大副们的争执，提高了自己的地位。[43]

关于精神病治疗的最新趋势，给我们提供了一些其他的例子；我可以援引其中一部分。

一个例子来自马克斯韦尔·琼斯的报告，尽管他的研究主旨是减少医护人员之间或病人与医护人员之间地位上的差异：

> 任何一个成员不检点的言行都会破坏护士群体的完整形象。如果一名护士公开让病人满足其性要求，那么病人对整个护士群体的态度就会改变，同时，护士治疗角色的效果也会大为减弱。[44]

在贝特尔海姆（Bettelheim）关于他在美国芝加哥大学附属索尼娅·尚克曼发展矫正学校（Sonia Shankman Orthogenic School）中设计环境疗法的经验评述中，可以找到另外一个例子：

在环境疗法的整个环境中，个体的安全、充分的本能满足和群体的支持，都会激起孩子对人际关系的敏感。当然，如果不能让孩子们免受他们在原有环境中已经经历的那种幻灭感，就有违环境疗法的目的。因此，教职员之间的一致性是孩子个人安全感的一个重要来源，因为教职员不会受到孩子们试图挑拨教职员彼此关系行为的影响。

最初，许多孩子想要赢得父母一方的慈爱，总会以牺牲对另一方的感情作为代价。孩子通过使父母中的一方反对另一方来控制家庭的方法，通常是在这一基础上形成的。但这只能给他们带来相对的安全感。使用这一方法取得成功的孩子，日后在形成非矛盾关系的能力方面，会受到影响。总之，当孩子们在学校里重现恋母情结时，他们也会对不同教职员形成积极的、消极的或矛盾的依恋关系。但重要的是，孩子们与个别教职员的这种关系绝不能影响到教职员之间的关系。如果整个环境中没有一种一致性，这种依恋关系就可能恶化成带有神经质的关系，并破坏认同和依恋关系的基础。[45]

最后一个例子来自关于团体治疗的项目。针对一些喜欢制造麻烦的病人所引发的反复出现的交往困难，该研究提出了一些建议：

病人有一种欲与医生建立某种特殊关系的想法。他们经常试图制造一种幻象，仿佛他们与医生之间存在某种默契。例如，如果他们听到某个病人又在讲"疯话"，他们就会看看医生，假如他们从医生那里得到了肯定的回应，他们就会把这种回应解释成一种特殊的联系。这对于病人群体来说，会产生很大的破坏作用。由于这种危险的枝节行为通常是非语言性的，医生必须特别注意自己的非语言活动。[46]

或许，这些引文告诉我们的，更多的还是关于作者自己在某种程度上隐藏着的社会情感，而不是某人在越界时可能发生的一般过程。但是，最近在斯坦顿（Stanton）和施瓦茨（Schwartz）的作品中，我们得到了一份详细的报告，其中谈到了在两个剧班之间的界限被逾越后出现的一系列后果。[47]

我们知道，当危机出现时，剧班之间的界限随时都可能被打破，相互对立的剧班的成员都会暂时彼此尊重而忘记他们应有的位置。我们也知道，显然，当两个剧班间的壁垒降低时，某些特定的目标就可能实现。同时，为了实现这些目标，那些地位较高的剧班也会暂时与低层次剧班合作。必须补充一点，作为一种有限的情形，有时，那些在互动中的剧班似乎准备跳出它们活动的戏剧框架，并且对那种混乱的、放荡的行为进行长时间临床的、宗教的或伦理的分析。在采用公开忏悔方式的福音派新教会的社会运动中，我们可以发现这一过程的生动体现。一个有罪的人，有时是一个被公认地位不高的有罪的人，站起来忏悔，向那些在场的人讲述他平时试图隐瞒或掩饰的事情。他牺牲了自己的秘密和他与他人保持的自我距离，而这种牺牲有助于所有在场者形成一种后台团结。团体治疗提供了一种类似的机制，可以建立剧班精神和后台团结。一个精神上的罪人站起来谈论自己，并邀请其他人评论他，这在普通的互动中是不可能的。这往往会催生团体内部的团结，而这种所谓的"社会支持"大概具有治疗的价值。（按照日常标准，病人在这种方法中唯一失去的就是他的自尊。）也许，在先前提到的护士医生联席职业会议上，也可以发现类似的情形。

或许，这些从疏远到亲密的转换，发生在长期的紧张关系中。或者，我们可以把它们看作一种反戏剧论的社会运动，一种对忏悔的狂热崇拜。也许，这种壁垒的降低代表了社会变迁的一个自然阶段，它将一个剧班转变为另一个剧班：对立剧班可能相互交换秘密，以便它们可以从头开始为新剧班收集一些新的不能见光的秘密。总之，我们发现，在一些情况下，对立剧班，不管是工业剧班、婚姻剧班还是国家剧班，看起来似乎不仅乐于把它们的秘密告诉同一个专家，而且愿意在对立剧班面前表现这种披露。[48]

这里，我们必须指出，研究再合作行为，尤其是暂时背叛行为的最丰富的领域，并不是在科层组织机构中，而是在那些相对平等的人之间进行的非正式友好互动中。事实上，准许这些攻击性行为的发生，似乎是我们多姿多彩的生活的决定性特征之一。在这些场合，人们通常期待能有两个人会为了听众的利益而争吵，并且双方都会试图以一种开玩笑的方法诋毁对方所采取的立场。在调情过程中，男人试图突破女人那种看似纯洁而矜持的装腔作势，而女人则试图在不削弱她们的防卫立场的同时，迫使男人保持对她们的极大关注和兴趣。（如果调情者同时是不同婚姻剧班的成员，也可能会发生相对不严重的背叛和出卖。）在由五六个人组成的交谈圈子中，诸如一对夫妻与另一对夫妻之间、主客之间、男女之间的基本盟友关系，也许会被轻松愉快地搁置一边。同时，参与者会随时准备变换和再次变换剧班盟友关系，而不需要什么挑衅。他们会开玩笑似的加入他们先前的观众，用公开背叛或假装共谋沟通的方式来对付他们先前的剧班同伴。同样，假如有人把在场的某个地位较高的人灌醉了，或者使他放下架子而变得和蔼可亲，这也是适当的行为。同样的攻击性行为也常常可以用更直白的方法来表现，通过玩游戏或开玩笑，攻击对象就会轻率地被引入一种站不住脚的荒唐境地。

　　针对上述对剧班行为的观察而形成的一般观点，我将做一番评论。无论人们对于社交和友谊的需要是如何产生的，其结果不外乎两种形式：需要有观众，可以在他们面前自吹自擂；需要有剧班同伴，可以与他们建立共谋的亲密关系并获得后台松弛。在这里，本报告的框架对于它所提出的内容来说已经开始显得过于生硬、刻板。虽然在通常情况下，其他人为我们履行的这两项职能是分离的（本报告致力于说明为什么这种职能的分离是必要的），但毫无疑问，有时这两项职能是由同样的人几乎在同样的时间内履行的。正如上文所述，这可能是在欢乐的聚会上的一种互惠许可；当然，这种双重职能也会作为一种单方面的义务出现，是一种范围扩大了的"老搭档"的角色义务，因此履行这种义务的人总是可以目睹其搭档制造的印象或帮助后者传达这种印象。因此，在精神病院偏僻的病房里，人们会发现，护理员和病人都渐渐衰老了，并且发现，病人有时被要求作为护理员的嘲弄对象，而在另一些时候，护理员却向他们传递合作共谋的眼色。只要护理员愿意提出来，他的要求就会得到满足。或许，在现代军队中，随从副官可以被看作这种"老搭档"的一类。履职的副官既是将军的剧班同伴，可以随意调遣，也可以作为观众使用。另一些例证可见于好莱坞制片人身边的一些街头帮派成员和法院中的行政助理。

在这一章，我们讨论了四种角色外的沟通：缺席对待、上演闲谈、剧班共谋以及再合作行为。这四种行为中的每一种都指向同一点：剧班的表演并非对情境自发且即时的反应，并没有倾注剧班所有的精力，构成他们唯一的社会现实；表演是剧班成员可以远离的，远离到足以让他们能够想象或同时进行另一种表演来证明其他现实的存在。无论表演者是否觉得他们的表演是"最真实"的现实，他们都会暗中表现出多个版本的现实，而其中每一个都与其他版本的不相容。

注释

1. Renee Claire Fox, "A Sociological Study of Stress: Physician and Patient on a Research Ward"（未发表的博士论文，拉德克利夫学院社会学系，1953年）。

2. Mrs. Mark Clark（Maurine Clark），*Captain's Bride*，*General's Lady*（New York：McGraw-Hill，1956），pp. 128-129。

3. 比如，关于"中央商场（Central Haberdashery）"的报告中所举的事例，参见 Robert Dubin, ed.，*Human Relations in Administration*（New York：Prentice-Hall，1951），pp. 560-563。

4. Frances Donovan，*The Saleslady*（Chicago：University of Chicago Press，1929），p. 39. 详细的例子可参见 pp. 39-40。

5. Dennis Kincaid，*British Social Life in India*，*1608-1937*（London：Routledge，1938），pp. 106-107。

6. 可以提到一个相关的趋势。在一些按级别划分办公区的办公室里，午休时，最高级别的员工会离开社交场所，而其他人则会"挪动"到该区域去吃午饭或在午饭后聊会儿天。暂时占有上级的工作场所，似乎给人们提供了一个在某些方面亵渎它的机会。

7. "German Refugees，" 参见 Gross, *op. cit.*, p. 186。

8. 参见 Daniel Glaser, "A Study of Relations between British and American Enlisted Men at 'SHAEF'"（未发表的硕士论文，芝加哥大学社会学系，1947年）。格拉泽写道（p. 16）：

> 美国人用来指代英国人的"limey"这个词，通常带有贬义。但是，当有英国人在场时，美国人会避免使用这个词，尽管英国人既不知道这个词的意思，也不认为它含有贬义。的确，美国人在这方面的小心谨慎很像北方白人在有黑人在场时抑制自己不说"nigger"（黑鬼）这个词一样。当然，这种起绰号的现象是以分类接触盛行的种族关系的共同特征。

9. David W. Maurer，*Whiz Mob*（Gainesville, Florida：American Dialect Society，1955），p. 113.

10. 参见 Kenneth Burke，*A Rhetoric of Motives*，p. 234 ff.。在对被单独引入群体的人进行社会分析时，他使用了一个关键的词"戏弄"（hazing）。

11. 在娱乐游戏中，窃窃私语被定义为可以接受的，因为私语者可能面对的是儿童或外国人这样的观众，而这些观众是不需要考虑的。在一些社会安排中，不同群体的人在彼此可见的情况下进行单独的交谈，每个群体的参与者往往会努力表现得好像他们所谈论的内容也可以在其他群体中谈论，即便事实上并非如此。

12. David Geller, "Lingo of the Shoe Salesman," *American Speech*, IX, 1934, p. 285.

13. David Geller, *op. cit.*, p. 284.

14. Conant, *op. cit.*, p. 174.

15. Charles Miller, "Furniture Lingo," *American Speech*, VI, 1930, p. 128.

16. Ibid., p. 126.

17. 当然，在那些受人敬重的企业中，老板和秘书的关系算是一个例外。比如，在《绅士的礼节》(*Esquire Etiquette*, p. 24) 中，作者就赞许下述情况：

> 如果你和你的秘书共用一个办公室，你们还是商定一个暗号为好，用来表示你要和一位来访者进行私下交谈，希望她出去。"史密斯小姐，你能让我们单独谈一会儿吗？"这种话会使每个人都感到难堪。你能通过一个预先商定好的暗号传达同样的意思，这无论在哪儿都是很容易的事。比如可以这样说："史密斯小姐，能否请你帮忙去协调一下商业部的那件事？"

18. Moore, *op. cit.*, pp. 56-57.

19. Ibid., p. 57.

20. Dale, *op. cit.*, p. 141.

21. Ponsonby, *op. cit.*, p. 102.

22. Archibald, *op. cit.*, p. 194.

23. Mrs. Robert Henrey, *Madeleine Grown Up* (New York: Dutton, 1953), pp. 46-47.

24. Dale, *op. cit.*, pp. 148-149.

25. *Esquire Etiquette*, *op. cit.*, p. 7. 省略号为原作者所加。

26. Ibid., pp. 22-23.

27. 与霍华德·贝克尔私人交流所得。

28. *Lady's Magazine*, XX, 1789, p. 235, 引自 Hecht, *op. cit.*, p. 63。

29. 波特将这种现象称为"胜人一筹的本事"(one upmanship)。这被看作是以戈夫曼在《论面子》("On Face-Work")一文(*Psychiatry*, 18, 1955, pp. 221-222)中的"得分"(making points)一词以及 A. 斯特劳斯在《身份论》(*Essay on Identity*)(即将出版)中使用的"强迫性地位"(status forcing)一词为根据的。在一些美国人的圈子里,这种联结关系被精确地表述为"抑制某人"。杰伊·黑利曾出色地将其运用于一种社会交往类型,见"The Art of Psychoanalysis," *ETC*, XV, 1958, pp. 189-200。

30. Col. J. L. Sleeman, *Thugs or a Million Murders* (London: Sampson Low, n. d.), p. 79.

31. 路易斯·希尔施(Louis Hirsch)未发表的论文,"Team Work and Performance in a Jewish Delicatessen"。

32. 保护性披露惯例在同性恋圈子里具有双重功能,即披露自己的秘密会社成员身份,以及披露这个会社中特定成员之间的关系。在戈尔·维达尔(Gore Vidal)的短篇小说《三个诡计》("Three Stratagems")中有一段著名的文学阐释,见他的 *A Thirsty Evil* (New York: Signet Pocket Books, 1958),尤其是 pp. 7-17。

33. 或许是出于对弗洛伊德派伦理观的尊重,某些社会学家认为,把性关系视为礼仪制度的一部分,并将其解释成一种以象征方式确证排他性社会关系的互惠仪式,似乎是卑鄙的、渎圣的或者是自我发泄。本章的观点大大受益于肯尼思·伯克,他显然运用了社会学的观点来解释求爱过程,将此视为一种借以超越社会隔阂的修辞学方法。见 Burke, *A Rhetoric of Motives*, p. 208 ff. and pp. 267-268。

34. 在日常用语中,"含糊其词"一词还有另外两种含义:一是指在句子中加入了看似意味深长、实则毫无意义的内容;二是指对提问者要求明确答复的问题做出保护性的模棱两可的回答。

35. 参见 Dale, *op. cit.*, pp. 182-183。有关对两个公开对立的剧班之间达成的心照不宣的妥协的说明,还可见 Melville Dalton, "Unofficial Union-Management Relations," *American Sociological Review*, XV, 1950, pp. 611-619。

36. Dale, *op. cit.*, p. 150.

37. Pinelli, *op. cit.*, p. 169.

38. Jan de Hartog, *A Sailor's Life*（New York：Harper Brothers, 1955）, p. 155.

39. Ibid., pp. 154–155.

40. Chester I. Barnard, *Organization and Management*（Cambridge, Mass.：Harvard University Press, 1949）, n. pp. 73–74. 这种行为必须与上司的粗暴言语和行为明确区分开来，上司会留在由其员工组成的剧班中，"哄骗"他们去工作。

41. Maxwell Jones, *The Therapeutic Community*（New York：Basic Books, 1953）, p. 40.

42. 与中学教师海伦·布劳（Helen Blaw）私人交流所得。

43. Beattie, *op. cit.*, pp. 25–26.

44. Maxwell Jones, *op. cit.*, p. 38.

45. Bruno Bettelheim and Emmy Sylvester, "Milieu Therapy," *Psychoanalytic Review*, XXXVI, 1913, p. 65.

46. Florence B. Powdermaker et al., "Preliminary Report for the National Research Council：Group Therapy Research Project," 1953, p. 26.

通过引起对方剧班某个成员的注意来背叛自己的剧班，这是很常见的事情。需要加以注意的是，在日常生活中，一个受到邀请的人若拒绝加入这种暂时的共谋沟通，这本身就是对邀请者的小小冒犯。因此，或者是背叛自己的剧班，或者是冒犯提出共谋邀请的人，此刻，人们会发现自己已经陷入进退两难的困境。艾维·康普顿-伯内特（Ivy Compton-Burnett）在《家庭与财富》[*A Family and a Fortune*（London：Eyre & Spottiswoode, 1948），p. 13]中为我们提供了一个例子：

"但是我并没有打鼾啊，"布兰奇（Blanche）用一种因对情况没有把握而较平和的语调说，"我自己有数，我总不可能醒着发出声响而自己又听不见。"

贾斯廷（Justine）给所有在场的人使了一个狡黠的眼色，埃德加（Edgar）出于礼貌，回了她一个眼色，然后像其他人一样，迅速地移开了他的目光。

47. Alfred H. Stanton and Morris S. Schwartz, "The Management of a Type of Institu-

tional Participation in Mental Illness," *Psychiatry*, XII, 1949, pp. 13-26. 在这篇文章中，作者讲到护士对特殊病人的关照，并描述了这一行为对其他病人、全体医护人员和越轨者的影响。

48. 一个例子是，塔维斯托克小组（Tavistock group）声称自己的角色是"解决"工业企业中劳资对立问题的治疗师。参见 Eliot Jaques, *The Changing Culture of a Factory*（London：Tavistock Ltd., 1951）中报告的咨询记录。

第六章

印象管理艺术

在本章，我想把前面讨论过或间接提到过的表演者成功塑造一个角色所需要的品质集中起来进行考虑。因此，我将简要论述一些表现这些品质的印象管理技巧。作为铺垫，我将提出表演干扰（performance disruptions）的某些主要类型（其中有些是第二次提出了），因为印象管理技巧的作用正是要避免这些表演干扰。

在本报告开始部分考察表演的一般特征时，我提出表演者必须在表演中承担表现责任，因为许多微不足道、漫不经心的动作是精心设计的，恰恰是为了传达不合时宜的印象。这些事件被称作"无意姿态"。庞森比给出的一个例证表明，导演如何试图避免一种无意姿态导致另一种无意姿态的出现：

> 公使馆的一位专员要捧着放置勋章的绒垫，为了防止勋章掉下来，我就用别针把勋章别在绒垫上。然而，这位专员还是不放心，他又把别针的末端用卡扣固定住，以确保万无一失。结果，当亚历山大王子发表了得体的演说之后，想要拿起勋章时，却发现它被紧紧地固定在绒垫上，花了好一会儿工夫才把它弄下来。这反而在最激动人心的时刻搞砸了仪式。[1]

应该补充一点，对造成无意姿态负有责任的个体，不仅可能会因此破坏他自己的表演，还会破坏其剧班同伴或观众正在进行的表演。

当一个局外人偶然进入正在进行表演的区域，或一名观众无意间闯入了后台区域时，闯入者可能会当场抓到那些在场者的现行。尽管他不是有意的，但该区域的在场者可能还是会发现，他们刚才的活动已经暴露无遗了，这种活动与他们（出于范围更广泛的社会原因）有义务在闯入者面前所维持的印象完全不相符。我们在此涉及的情况，有时被称为"不合时宜的闯入"。

某个特定表演者过去的生活和目前的活动范围，通常至少包含了一些事实，如果这些事实在表演过程中被暴露出来，就会破坏或者至少是削弱表演者正试图作为其情境定义的一部分来表现的自我。这些事实可能涉及被严守的"隐秘"秘密，或者大家都心知肚明却无人提及的负面特征。如果这样的事实被暴露，通常会出现令人困窘的结果。当然，这些事实也可能通过无意姿态或不合时宜的闯入而引起人们的注意；但是，它们更经常的是被人通过有意的言辞或非语言行为所暴露，而这些言行的全部意义并没有被参与互动的人所理解。根据通常的用法，这种对情境定义的干扰可以被称为"失礼"。如果表演者未加思考地做出了有意的贡献，破坏了剧班的形象，我们可以称之为"出丑"或"愚蠢的错误"。如果表演者使另一剧班试图表现的自我形象陷入了险境，我们可以称之为"冒失"或称表演者"闯了祸"。礼仪指南为防止这种轻率的言行给出了典型的告诫：

> 如果人群中有你不认识的人，而你正想说什么警句或有趣的善意讽刺的话，就需要注意了。你与之诙谐地谈论着绞刑的那个人，他的父辈可能正是被执行了绞刑。成功交谈的首要条件是充分了解你的交谈对象。[2]

> 当你遇见一个好久没有见面的朋友，而你近来也没有获知他的家庭情况和经历时，应该避免询问或提及有关他家庭中个别成员的情况，除非你确认掌握他们的相关信息。因为有些人可能已经去世了，有些人可能行为不端、夫妻分居了，或者遇到了令人痛苦的不幸事件。[3]

无意姿态、不合时宜的闯入以及失礼，是窘迫和不和谐的来源，而这些通常都不是做出这些举动的人有意为之的，如果他事先知道自己的行为会带来什么样的后果，他就会避免做出这些举动。然而，存在着一些经常被称作"闹剧"（scenes）的情况，即个体的举动破坏或严重威胁到合意的礼貌外表,虽然他可能不会仅仅为了制造这种不一致而采取行动,但他行动时知道他的行动可能会引起这种不一致。"大吵大闹"这一常识性的短语之所以贴切,是因为实际上一种新的场景正是由这种干扰造成的。剧班之间先前预期的自由互动突然被迫搁置,新的戏剧性场面强行取而代之。值得注意的是,这种新的场景经常涉及先前的剧班成员的突然改组和重新分配,结果是形成两个新的剧班。

当剧班成员再也不能容忍彼此不称职的表演,并不假思索地公开批评那些本应与之进行戏剧合作的人时,有些闹剧就随之发生了。这种不适当的处理方式经常会破坏争论者本应呈现的表演。争论的一个结果就是给观众提供了一个把后台场景尽收眼底的机会,另一个结果是使观众产生这样一种感觉,即当那些最了解表演的人意见不一致时,必定有一些有关表演的可疑之处。另一种闹剧是,当观众决意不再进行礼貌的互动游戏,或者不再想玩这种游戏时,他们就会用每个剧班都知道不能接受的事实或者富有意味的举动来对抗表演者。例如,当某人鼓起社交勇气,决意与另一个人"摊牌"或者"狠狠地训斥他"时,就会发生这种情况。刑事审判已经将这种公开的不一致制度化了,如同凶杀推理小说的最后一章,一个人此前一直装出一副令人信服的无辜样子,这时却必须面对在场者的那种无可辩驳的证据,证明他的姿态只不过是一种伪装而已。第三种闹剧发生在这样的情况下,即当两个人之间的互动变得如此喧闹、激烈或者引人注意,以至于附近正在进行自己的谈话互动的人被迫成为目击者，甚至偏袒某一方并介入争论的时候。现在，我们可以提出最后一种闹剧。当作为单人剧班的个体认真地提出一个要求或请求，并且如果观众拒绝，他就没有出路时，他通常会确保他的要求或请求得到观众的赞同和准许。然而，如果他的动机足够强烈，他就会发现自己正在提出一个他明知观众可能会拒绝的要求或设想。这时，他会老练地在观众面前减少自己的防卫，如我们所说，他会乞求他们的怜悯。通过这样的行为，他请求观众将他们自己作为他的剧班的一部分，或者把他作为他们剧班的一部分。这种事情已经够让人尴尬的了，但当这种毫无防备的请求被当面拒绝时，他就会遭受所谓的羞辱。

我已经考察了表演干扰的几种主要形式——无意姿态、不合时宜的闯入、失礼，以及闹剧。这些干扰，用日常用语来说，常常被称作"事件"。当一个事件发生时，表演者所支持的现实就会受到威胁。在场的人可能会变得慌乱、不安、尴尬、紧张等。毫不夸张地说，参与者可能会发现自己惊慌失措。当这些慌乱或窘态被察觉时，表演所支持的现实可能会进一步遭到破坏或削弱，因为这些紧张的迹象在多数情况下所表明的，正是呈现角色的个体的本来面目，而非他所扮演的角色的面目，因而是将隐藏在面具之后的个体形象强加给观众。

为了防止事件的发生和随之而来的尴尬，所有参与互动的人以及那些没有参与互动的人都必须具备某些品质，并将这些品质表现在为保证表演而采取的措施中。我们可以通过三个标题来考察这些品质和措施：表演者用来挽救他们自己的演出而采取的防卫性措施，观众和局外人为帮助表演者挽救表演者的演出而采取的保护性措施，以及表演者促使观众和局外人为了表演者的利益而运用保护性措施变得可能所必须采取的措施。

防卫性的品质和措施

1. 戏剧表演的忠诚（dramaturgical loyalty）。显然，如果一个剧班要维持它所采取的方针，剧班成员就必须像已经承担了某种道德义务一样行事。在表演的间隙，无论是出于自身利益，或基于某种原则考虑，或是由于个人缺乏谨慎，他们绝不能泄露剧班的秘密。因此，家庭中较年长的成员常常需要提防孩子听到他们的闲谈和自我供认，因为一个人永远无法确定孩子会把这个人的秘密告诉给谁。所以，也许只有当孩子到了懂事的年纪，他进入房间时父母才不会降低谈话的声音。18世纪的作家就仆人问题援引了一个类似的不忠问题，但这里所谈的仅指那些年纪足够大的懂道理的人：

> （仆人对主人）忠诚的缺乏引发了许多小麻烦，很少有主人能完全避免这些麻烦。其中比较恼人的是仆人到处传播主人的癖好。笛福（Defoe）注意到了这一点，警告女仆"除了其他美德之外，还要学会虔敬，它将教会你谨慎地保守家

庭的秘密；缺乏这种虔敬，会招致大量投诉……"[4]

当仆人走近时，主人之间说话的声音也会压低，但18世纪早期的人发明了防止仆人知道剧班秘密的另一措施：

> 旋转食品架是一种宝塔桌，用餐之前，仆人就在桌上摆好了食物、饮品以及餐具，然后退下，让客人们自己用餐。[5]

关于这种戏剧装置在英国的使用，玛丽·汉密尔顿（Mary Hamilton）写道：

> "我的堂兄查尔斯·卡思卡特（Charles Cathcart）和我们一起在斯托蒙特（Stormont）夫人家用餐，我们使用旋转食品架，因而我们的谈话不会受到房间里有仆人在场时的那种限制。"[6]

> "用餐时我们使用了舒适的旋转食品架，因此，我们的谈话不再因仆人在场而不得不小心翼翼。"[7]

因此，剧班成员也绝不能趁自己身处前台之机上演个人秀，例如，有些到了结婚年龄的速记员，有时会在办公室挂满高级时装，这给他人造成了不便。剧班成员也绝不能利用表演时间公开抨击剧班。他们必须欣然接受不重要的角色，且无论何时、何地，无论剧班选择了为谁表演，成员都必须满腔热情地表演。他们还必须对自己的表演充满自信，防止表演在观众看来空洞、虚伪。

维持剧班成员（显然也包括其他类型集体的成员）忠诚的关键问题也许就在于防止表演者对观众产生同理心，并因此向观众泄露观众所得到的印象对表演者的影响，或者以其他方式让整个剧班为这种同理心付出代价。例如，在英国的一些小社区中，商店经理常常是忠于职守的，他们用热情的言辞连同虚伪的建议推销他们的商品；但是，人们经常会发现有些店员不仅看似在导购过程中站在顾客的立场上，而且实际上也确实这样做了。例如，在设得兰岛，我听到店员在递给顾客一瓶樱桃汽水时对顾客说："我不明白你怎么能喝这种东西。"在场者中没人觉得这是令人吃惊的坦白，类似的话在岛上的商店里每天都能听到。同样，加油站的经理有时也会不赞成收小费，因为这可能导致服务员给个别人提供不合理的免费服务，而让其他顾客等在一旁。

剧班可以用来使自己免于这种不忠的一种基本技术，就是在剧班内部发展高度的内群体团结，同时在后台塑造一种观众形象，让观众显得完全没有人情味，从而允许表演者借用情感和道德豁免权来诱骗他们。只要剧班成员及其同行能够构成一个完整的社会共同体，就能为每一位表演者提供一个位置和道德支持的来源，而无论表演者是否能成功地在观众面前维持自己的前台。这样，表演者就可以进行任意的欺骗活动，并使自己免受怀疑和内疚之扰。也许，我们可以通过宗教信仰和仪式实践来理解印度黑镖客的残酷无情，而他们的劫掠行为正是融入了这些宗教信仰和仪式实践；也许，我们可以通过参照骗子们在他们所谓"非法"

世界中的社会团结，以及他们对合法世界的明确诋毁，来理解他们的寡廉鲜耻。也许，这一观念能够使我们在某种程度上理解，为什么那些与共同体格格不入或还没有融入共同体的群体能够无所顾忌地干出卑鄙的勾当，涉足那些带有欺骗性的服务行业。

要消除表演者与观众之间建立情感纽带的危险，还有第二种技术，那就是定期更换观众。因此，加油站的经理过去常常定期从一个加油站被调到另一个，以防止他们与个别客户形成亲密的个人关系。人们发现，如果允许建立这种紧密的纽带，经理就可能会把某位需要赊账的朋友的利益置于加油站的利益之上。[8] 银行经理和外交大使也经常由于类似的原因而例行轮换，就像有些殖民地的行政官员一样。一些女性专家提供了另一例证，正如下列有关有组织的卖淫活动的材料所说的：

> 这些天，都是辛迪加组织在处理这些事。姑娘们不会在一个地方待足够长的时间以至于她们真的与某人相好。让一个姑娘爱上某个小伙子的机会不多——你知道，这也就不会引起痛苦。总之，这一周在芝加哥的妓女，下一周就会在圣路易斯，或者会在被送往别处之前，先绕遍大半个城市。她们永远也不知道她们将要去哪儿，除非有人告诉她们。[9]

2. 戏剧表演的纪律（dramaturgical discipline）。对于维持剧班表演来说，关键的一点是，剧班的每个成员都要遵守戏剧表演的纪律，并在呈现自己的角色时对其加以运用。我指的是下列事实：当表演者表面上沉浸并投入他的表演活动，且显然是自发地、未经筹划地全神贯注于他的行动时，他依然能够在情感上与他的表演相分离，以便能够自由地应对戏剧意外事件。他必须装出一副自己的理智和情感都卷入了他所呈现的活动的样子，但又必须防止自己真的被自己的表演所迷惑，以至于妨碍他参与完成一场成功的表演。

用戏剧表演的话来说，一个遵守戏剧表演纪律的表演者，是牢记自己的角色，又不会在表演时犯无意姿态和失礼等方面错误的人。他很谨慎，不会因无意泄露表演的秘密而葬送表演。他是一个"镇定沉着"的人，能够不假思索地掩饰剧班同伴的不当行为，同时一直保持着自己只是在扮演自己的角色的印象。如果无法避免或掩饰表演受到的干扰，遵守戏剧表演纪律的表演者会找一个看似合理的理由来淡化干扰事件，用一种开玩笑的态度来降低干扰的重要性，或者用一种深表歉意和自责的态度来使那些对干扰负有责任的人尽快恢复状态。遵守纪律的表演者也是一个"克己自制"的人。对于他的私人问题、对于犯了错误的同伴、对于对他抱有不当情绪或者怀有敌意的观众，他都能抑制自己，不会感情用事。他有能力让自己不去嘲笑那些被定义为严肃的事情，也不会一本正经地对待那些被定义为幽默的事情。换句话说，为了表现出对剧班通过表演建立起的感情线和表达现状的坚守，他能抑制自己自发的感情冲动，因为如果表露了某种被禁止的感情，不仅可能导致不适当的披露及损害操作共识，还可能会将剧班成员的状况一览无遗地透露给观众。最后，遵守纪律的表演者还是一个泰然自若、处变不惊的人，他能从非正式的私人场合平稳地转移到正式程度不等的公共场合，在这种转变中他不会有任何惊慌失措。[10]

戏剧表演的纪律的关键之处，也许就在于对面部表情和说话声音的管理。这是对一个人表演能力的关键考验。实际的情感反应必须被隐藏起来，而且，必须展示出适当的情感反应。戏弄，似乎是剧班在训练和考验新成员时经常使用的非正式手段，主要是考验新成员是否"开得起玩笑"，或者说，是那种虽然心存不快、言不由衷，但仍然以友好态度示人的能力。如果一个人通过了这种表现控制测试，不管这种测试是来自他的新剧班同伴的玩笑，还是源于严肃的表演中突如其来的要求，此后，他就能大胆出场了，他既获得了自信，也能被他人所信任。霍华德·贝克尔即将发表的一篇讨论吸毒问题的文章对此做出了很好的说明。贝克尔表示，非定期吸毒者非常害怕自己会在父母或同事面前犯毒瘾，因为后两者对他的预期原本是不吸毒的。显然，一个不定期吸毒的人只有学会在"犯瘾"的时候，还能在非吸食者面前不露痕迹地进行表演，才会成为吸毒成瘾的定期吸食者。普通家庭生活中也会出现同样的问题，只不过其形式可能没那么戏剧化。人们经常需要决定剧班的年轻成员在完成什么程度的训练后，才可以被带入公开或半公开的礼仪性场合，因为只有当孩子能够控制自己的脾性时，他才可以成为这种场合中值得信任的参与者。

3. 戏剧表演的谨慎（dramaturgical circumspection）。从戏剧学的意义上说，忠诚和守纪律是剧班成员必须具备的品质。只有具备这样的品质，才能维持剧班同伴所呈现的表演。除此之外，如果剧班成员行事深谋远虑，或预先对如何以最好的方式来表演进行设计的话，将会是大有益处的。行事需审慎。当被人发现的可能性不大时，可以抓住机会放松一下；当外人检验表演的可能性不大时，表演者可以大胆地呈现冷酷的现实，尽全力发挥自己的作用，充满尊严地投入其中。如果不小心谨慎、诚实正直，就有可能出现混乱；如果表演过于小心和诚实，表演者就不可能"令人满意"地被理解，反而可能会被误解或得不到充分理解，或者在利用向他们开放的戏剧机会而有所建树方面受到很大的限制。换句话说，为了剧班的利益，必须要求表演者在表演时审慎缜密，对于可能发生的意外预先做好准备，并利用一切可以利用的机会。贯彻或表现戏剧表演的谨慎有各种为人熟知的形式，我们将在此考察其中一些印象管理的技术。

显然，第一种技术，就是剧班要选择忠诚的和守纪律的成员；第二种技术，则是剧班要明确了解它能够从它所依赖的成员那里获取多少忠诚和守纪律的程度，因为剧班拥有这些品质的程度会深刻影响到表演成功的可能性，并由此影响到严肃、认真和有尊严地投入表演的安全程度。

无论是表演者愿意还是不愿意演的戏，谨慎的表演者都会试图选择给自己带来最少麻烦的那类观众。因此，有报道称，教师们既不偏爱那些底层社会的学生，也不喜欢上流社会的学生，因为这两类学生都可能使教师难以维持那种在课堂上肯定专业教师角色的情境定义。[11]由于这些戏剧表演上的原因，教师们倾向于到那些中产阶级的子女就读的学校任教。同样，据说有些护士喜欢在手术室而不是在病房工作，因为在手术室可以采取各种措施，来保证观众（只有一个）很快忘掉表演的缺陷，使手术剧班不仅能够比较放松，而且可以专心致力于手术的技术要求，而非戏剧表演的要求。[12]一旦病人睡着了，甚至还可以请一位"捉刀医生"（ghost surgeon）来完成手术，当时在场的医生日后会声称是自己完成的手术。[13]与之相似，考虑到丈夫和妻子需要联袂向客人致意，以表现出婚姻美满，就不应该邀请那些对他们夫妻关系有不同看法的客人。[14]因此，如果一个有影响力、有权力的人想要确保在自己办公室的互动中扮演一个友好的角色，那么配置一部私人电梯、有一个由接待员和秘书形成的保护圈子，对他来说是很有帮助的。因为一旦这样，那些他可能会以冷淡或势利的方式相待的人，就不可能进入他的办公室了。

显然，要保证剧班成员或者观众都能行为得当，有一种必然的方式，那就是尽可能地限制两个剧班的规模。在其他条件都相同的情况下，剧班人数越少，失误、"困难"、背叛发生的可能性就越小。因此，售货员喜欢向无人陪伴的顾客兜售商品，因为售货员通常认为，向两个观众"推销"商品要比向一个观众推销困难得多。同样，有些学校有这样一项不成文的规定，即如果一个老师正在上课，那么别的老师就不应进入正在上课的老师的教室。显然，这里的假定是：新来的表演者很可能会做出一些让在场的学生看来是与他们自己的老师所促成的印象不一致的举动。[15]然而，这种限制在场人数的手段也有其自身的局限性，这里至少有两个原因。第一，如果没有一定数量的剧班成员提供技术支持，有些表演就无法进行。因此，尽管军队总参谋部知道，了解下一阶段行动计划的军官越多，泄露战略秘密的可能性也就越大，但是总部仍然不得不让足够多的人了解秘密，以便作出部署。第二，个体作为一种表达性装备，似乎在某些方面，要比舞台装置的非人部分更有效。因此，如果一个人被赋予了极为突出的舞台位置，那么就有必要给他配置一定规模的随从人员，以便有效形成众星捧月的印象。

我已经提出，通过贴近事实，表演者就有可能保护他的表演，但这样做可能会妨碍他呈现精致的表演。如果要安全地上演一场精致的表演，脱离事实可能比固守事实更为有效。某一宗教教派的要员发表一场庄严肃穆、令人敬畏的演讲是可行的，因为没有任何公认的方式可以推翻这些说法。与之相似的是，专业人士常常会认为，他们提供的服务的质量不能根据服务所带来的结果进行判断，而要根据现有专业技术的熟练运用程度来判断。当然，专业人士声称只有同行群体才能做出这种判断。因此，专业人士可以全身心地投入他呈现的表演，尽显其重要性和尊严，因为他知道，只有一个非常愚蠢的错误才能破坏他所打造的印象。

因此，我们可以把零售商争取获得专卖权的努力，理解为他们力图控制他们为顾客呈现的现实的一种努力；反之，我们也能发现，这种控制使得零售商在进行职业表演时，已经没有必要再谨小慎微或卑躬屈膝了。

　　谦卑的程度似乎与表演的时长有关。如果观众观看的只是一个非常简短的表演，那么，发生令人窘迫的情况的可能性相对而言就小一些，表演者保持一个虚假的前台也就相对安全一些，在匿名的情况下尤为如此。[16]在美国社会中，有一种所谓的"电话腔调"，这是在面对面交谈中不会使用的一种文雅的说话方式，因为这样做很危险。在英国，在陌生人之间通常非常短暂的接触中，即那些充斥着"请""谢谢""对不起""我可以和某某讲话吗"等的接触中，人们听到的公学的口音比公学的人还要多得多。因此，在英美社会中，大多数家庭的舞台设备都不足以对来访超过数小时的客人维持礼貌好客的表演；只有在中上层和上层社会中，我们才会发现周末招待客人的习俗，因为只有在这里，表演者才感到他们有足够的符号装备来进行长时间的表演。因此，在设得兰岛，有些佃农感到，应付客人喝一杯茶的时间，有时是吃一餐饭的时间，甚至偶尔一两次整个周末，他们还是可以维持中产阶级的表演的。但许多岛民认为，只有在屋前的门廊，或者最好是在社区礼堂里，为中产阶级观众进行表演才是安全的。在这些地方，许多剧班同伴一起为表演尽力，共同分担演出的责任。

　　表演者要想保持戏剧表演的谨慎，就不得不使自己的表演适应它必须上演的信息条件。在19世纪的伦敦，年老色衰的妓女为了不让自己的面容影响观众的兴致，把活动场所限制在光线阴暗的公园角落里，她们这是在采取一种甚至比她们的职业还要古老的策略。[17]除了考虑能够被人看见的方面，表演者还不得不考虑观众已经掌握的有关表演者的信息。观众掌握的有关表演者的信息越多，他们在互动中了解到的东西就越不可能从根本上影响他们；另一方面，如果预先没有掌握任何信息，那么不难想象，互动中获取的信息相对来说就显得至关重要了。因此，大体上说，我们可以预料到，当与那些已经认识很久的人在一起时，个体会放松严格的前台控制；当与新认识的人在一起时，个体会加强对前台的控制；而当与那些不相识的人在一起时，个体则需要小心翼翼地表演。

还可以引用与沟通有关的另一个条件。谨慎的表演者必须考虑到观众在互动之外获取信息的来源。例如，据说印度黑镖客的成员曾在19世纪早期有过如下表演：

> 按照一般的惯例，他们假扮成商人或者士兵，旅行时不随身携带武器，以防招致怀疑。这给他们获准与旅行者结伴而行提供了极好的借口，因为他们的外表并没有什么令人警觉的地方。大多数黑镖客看起来很温和且尤为谦恭有礼，这种伪装已经成为他们惯用手段的一部分，全副武装的旅行者并不害怕与这些同路骑士结伴而行。这第一步成功之后，黑镖客逐渐用其谦卑和感激的举止赢得了目标受害人的信赖，

并假装对后者的事情都很关心，直到对其家庭情况了如指掌，知道这些受害人是否有可能在谋杀中逃脱，以及是否认识附近的人。有时，在背信弃义的机会出现之前，他们会结伴长途跋涉。有记录显示，在黑镖客神不知鬼不觉地将所有人杀光之前，这群歹徒竟然同一个 11 口人的家庭旅行了 20 天，行程 200 英里。[18]

即使观众始终防备着这类表演者（并能迅速地将那些被确定为黑镖客的人置于死地），黑镖客仍然能够上演这些表演，这部分是由于旅行中的信息条件所致：一旦一群人启程奔赴遥远的目的地，他们就没有办法核实途中所遇到的人自称具有的身份。如果这群人在路上遭遇不测，要在几个月之后人们才会有所察觉，到那时，先表演而后动手的黑镖客们早已逃之夭夭了。但是黑镖客在自己故乡的行为却非常规矩，因为本地人都认识他们，他们的居所固定，如犯有罪行便要承担责任。与之相似的是，缜密的美国人一般不会冒险误传自己的社会地位，但在避暑胜地短暂逗留期间，他们可能会冒这种风险。

如果互动之外的信息来源构成了谨慎的表演者必须加以考虑的一个偶然因素，那么互动内部的信息来源就构成了另外一个须加以考虑的因素。因此，谨慎的表演者必须根据表演的道具和表演任务的特征来调整自己的表演。例如，美国的服装商人在夸大宣传时就需要相对慎重，因为顾客可以通过视觉和触觉来检验展示给他们的东西；而家具商人却不必如此谨慎，因为很少有观众能够判断出由呈现在外的清漆和饰面组成的前台背后是什么东西。[19]在设得兰旅馆，对于在汤和布丁里面放什么东西，厨房工作人员有很大的自由，因为汤和布丁的掩盖功能很强大。尤其是汤，很容易瞒天过海，往往是随便添加些什么就做好了。他们经常在某位客人吃剩的汤里顺手加上一些其他佐料，这碗汤就变成了另一位客人的开胃汤。至于肉，由于它的真实品质太容易被发现，因此动手脚的可能性不太大。事实上，在这里，厨房工作人员的标准比那些英格兰客人的标准更为固化，因为本地人闻起来"有臭味"的东西，外人闻起来却可能是"令人垂涎欲滴的"。因此，岛上有一个传统，允许年老的佃农假装有病并从艰苦的工作岗位上退休，因为这里的人几乎没有因年老而不能工作的观念。人们认为，岛上的医生——尽管现在这位医生在这方面不太合作——应该承认这一事实：没有人能够确定是否有疾病隐藏在人体内。因此，医生应该像人们预期的那样，识相地将他们毫不含糊的诊断限于外在可见的疾病。与此类似，如果一个家庭主妇想显示她所维持的清洁标准，她可能会将注意力集中在客厅中玻璃制品的表面，因为玻璃制品实在太容易显脏了。她会较少注意深色的、不太能"透露内情"的地毯。有充分的理由相信，她选择这样的地毯是因为她认为"深色耐脏"。同样，艺术家也不需要太在意他工作室的装饰格调——事实上，艺术家的工作室已经被定性为这样一种后台场所：在这里工作的人，并不在意谁看到了他们或者他们的工作状态，这在某种程度上是由于艺术家作品的全部价值能够（或应该能够）立即诉诸感官。另一方面，肖像画家就必须承诺让客人满意，且往往使用相对引人注目、富丽堂皇的工作室作为他们所做承诺的保证。同样，我们发现，骗子往往会精心打造和细心维护自己的个人前台，并经常设计出细致入微的社交环境，这主要不是因为他们以撒谎为生，而是因为要想让一个如此大的谎言不被识破，就必须与那些已经是和将来可能是陌生人的人打交道，且必须尽快终止与他们的交往。那些公开营销诚实经商的合法商人，在表现自我时也不得不同样谨小慎微，因为正是在这种情境中，潜在的买主会仔细观察那些向他推销商品的人的品质。简言之，既然奸商必须在顾客意识到可能受到欺骗的情况下欺骗顾客，那么他就必须先发制人，小心预防造成他可能正是奸商的直接印象。同样，合法商人在类似的情境中也必须小心谨慎，以防造成他并非合法商人的直接印象。

显然，当表演者处于必定要自食其果的情况下，他们的行为总是极为谨慎。求职面试是一个明显的例子。面试官往往必须仅凭应聘者在面试表现中提供的信息，做出对应聘者来说至关重要的决定。应聘者可能会感到，而且确实有理由感到，自己的一举一动都会被看作是具有高度象征意义的，因此他会精心准备和思考他的表演。我们可以预期，在这种时候，应聘者会非常注意自己的外表和举止，不仅是为了给人留下一个好印象，也是为了保险起见，以防无意中传达出来任何不佳印象。可以举出另一个例子，那些在无线广播电台，尤其是在电视台工作的人，都会敏锐地意识到，他们所给出的瞬间印象，会影响到广大观众对他们的看法。正是在通信行业这个领域，人们会非常注意给人留下正确的印象，而且会非常担心给人留下的印象是不正确的。那些身居高位的表演者，为获得满意的结果而甘愿接受有损威严的摆布，这表明了这种注意的强烈程度：国会议员会允许别人为他们化妆并告诉他们该穿什么衣服；职业拳击手不参加拳击比赛，而是像摔跤运动员那样进行表演，以显示自己的低姿态。[20]

表演者的谨慎还表现在他们处理外表放松的方式上。当剧班距离观众很远，且不可能有突如其来的观众时，他们就可以好好放松一下。因此，我们得知，上次战争期间，美国海军在太平洋岛屿上以很不正规的方式使用其小型装备设施，而当这些装备设施被转移到观众更有可能注意到的地方时，就需要朝着彻底清洗干净的方向做出重新调整。[21]在检查人员能够轻易接近的剧班工作地点，剧班放松的可能性就取决于预警系统的效率和可靠性了。值得注意的是，完全的放松不仅要求有一套预警系统，而且要求在发出警示和开始视察之间有一段时间间隔，因为剧班可能的放松程度，必须是以在这样一个时间间隔内能够恢复原状为前提的。因此，当一名教师离开教室片刻，她的学生可能进入姿态懒散、交头接耳的放松状态，因为这些违规之举在学生得到教师即将回来的警示后几秒钟之内就可以恢复原样，但学生要偷偷摸摸地抽烟就不可行了，因为烟味不可能迅速地散去。非常有趣的是，学生们也像其他表演者一样，会"测试限度"，他们会高兴地跑到离座位足够远的位置，以至于当得到警示时，他们不得不发疯似的冲回自己的座位，以防被抓个正着。当然，地形特征在这里也就变得十分重要了。例如，在设得兰岛，没有树木可以阻挡人们的视线，也很少有住宅密集的地方。邻居们无论何时路过，彼此都有顺路来访的权利，但一般在客人真正到达的几分钟前，主人就可以看到他们走过来了。每个佃农家都养狗，见到来访者就会发出吠叫这种明显的警示。由于总是有几分钟的宽限来整理现场，因此，较大程度的放松是可能的。当然，有了这种预警，敲门就不再具有它原有的主要功能了，佃农们彼此之间不再使用这种礼节，有些佃农在进门前，会用脚在地上稍微擦出响声，作为额外的、最后的警示。公寓旅馆的前门，只有在住户从里面按钮时才会打开，这也同样提供了足够的预警时间，允许有类似程度的放松。

我还想提出另一种方式来说明戏剧表演的谨慎。当几个剧班直接打照面时，可能会发生许多小事件，这些小事件可能无意中传达了一种与想要促成的印象不一致的总体印象。这种表现上的变化莫测，是面对面互动的一个基本特征。如前所述，解决此类问题的一种方法，就是选择那些守纪律的，不会笨拙、粗鲁、忸怩地扮演角色的剧班同伴。另一种方法就是，提前对所有可能发生的表现方面的意外事件做好准备。这种策略的一个应用，就是在事件发生之前确定完整的议程，指明谁先做什么，谁后做什么。用这种方式就可以避免混乱和停滞，从而也可以避免表演中也许会传达给观众的那种磕磕绊绊的印象。(当然,这里有一种危险。假如没有发生意外事件,原先安排好的陈述和行动顺序没被打乱,一个完全根据剧本照本宣科的表演——就像舞台表演一样,当然会是非常有效的。然而,一旦这种顺序被打乱了,表演者可能就无法找到他们的线索,因此不能从计划顺序被打乱的地方重新开始。这时,相比那些事先无组织的表演者,照本宣科的表演者可能会陷入更糟糕的境地。)这种程式化技术的另一个应用就是接受这样一个事实,即一些微不足道的事件(如谁是第一个进屋子的,或者谁挨着女主人就座,等等)会被视为尊敬他人的表现,并且,根据在场的人都不会反对的判断原则,如年龄、资历、性别、临时的礼仪地位等,有意识地分配这些恩惠。因此,在某种重要的意义上,礼节与其说是在互动期间表现评价的手段,不如说是一种用在场所有人都能接受(和所有人都相安无事)的方法,使潜在的破坏性表现"搁浅"的手段。第三种方法是预先排演整个常规程序,这样表演者就能够熟悉角色,并使那些意外事件发生在能够被妥善处理的环境中。第四种方法是预先和观众打好招呼,告诉他们应该对表演采取哪些反应。当然,在这种情况下,区分表演者和观众就会比较困难。尤其是当表演者具有非常神圣的地位,不能相信观众自发的巧妙时,就会出现这种类型的共谋。例如,在英国,要出现在宫中的女士(我们可以将其视为皇家表演者的观众)事先都会接受精心的培训,包括如何着装、乘坐哪种豪华车抵达、如何行屈膝礼、应该说些什么。

保护性措施

我已经提出，剧班要想安全地进行表演，剧班成员就必须具备三种品质：忠诚、守纪律和谨慎。每一种能力都能够通过许多标准的防卫性技术表现出来，通过这些技术，表演者可以保全自己的表演。我已经考察了其中一些印象管理的技术。另一些，例如控制进入后台区域或前台区域的措施，已经在前面的章节中讨论过了。在本节中，我想强调这样一个事实，即大多数这些印象管理的技术不仅为表演者所用，而且是观众和局外人用来帮助表演者挽救其表演的保护性方法。由于表演者对观众和局外人的巧妙的依赖往往会被低估，在此，我将集中讨论几种经常被使用的保护性技术，尽管从分析的角度来说，每种保护性措施最好与相应的防卫性措施结合起来考虑。

首先，我们应该明白，接近表演的前台或后台区域，不仅受到表演者控制，而且受到其他人的控制。个体会自动远离那些他们未被邀请进入的区域。（这种有关场地的巧妙行为类似于"审慎"，后者已被描述为关于事实的巧妙行为。）而且，当局外人发现他们将要进入这样一个区域时，他们经常会给那些已经在场的人一些警告，比如一个口信、敲门声或咳嗽声，从而可以在必要的情况下推迟进入，或者让已经在场的人能够在仓促之间将环境整理好，有时间准备好适当的表情。[22] 这种巧妙可以通过精心准备来完成。因此，如果想通过介绍信向陌生人介绍自己，比较妥当的方法是在见到对方之前，先想办法把介绍信交给他。这样他就有时间决定应该如何接待来者，也有时间来准备与这样的接待相适应的举止表现。[23]

我们常会发现，当互动必须在局外人面前进行时，局外人会巧妙地以一种不感兴趣、事不关己、不予注意的方式行事，这样，即使没有墙壁或距离来实现物理隔离，至少还可以通过约定俗成的方式实现有效的隔离。因此，如果有两拨人分别坐在餐馆中邻近的卡座上，可以预料到，双方都不会利用实际存在的机会去偷听对方的谈话。

当然，巧妙地不予注意的礼节，以及它所提供的有效的保密作用，会随着社会和亚文化的变化而变化。按英美中产阶级的社会惯例，在公共场合，一个人应当只管做自己的事情，而不去过问他人的活动。只有当某位女士掉落钱包时，或者当一个人的汽车半路抛锚时，或者被单独留在车厢里的婴儿开始啼哭时，中产阶级人士才会感到可以暂时打破有效隔离在他们周围的屏障。在设得兰岛，规则却与此不同。如果一个人碰巧发现自己面前的另一个人正忙于某事，可以预想，这个人会伸出援手，尤其是如果这事费力不费时。这种不经意的互相帮助被视为理所当然，它所表达的是，没有什么比同岛人的关系更为亲密的了。

一旦观众被纳入表演，行事巧妙的必要性就不会停止。我们发现，作为观众，每个人都会用一套细致入微的礼节来指导自己的行为。这包括：给予适度的关注和关心；克制自己的表演，以免导致太多的矛盾、干扰或者对注意力的要求；禁止所有可能会导致失礼的言行；最重要的是，避免闹剧。观众的巧妙行为是如此普遍的一种技巧，以至于我们可能会发现，即使是那些所谓不正常的精神病人也会运用这种技巧。因此，一个研究小组的报告说：

> 还有一次，医护人员未与病人商量，就决定为他们举行一次情人节聚会。许多病人不想参加，但无论如何还是参加了，因为他们觉得不能伤害组织聚会的实习护士的感情。护士们选择的游戏相当幼稚。许多病人觉得玩这种游戏很无聊，当聚会结束、可以返回他们自己选择的活动中时，他们觉得很高兴。[24]

> 在另一家精神病院，人们注意到，当民族组织在医院红十字会大楼为病人安排舞会，借此为一些组织成员不太讨人喜欢的女儿提供慈善工作的经历时，院方代表有时会说服几个男病人与这些女孩共舞，以此来维持这种印象，即来访者是在陪伴比自己更需要帮助的人。[25]

当表演者一时疏忽，明显暴露出其促成的印象与泄露的现实之间的差异时，观众也许会对这种疏忽巧妙地"视而不见"，或者欣然接受人们为此所做的辩解。在表演者面临危机的时刻，全体观众可能会心照不宣地与他们共谋，来帮助他们摆脱困境。因此，我们得知，在精神病院中，当一个病人的死亡引起对院方试图维持的治疗效果的印象的怀疑时，其他通常会给护理人员惹麻烦的病人，会以许多巧妙的方式帮助维持一个相当虚假的印象，即他们没有理解所发生的事情的意义。[26]与之类似，在接受检查的时候，不管是在学校、兵营、医院，还是在家里，观众都可能按模范的方式行事，从而使正在接受检查的表演者可以呈现出一场模范表演。在这种时候，剧班方针往往会暂时发生微妙的变动，使正在检查的负责人、将军、主管或客人需要面对形成共谋关系的表演者和观众。

关于应对表演者的巧妙行为，还可以引证最后一个例子。当观众知道表演者是一个新手从而更容易犯令人窘迫的错误时，他们往往会表现出额外的体谅，避免给表演者造成其他困难。

观众之所以会主动采取巧妙行为，是出于对表演者的直接认同，或者是为了避免闹剧，或者是出于利用的目的而讨好表演者。最后一个也许是最能令人接受的解释。有些成功的妓女，似乎是那些愿意假模假式地赞赏顾客表演的人：

> 玛丽·李（Mary Lee）说，她对待布莱克西（Blakesee）先生与对待其他有钱的顾客没什么不一样。
>
> "我知道他们想要我做什么，然后我就做这些事，我假装为他们神魂颠倒。有时他们的行为像小男孩玩游戏似的。布莱克西先生总是这样。他会扮演穴居人，来到我的房间，一把将我搂在怀里，直到他认为他已经使我激动不已。激情过后，我必须对他说，'亲爱的，你让我幸福得都想哭'。你

不会相信一个成年人喜欢玩这种游戏吧，但是他确实这么做了。不仅是他，大多数有钱人都是这样。"

玛丽·李深信，她与有钱的顾客做生意的看家本领，就是她有自发表演的能力，因此，她最近做了绝育手术。她认为这也是她职业生涯中的一项投资。[27]

但是，在这里，本报告所运用的分析框架再次呈现出局限性：观众的这些巧妙行为可能比他们作为回应的表演更加精微。

关于巧妙行为，我想最后补充一个结论性事实。无论观众什么时候使用巧妙手段，表演者都有可能知道自己正在被巧妙地保护着。进而，表演者也有可能知道，观众知道表演者知道自己正被保护着。当这种信息状态存在时，表演中就会出现这样的时刻：两个剧班的分离将会被打破，并暂时被眼神交流所代替，通过眼神交流，每个剧班都会向对方公开承认自己的信息状态。在这种时刻，社会互动的整个戏剧结构被突然地、尖锐地暴露出来，分隔剧班的界限也会暂时消失。不管对事情的这种近距离观察会带来羞愧还是嘲笑，剧班都有可能迅速退回到各自被指定的角色中。

有关巧妙的巧妙

我们已经论证过，观众为了表演者的利益运用巧妙手段或者保护性措施，对于维护表演具有重要的意义。很明显，如果观众打算为了表演者的利益而使用巧妙手段，表演者就必须按照能够使这种帮助成为可能的方式行动。这要求遵守纪律和谨言慎行，但这是一种特殊要求。例如，前面提到，处于可以偷听位置的巧妙的局外人，可能会呈现出漠不关心的样子。为了协助这种巧妙行为的隐退，那些感觉自己有可能被偷听的参与者，可以在其谈话和活动中省略任何可能会加重局外人巧妙行事负担的东西，同时吐露足够的半机密的东西，以表明他们并不是不信任局外人所呈现的隐退表演。类似地，如果秘书巧妙地告诉来访者他想要见的人外出了，那么来访者最好从办公室的内线电话旁退后一步，这样他就不会听到那个吩咐秘书说他不在的人与秘书的通话了。

关于巧妙的巧妙，我想提出两种一般策略，以此作为结论。第一，表演者必须对暗示保持敏感，并善于接受暗示，因为观众正是通过暗示来警告表演者他的表演不被接受，如果他想挽救局面，最好迅速修正表演。第二，如果表演者无论如何都会误传事实，那么他就必须依照误传事实的礼仪来行事；他绝不能使自己处于最蹩脚的借口和最为配合的观众都无法解救他的境地。在说谎时，表演者不得不略带一些开玩笑的语气，这样如果他被别人发觉，他就可以否认说谎的认真性，说他只是在开玩笑。在误传人的外表信息时，表演者被要求使用一种无罪辩护的方法。因此，不管在室内还是在室外都喜欢戴着帽子的谢顶的人，或多或少总可以找到托词，要么说自己感冒了，要么说自己仅仅是忘了摘帽子，要么说是为了避免淋雨。然而，假发却不能给戴假发的人提供任何借口，也不能给观众提供任何为之辩解的借口。事实上，先前提到的冒名顶替者，可以被理解为这样一种人，他使他的观众无法对所发现的误传持巧妙态度。

当然，我们知道，尽管表演者和观众都使用了所有这些印象管理的技术以及许多其他技术，但是有些意外事件还是会发生，观众还是会无意间瞥见表演的后台。当这类事件发生时，观众有时会得到一些深刻的教训，这对于他们来说，要比他们通过发现某人隐秘的、受托的、内部的或战略的秘密所获得的强烈快感更为重要。观众可能会发现一种通常处于高度隐蔽状态的基本民主。不管正在扮演的角色是严肃的还是轻松的，是高贵的还是低下的，人们会发现，扮演这个角色的人都是一个为他的演出而忧心忡忡、备受煎熬的孤独的表演者。在众多面具和各种角色背后，每个表演者往往都只有一种孤寂的神情，一种赤裸裸的未经社会化的神情，一种全神贯注、独自肩负着艰难又险恶的使命的神情。德·波伏瓦在她讨论女性的书中提供了一个例证：

> 不管她多么小心翼翼，意外总会发生：酒溅在她的裙子上，香烟把裙子烧了个洞。这便是舞会中那些雍容华贵、满脸愉悦的妇人突然消失的时刻，因为此时她一脸管家婆似的严肃和严厉。突然间很明显的是，她那一身装束并不像是一束烟花，只是为了一时灿烂而光彩夺目；相反，她的服装是一笔丰厚的财产，是一流的商品，也是一项投资，它意味着

牺牲，它的损坏是一场真正的灾难。污点、破洞、拙劣的剪裁、难看的发式，是比烧焦的烤肉或摔碎的花瓶更为严重的灾难，因为时髦的女人不只是将自己投射在物体中，也选择把自己当成物体，她在这个世界上感受到了直接的威胁。她与裁缝及鞋帽商的关系、她的烦躁、她的苛求，所有这些都表明了她严肃的态度和不安全感。[28]

由于知道观众会对自己产生不好的印象，个体也许会仅仅因为表演背景提供了不好的虚假印象，就对善意的诚实行为感到羞愧。一旦他感觉到这种没来由的羞愧，就可能觉得他的这种感情会被人识破。感到自己被人识破之后，他可能又会感到他的外表也证实了关于他的这些错误结论。于是，他可能会采取一些防卫性措施，就像自己真的有罪似的，而这又会使他的处境进一步恶化。通过这种方式，我们所有人都有可能在一瞬间把自己变成想象中最糟糕的人，而别人也可能会想象我们就是这样的人。

如果个体在他人面前维持一种连他自己也不相信的表演，他就会体验到一种特殊的自我异化，并对他人产生某种特殊的戒心。正如一名美国女大学生所说的那样：

> 有时我会在约会时"装傻"，但又会对此感到厌恶。这种情绪很复杂。有时，我很享受"蒙骗"毫无戒心的男人。但这种优越感中又夹杂着对自己虚伪的愧疚。对于"约会对象"，我有点蔑视，因为他被我的演技"欺骗"了，或者，如

果我喜欢这个小子的话，我又会感到一种母性的屈尊。有时我恨他！为什么他不是一个在各方面都比我强的男人？男人就应该是优秀的，这样才可以让我做回我自己。我和他待在这里究竟想要干什么？是访问贫民窟吗？

这事有点儿滑稽的地方在于，我想，这个男人并不总是毫无戒心。他可能察觉到真相了，而且在交往中感到有点儿不安。"我的处境如何？她是真的在夸我，还是在取笑我？她是真的对我的随口之言产生了深刻印象，还是仅仅假装对政治一无所知？"有那么一两次，我感到他是在跟我开玩笑。这小子识破了我的鬼把戏，对我这种有失自尊的花招嗤之以鼻。[29]

共同面临的演出问题，对事物呈现方式的关注，合理的或不必要的羞愧感，对自己和观众的矛盾心理，这些都是人类情境中的戏剧成分。

注释

1. Ponsonby, *op. cit.*, p. 351.
2. *The Laws of Etiquette* (Philadelphia: Carey, Lee and Blanchard, 1836), p. 101.
3. *The Canons of Good Breeding*, p. 80.
4. Hecht, *op. cit.*, p. 81, 转引自 Defoe, *The Maid Servant's Modest Defense*。
5. Hecht, *op. cit.*, p. 208.
6. Ibid.
7. Ibid.
8. 当然在有些商业机构中，这种背叛会被有意加以伪装。顾客得到了"特殊的"

优惠，而职员却自称这样做是为了保证该顾客成为一个长期客户。

9. Charles Hamilton, *Men of the Underworld* (New York: Macmillan, 1952), p. 222.

10. 例子参见 Page, *op. cit.*, pp. 91-92。

11. Becker, "Social Class Variations in the Teacher-Pupil Relationship," *op. cit.*, pp. 461-462.

12. 伊迪丝·伦茨（Edith Lentz）未发表的研究报告。人们也许会注意到，有时通过耳机向正在接受手术但没有进行全身麻醉的病人播放管乐曲，是一种使病人听不到手术剧班谈话的有效手段。

13. Solomon, *op. cit.*, p. 108.

14. 这一点玛丽·麦卡锡（Mary McCarthy）在"A Friend of the Family"中已经提出，此作被收入 Mary McCarthy, *Cast a Cold Eye* (New York: Harcourt Brace, 1950)。

15. Becker, "The Teacher in the Authority System of the Public School," *op. cit.*, p. 139.

16. 在短暂的匿名服务关系中，服务人员善于察觉他们认为是矫饰的行为。然而，由于其服务角色表明了他们的立场，因此他们不便以矫饰回应矫饰。与此同时，那些宣称自己就是表现出来的那样的顾客往往认为服务人员可能不理解这一点。因此，顾客可能会感到羞愧，因为他觉得自己就像他看上去那样虚伪。

17. Mayhew, *op. cit.*, Vol. 4, p. 90.

18. Sleeman, *op. cit.*, pp. 25-26.

19. Conant, *op. cit.*, p. 169, 指出了这一点。

20. 见 John Lardner's weekly column in *Newsweek*, February 22, 1954, p. 59。

21. Page, *op. cit.*, p. 92.

22. 女仆们往往受过训练，不必敲门或者敲门后随即径直走入，这也许是基于她们无足轻重这一看法。在她们面前，那些处于室内的人无须维持任何虚伪的准备开始互动的状态。以朋友相待的家庭主妇之间获得了进入彼此厨房的许可，以示她们之间没什么可隐瞒的。

23. *Esquire Etiquette*, *op. cit.*, p. 73.

24. William Caudill et al., "Social Structure and Interaction Processes on a Psychiatric Ward," *American Journal of Orthopsychiatry*, XXII, 1952, pp. 321-322.
25. 参见作者 1953—1954 年所做的研究。
26. 见 Taxel, *op. cit.*, p. 118。当两个剧班都知道一个令人窘迫的事实，且每个剧班都知道另一个剧班也知道这个事实，但都不公开承认自己知道时，我们就得到了罗伯特·迪宾谓之"组织虚构"的一个例证。见 Dubin, *op. cit.*, pp. 341-345。
27. Murtagh and Harris, *op. cit.*, p. 165. 另参见 pp. 161-167。
28. De Beauvoir, *op. cit.*, p. 536.
29. Komarovsky, *op. cit.*, p. 188.

第七章
结束语

框　架

　　社会机构是指任何被固定的壁垒所包围的场所，在那里经常会发生某种特定的活动。我曾经指出，从印象管理的角度出发，我们可以对任何社会机构进行有益的探索。我们发现，在社会机构的界墙之内，有一个由表演者组成的剧班，他们彼此合作，向观众呈现假定的情境定义。这里包含自己的剧班和观众这两个概念，也包含关于表演风格的假定，这些表演风格是由礼貌和体面准则所维持的。我们通常会发现，表演区域分为准备表演常规程序的后台和呈现表演的前台。进出这些区域是受到严格控制的，目的在于防止观众看到后台，也防止局外人涉足不是为他们准备的表演。我们发现，剧班成员之间是不拘礼仪的，倾向于团结一致，而且，他们共享并保守那些倘若泄露便会使表演失败的秘密。在表演者和观众之间，维持着一种心照不宣的默契协议，就好像他们之间存在着一定程度的对立统一似的。在通常情况下——但也并非总是如此，统一的一面总是被强调，而对立的一面则被淡化。由此产生的操作共识往往与表演者在观众不在场的情况下表现出来的对观众的态度相矛盾，也与表演者在观众在场时小心控制的角色外沟通相矛盾。我们发现，各种不协调的角色不断出现：有些看似是剧班成员、观众或局外人的人获得了有关表演和剧班关系的信息，而这些信息并非显而易见，使剧班表演的问题趋于复杂化。有时，一些无意姿态、失礼和闹剧会造成干扰，从而破坏或违背了正在维持的情境定义。剧班表演中总是充斥着这些干扰性事件。我们发现，表演者、观众和局外人都会使用各种技术来维持表演，设法避免可能出现的干扰，或者纠正未能避免的干扰，或者设法使其他人有可能这样做。为了确保这些技术的使用，剧班倾向于挑选忠诚的、遵守纪律的、谨慎的成员，并且选择会运用巧妙技术的观众。

我认为，由上述特征和要素组成的框架，体现了英美社会里人们在自然情境中所进行的大量社会互动的特征。就这一框架可以被运用于任何社会机构这一点而言，它是一种正式的和抽象的框架，但是它不仅仅是一个静态的框架。这一框架涉及各种动态问题，它们是由维持在他人面前所预设的情境定义这一动机所引起的。

分析的背景

本报告所讨论的主要是作为相对封闭系统的社会机构。我们假设，一个社会机构与其他社会机构的关系本身就是一个明晰的研究领域，并且应该作为事实的不同顺序（机构整合的顺序）的一部分进行分析。在这里，我们不妨尝试把本报告所采用的视角与其他视角相结合，后者似乎都曾被运用于对目前作为封闭系统的社会机构进行公开或隐蔽的研究。我们可以尝试提出四种这样的视角。

根据是否有效实现了既定目标，一个机构可以作为一个有意组织的活动系统从"技术方面"被考察。根据某一参与者（或某类参与者）能够要求其他参与者采取的行动，以及为强行落实这些要求而对其他参与者的剥夺和纵容程度，或者参与者能够实施的影响到命令和制裁使用的那种社会控制，可以从"政治方面"来考察社会机构。根据横向和纵向的地位差异，以及把这些群体相互联结起来的各种社会关系，可以从"结构方面"来考察社会机构。最后，可以从"文化方面"（影响机构活动的道德价值观）来考察社会机构，这些价值观与风尚、习俗、品位、礼貌和体面、最终目的以及对手段的规范限制等有关。值得注意的是，一个社会机构中可以发现的所有事实，与上述四种视角中的每一种都有关联，但是每一种视角都为这些事实赋予了自己的优先权和顺序。

第七章 结束语

在我看来，作为技术的、政治的、结构的、文化的视角的一种补充，戏剧的视角可以构成第五种视角。[1] 戏剧的视角如同其他四种视角中的每一种一样，可以用作分析的终点，作为给事实排序的最终方法。这将引导我们描述特定机构中使用的印象管理技术、机构内印象管理的主要问题，以及在机构中起作用的若干表演剧班的身份及其相互关系。但是，正如被其他每一种视角所利用的事实一样，这些尤其适合印象管理的事实，也在所有其他视角所关注的问题中发挥了作用。在这里，我们有必要对此做一个扼要的说明。

技术视角和戏剧视角在工作标准方面的相交可能最为明显。对两种视角都很重要的一个事实是，一批人关注检验另一批人的工作成就中不太明显的特征和品质，而这另一批人却忙于给人留下一种印象，即他们的工作体现了这些难以看见的特质。在一个人指导另一个人活动的能力方面，政治视角与戏剧视角明显地相交。首先，如果某人要指导他人的行为，他往往会发现，对他们保守战略秘密是有益的。其次，如果某人试图通过示范、启发、说服、交换看法、操纵、展示权威、威胁、惩罚或强制等手段来指导他人的活动，那么，不管他的权力地位如何，他必须有效地表达他想要做什么，他准备做什么去促成这件事，以及如果这件事还没做，他会做些什么。任何一种权力都必须以有效的方式展现出来，而且，由于戏剧化方式的不同，权力所产生的效果也会不同。（当然，如果一个人不处于能树立榜样、交换看法、施以惩罚的立场，那么，即使他具备有效传达情境定义的能力，也没有什么用处。）因此，赤裸裸的权力的最客观的形式，即身体性压制，通常既不客观，也非赤裸裸，而是作为一种说服观众的表现；它往往是一种沟通的手段，而不仅仅是一种行动的手段。在社会距离方面，结构视角和戏剧视角的相交似乎最为明显。一个地位群体能否在其他地位群体的观众面前维持形象，取决于表演者限制与观众接触和交往的能力。在维持道德标准方面，文化视角与戏剧视角的相交最为明显。一个机构的文化价值观念全面决定了参与者对许多事务的感受，同时建立了一个必须维持的表面框架，而不管潜藏在这表面背后的是不是真情实意。

人格—互动—社会

近年来，人们一直在精心尝试把三个不同领域（个体人格、社会互动和社会）中的概念和成果整合进一个框架。在这里，我将就这些跨学科的尝试做一些简单的补充。

当个体出现在他人面前时，他会有意无意地预设一种情境定义，自我概念则是其中一个重要的组成部分。当一个与促成的印象不一致的事件发生时，人们会同时在社会现实的三个层面上感到其重大后果，而其中每一个层面都包含了不同的参照点和不同的事实顺序。

首先，社会互动——我们在这里暂且把它看作两个剧班之间的一种对话——可能会在窘迫和混乱中暂停,情境定义也会中止,先前的立场也许不再站得住脚,并且,参与者会发现自己丧失了行动的方向。参与者通常会感到情境中有一种虚假的音符,进而感到尴尬、迷惘甚至手足无措。换言之,由有序的社会互动创造和维持的微小社会系统变得紊乱无序了。从社会互动的角度来看,这些就是表演干扰可能导致的结果。

其次,除了对当下行为造成的混乱后果外,表演干扰还可能导致一种更为深远的结果。观众往往倾向于接受个体表演者在现行表演中所表现出的自我,将其看作他所在同行群体、剧班和社会机构的尽责代表。观众也接受个体的特定表演,把它看作他有能力完成表演常规程序的证据,甚至看作他有能力完成表演常规程序的证据。在某种意义上,这些较大的社会单位——剧班、机构等——在每次个体表演其常规程序时,都会对其进行某种委托。在每次表演中,这些单位的合法性都会重新受到检验,而且它们的永久性声誉也与每次表演休戚相关。这种委托在一些表演中是相当有力的。例如,如果一名外科医生和他的护士都离开了手术台,而麻醉状态中的病人却意外地从手术台滚落致死,那么,不仅手术会以一种令人窘迫的方式中断,而且,医生作为一名医生的声誉和作为一个人的声誉,连带医院的声誉,都可能遭到削弱。从社会结构的角度来看,这些都是表演干扰可能导致的结果。

最后,我们经常发现,个体也许会使他的自我深深陷入对某一特定角色、机构、群体的认同，并深陷于这样一种自我概念，即他本人不会破坏社会互动，也不会让依赖这种社会互动的单位失望。因此，当干扰发生时，我们也许会发现，作为人格形成之核心的自我概念可能会发生动摇。从个体人格的角度来看，这些就是表演干扰可能导致的结果。

因此，表演干扰会导致人格、互动、社会三个抽象层面上的诸种后果。尽管干扰发生的可能性在不同的互动中不尽相同，尽管可能的干扰的社会重要性随着互动的不同而各异，但是看起来在任何互动中，参与者仍然会感到轻微的窘迫，或者在少数情况下会感到蒙耻。生活也许算不上是一场豪赌，但互动却是。而且，就个体努力避免干扰或极力挽救未能避免的干扰而言，这些努力也会同时导致三个层面上的诸种结果。因此，在这里，我们有一个简单的方法来阐明三个抽象层次和研究社会生活的三种视角。

比较与研究

在本报告中，除了英美社会的，我们还使用了一些其他社会的例证。这样做，并非想表明这里提出的框架不受文化制约，或适用于非西方社会中那些与我们自己社会相同的社会生活领域。我们过着一种室内的社会生活。我们专注于固定的环境，把陌生人挡在外面，以便给予表演者一些私人空间来做好演出的准备。

一旦我们开始表演，便倾向于完成它。同时，我们会对出现在表演过程中不和谐的音符十分敏感。如果我们的误传表演被人当场揭穿，我们就会感到无地自容。考虑到指导行为的一般戏剧规则和倾向，我们绝不能忽视别的社会中明显遵循其他规则的生活领域。西方旅行者的报告中充满了种种实例，隐含其中的戏剧观念使他们感到不适或令他们感到惊讶，如果我们要对其他文化进行概括，那就不仅要考虑这些实例，也要考虑到对我们的论证更有利的实例。在中国，当我们发现下述情况时，无须感到奇怪。在私人茶馆中，行为与装饰布局也许极为协调一致，但是，在极为简朴的餐馆里也可以供应精致而丰盛的膳食。某些看上去十分简陋的商店，其工作人员粗暴无礼、不拘形迹，但在商店的柜台和壁龛中，却可能堆放着用陈旧泛黄的纸张包裹起来的极为精美的丝绸。[2] 在这样一个民族中，据说人们小心翼翼地互相照顾着彼此的面子，但是看以下记载，我们就会知道：

> 幸运的是，中国人并不像我们一样重视家庭隐私。他们并不介意自己的日常生活经历的全部细节被每一个想看的人看到。他们的生活方式、饮食习惯，甚至那些我们试图对他人遮掩的家庭纠纷，仿佛都是公共财产，并非仅仅属于与此关系最紧密的特定家庭。[3]

而且，我们还必须看到，在那些存在根深蒂固的不平等身份体系和强烈宗教取向的社会中，有时候，人们并不像我们那样热衷于公民戏剧的艺术，他们经常以简洁的示意来跨越社会障碍，这些示意更为关注的是面具背后的人，而这在我们的社会里往往是不被允许的。

此外，在将我们自己的社会作为一个整体来对戏剧实践进行描述时，我们必须非常谨慎。例如，我们知道，在当前的劳资关系中，某个剧班可能与其反对派一起参加联合协商会议，但剧班同时又很清楚，在必要的时候，它可以装作愤愤然的样子离席而去。有时，外交剧班也需要进行类似的表演。换言之，在我们的社会中，为了达成操作共识，剧班通常有义务抑制自己的愤怒，但有时剧班却又不得不放弃自己保持的冷静，而表现出极为愤慨的样子。同样，在有些场合中，不管人们是否愿意，都感到不得不破坏正在进行的互动，以保全自己的声誉和面子。因此，更稳妥的方法是，从较小的单位、社会机构或机构类别、特定的地位入手，运用个案史法，对文献资料进行比较，并把各种相关的变化记录在案。例如，我们有以下关于商人被允许合法演出的信息：

> 在最近半个世纪，法庭对合理信任问题的态度发生了明显的变化。早期的判决，在流行的"货物出门，概不退换"（caveat emptor）*这一盛行的原则影响下，非常强调原告有"义务"自我保护并怀疑对方，认为原告无权相信那个与他交易的陌生人对事实所做的断言。通常认为，在买卖交易中，任

---

* "caveat emptor"原意为"顾客自行留心"。作为商业用语，往往指货物出门概不退换，即货物出售者对所卖出的货物的数量、质量概不负责。——译者

何人，只要有可能，就会以欺诈的方式占便宜，只有傻瓜才会期望双方均诚实可信。因此，原告必须进行合理的调查，并做出自己的判断。新的商业道德准则要求对事实的陈述至少要诚实和谨慎，而且，在许多情况下，要保证这些陈述的真实性，会使原来的那种观点发生完全的改变。

现在人们认为，关于诸如所售土地、商品的质量和数量，公司的财务状况，以及类似的商务往来的事实陈述，都可以在不经调查的情况下被合理地信任，不仅因为这样的调查成本很高、面临的困难很大（比如，所售土地位于千里之外），而且因为通过手头的手段不费吹灰之力就能发现虚假陈述。[4]

在商务关系中，坦诚可能越来越被看重，但是，也有一些迹象表明，婚姻顾问在下述问题的看法上渐趋一致：一个人没有必要把过往的"风流韵事"告诉配偶，因为这样做只可能导致不必要的关系紧张。还可以援引其他一些例子。例如，我们知道，直到1830年左右，英国的小酒馆都是工人们的后台，与他们自己的厨房并无多大区别。但自那以后，杜松子（gin）酒吧如雨后春笋般突然出现，为同样的顾客提供了一种他们做梦都想象不到的更精致的前台区域。[5]我们有一些关于美国特定城镇的社会历史记录，它们向我们表明，当地上流社会的家庭前台与职业前台的精致程度近来有所下降。相比之下，另一些材料则表明，最近，一些工会组织所使用的舞台装置的精致程度有一种增强的趋势[6]，并且，这些材料描述了这些组织通过聘用受过专门训练的专家来"装点"舞台的趋势日趋明显，这些专家为舞台装置增添了一圈智慧和体面的光环。[7] 我们可以看到具体的工业和商业机构的楼宇设计发生的变化，这些机构总部大楼的外观，以及内部的会议室、正厅、会客室等，都大大加强了前台部分。我们也可以去看一看，在一个特定的佃农社区里，牲口棚与住宅是如何发生变化的。牲口棚曾经是厨房的后台，可以通过炉子边上的小门进入，而现在，它被迁移到离住宅很远的地方。住宅本身，以前孑然孤立地处在菜园、耕作设备、垃圾和各种放牧工具的包围之中，而现在却变得具有某种公共关系的性质了，有一个用栅栏圈起来的前院，保持着一定的清洁度，尽管后台区域没有围墙篱笆围绕，还遍地都是瓦砾碎石，可是，面向公众的那一面却是特意装饰过的。而且，由于与住宅毗邻的牲口棚已经不存在了，洗碗间也开始变得没什么必要了，因此，我们可以观察到家庭设施的升级，其中，曾经拥有自己后台区域的厨房，现在正在变成住宅中最不适宜展示的部分，与此同时却变得越来越体面了。我们还可以看到这样一种特殊的社会运动，这种运动引导某些工厂、轮船、餐馆和家庭将它们的后台收拾干净，就像僧侣、德国市政官一样，始终保持警戒以及丝毫不放松的前台；同时，观众成员出于社会本能对探究那些已经为他们收拾停当的区域心驰神往。这方面的最近一个实例就是花钱观看交响乐队进行排练。我们可以观察到被埃弗里特·休斯称为集体流动（collective mobility）的现象，处于某种地位的人试图通过这种集体流动来改变他们所执行的一堆任务,这样就不必做出任何与他们正在为自己建立的自我形象不相一致的行为。同时,我们也可以观察到发生在特定社会机构中与此并行的过程,我们可以称之为"角色进取"(role enterprise)。这种进取不是指特定的成员试图获取一个已经确定的更高职位,而是指他们试图为自己创立一个新的职位,这个职位所涉及的职责能够恰当地体现出与他们相符的品质。我们可以研究一下这种专门化的过程,在这一过程中,许多表演者可以短暂地共用非常精致的社会舞台装置,满足于独自睡在一个没有虚饰的隔间里。我们还可以追踪一些关键前台标记的扩散过程,比如,像综合实验室的玻璃制品、不锈钢、橡胶手套、白瓷砖和实验室工作外套,这些前台标记的扩散让越来越多从事不太体面工作的人获得了一种自我净化的手段。起初,在高度专制的组织中,一个剧班需要花一些时间对另一个剧班进行表演的舞台装置进行严格的管理,使之秩序井然、整洁干净。我们可以通过追踪发现,近来在诸如医院、空军基地、大家庭等机构中,这种对舞台装置的过度严格管理正在呈减少的趋势。最后,我们可以追踪爵士乐和"西海岸"文化模式兴起与扩散的过程,在这一过程中,诸如"bit"(小角色)、"goof"(演砸了)、"scene"(闹剧)、"drag"(穿女装的男子)、"dig"(注意)*等术语被广泛使用,使个体能够在日常表演的技术层面保持与一名专业舞台表演者的关联。

---

* 这些词都是俚语,有多种含义。——译者

表达的作用在于传达自我印象

最后，我们也许可以做一些道德方面的解释。在本报告中，我们把社会生活的表达部分看成是给予他人或使他人接受的印象的来源。反过来，印象可以被视为有关不明显的事实的信息来源以及一种手段，通过这种手段，引导者可以对信息提供者做出反应，而不需要等到信息提供者所有的行为后果被接收者感觉到。因此，表达是根据它在社会互动中所起的沟通作用被理解的，而不是根据别的什么，比如，不是根据它给表达者带来的满足感或者消除其紧张情绪的功能被理解的。[8]

所有社会互动背后，似乎都存在一种基本的辩证法。当一个人和其他人打交道时，他总是想要了解当下情境中的事实。如果他掌握了这些信息，他就能知道并为将要发生的事情做出安排，他就能在符合他当下自我利益的前提下，给予在场者尽可能多的应得权益。要想完全揭示情境的事实本质，他就必须掌握所有有关其他人的社会资料。他还必须知道他们在互动期间活动的实际效果或最终结果，以及他们内心深处对他的真实感受。想要完全获得这种真实的信息几乎是不可能的。在缺乏这种信息的情况下，个体往往倾向于利用替代物——暗示、试探、提示、表达性姿态、身份象征等——作为预测的手段。简言之，由于个体所关心的现实不可能即刻感知到，因此必须依靠外表作为替代。而

第七章　结束语

且，具有讽刺意味的是，个体越是关心感知不到的现实，他就越是必须把他的注意力集中在外表上。

个体倾向于根据在场的其他人所给出的有关过去和将来的印象来对待他们。正是在这里，沟通行为转化为道德行为。他人给出的印象往往被看作他们含蓄表达的主张和允诺，而主张与允诺通常具有道德特征。个体会在心里这样说："我正用你给予的这些印象来检查你和你的活动，你不应该把我引入歧途。"其中的乖僻之处在于，即使他希望其他人对他们自己的许多表达行为并无意识，即使他也许希望凭借他所收集到的有关他人的信息来利用他人，他仍然会采取这一立场。由于观察者所使用的印象来源涉及大量关于礼貌和体面的标准，这些标准既与社交有关，也和表演任务有关，因此，我们可以重新理解日常生活是如何陷入道德辨别之网的。

现在，让我们转换视角，从他人的立场来看问题。如果他们想表现出绅士风度，并且想玩一场个人的游戏，那么，他们就不会有意识地去注意个体正在对他们形成印象这一事实，而是以一种不带狡诈和诡计的方式行事，从而使个体可以得到对他们以及他们的努力的合理印象。而且，如果他们碰巧意识到了自己正在被观察，他们也不会让这一事实过分地影响自己，他们会满怀信心地认为个体一定会得到一个正确的印象，并因为这种印象而给予他们应得的权益。如果他们想对个体对待他们的方式产生影响——这完全可以想象得到，那么，他们可以使用绅士般的方式。他们只需要控制他们当下的行动，使其未来结果能够引导公正的个体以他们所希望的方式来对待他们。一旦做到这一点，他们所指望的，就只是观察者的洞察力和公正性了。

当然，有时那些被观察的人，确实是用了这些恰当的方法来影响观察者对待他们的方式。但是，被观察者还可以使用另外一种更简单、更奏效的方式影响观察者。被观察者可以重新定位自己的参照系，努力创造他们想要给别人留下的印象，而不是让自己活动的印象作为活动偶然的副产品出现。与其采用人们可接受的手段达到某些目的，不如制造一种印象，即被观察者似乎正在用人们可接受的手段达到某些目的。对观察者用于代替现实的印象进行操纵总是可能的，因为虽然代表事物存在的符号并不等同于事物本身，但在事物不存在的情况下，符号可以用来表示事物的存在。观察者只能依赖事物之呈现，他的这一需要本身就造成了误传的可能性。

许多人认为，如果他们只是使用绅士般的方式来影响观察他们的个体，那么，不论他们做什么，他们都无法继续维持当下那种状态。他们感到，在一轮活动的此处或彼处，他们必须联合起来，直接操纵他们给人留下的印象。被观察者变成表演剧班，而观察者成了观众。看似针对物体的行动变成了针对观众的姿态。此轮活动变得具有了戏剧性。

现在，我们来谈谈基本的辩证法。作为表演者，个体总是关心维持这样一种印象，即他们的行为符合人们对他们及他们的产品的诸多评判标准。因为标准是如此之多，范围是如此之广，所以，作为表演者的个体比我们想象中要更深入地栖身在道德世界中。但是，作为表演者，个体所关心的并不是如何满足这些标准的道德问题，而是如何制造一种令人信服的印象（这些标准正在被满足）这样的非道德问题。因此，尽管我们的活动涉及大量道德事务，但作为表演者，我们并不关心道德问题。作为表演者，我们是道德商（merchants of morality）。我们日复一日地沉溺于我们所展示的产品，我们内心对这些产品如数家珍。但很可能是，我们越是关注这些产品，我们就越是远离这些产品，从而也就越是远离那些因为相信我们而去购买这些产品的人。换个形象的说法：以一以贯之的道德模样完成社会化角色的这种义务，以及由此获得的利益，迫使一个人成了精通各种舞台表演手法的行家。

舞台表演与自我

"我们向他人呈现我们自己"这种一般说法，很难说是什么新颖的观点。在结束语中应该强调的是，这种自我结构可以根据英美社会中人们是如何安排这些表演的这一点来理解。

在本报告中，个体以未曾言明的方式被分为两个基本部分：他被看成一个表演者（performer），一个易受干扰的印象制造者，潜心于非常富于人性的表演工作；他被看成一个角色（character），即一种形象，一般而言，是一种美好的形象，表演旨在唤起他的精神、力量以及其他优良品质。表演者的品质与角色的品质不同，从根本上说确实如此，但是，二者对于必须进行的演出都具有各自的意义。

首先来看角色。在我们的社会中，一个人所表演的角色在某种程度上与他的自我是契合的，并且这种作为角色的自我，通常被看成是存在于其占有者的躯体之内，特别是从人格心理学的角度来说，是存在于躯体高级部分内的东西。我认为，这种看法是我们大家都试图陈述的观点的一个隐含部分，但正因为如此，这种看法却是对呈现的一种拙劣的分析。在本报告中，表演出来的自我（performed self）被看作某种通常可信的形象，舞台上的个体和角色中的个体都竭力诱使他人认为他符合这种形象。虽然这种形象是关于个体的，以至于一个自我被归因于他，但是，这个自我本身并不是来自其占有者，而是来自个体行动的整个场景，是由局部事件的特性催生的，这种特性使目击者可以解释这些事件。恰当的舞台和表演场景使观众将一个自我归因于表演出来的角色（character performed），但是，这种归因——这个自我——是场景的产物（product），而不是它的原因（cause）。所以，自我作为表演出来的角色，并不是一个具有特定位置的有机物，不是一个遵循出生、成熟和死亡这一基本过程的有机的东西；它是一种戏剧效果，是从被呈现的场景中渗透出来的效果，其关键问题和核心关注点在于，它是被人相信，还是被人怀疑。

因此，在对自我的分析中，我们必须把自我和其占有者分离开来，让自我从因它而受益或因它而受损的人身上退离，因为他和他的躯体仅仅是一个挂衣架（peg），某种合作生产的东西只是暂时被挂在上面。而生产和维持自我的手段并不存在于这种挂衣架的内部；事实上，这些手段经常被固定在社会机构内。有一个后台区域，那里存有装饰打扮躯体的工具；有一个前台区域，那里有固定的道具。有一个由多人组成的剧班，他们在舞台上的活动连同可以利用的道具，构成了一种场景，在这种场景中产生了表演出来的自我；还有另一个剧班，即观众，他们的解释活动是这种自我的产生必不可少的条件。自我是所有这些安排的产物，它的每一个部分都带有这种发源的印记。

当然，生产自我的整个机制有点儿笨拙，有时会发生故障，暴露出它的各个组成部分：后台区域的控制、剧班的共谋、观众的巧妙等。但是，如果给它添加一些适当的润滑剂，印象就会很快顺利地从中产生，足以把我们置于某种现实类型的控制之下——表演会成功，每个赋予表演出来的角色的坚定自我似乎都内在于表演者并被其表现出来。

现在，让我们从作为表演出来的角色的个体，转到作为表演者的个体。他具有学习的能力，这种能力在训练角色的任务中得到了锻炼。他可以有幻想和梦想，其中一些是愉快地慢慢上演的一场成功的表演，另一些则充满焦虑和恐惧，因为他害怕在公开的前台区域丢人现眼。他经常对剧班同伴和观众表现出合群的意愿，对他们的忧虑表现出巧妙的体贴；他还有含羞知耻的能力，这种能力使他可以把暴露自己的风险降到最低。

作为表演者的个体所具有的这些品质,并非只是特定表演描述的一种效果。它们本质上属于生物心理学的范畴,但似乎又是在与舞台表演的意外事件的亲密互动中产生的。

现在,让我来做最后的说明。在阐述本报告所使用的概念框架时,我使用了一些舞台语言。我谈到如下词语:表演者和观众;常规程序和剧中角色;表演成功或失败;提示、舞台装置和后台;戏剧表演的需求、戏剧表演的技术和戏剧表演的策略。现在应该承认,在某种程度上,这种将单纯的类比推向极致的尝试,只是一种修辞和技巧而已。

"世界是一个大舞台"这种说法对于熟知它的局限性和容忍这种提法的读者来说,实在是老生常谈,因为他们随时都能轻而易举地证明,没必要过于认真地看待它。剧院舞台上的表演,相对而言,是人为设计出来的、公认的幻象;与日常生活不同,表演出来的角色身上不会发生任何真实的或实际的事情——当然,在另一个层面上,表演者作为专业人士的声誉会受到一些真实或实际的事情的影响,因为他们的日常工作就是从事戏剧表演。

所以在这里,舞台语言和舞台面具应该被弃置一旁。毕竟,脚手架是用于建造他物的东西,搭建脚手架时就应该知道它将会被拆卸。本报告并不关注潜入日常生活的剧院戏剧的诸方面。它关注的是社会交往的结构——社会生活中那些只要人们彼此直接接触就会产生的实体结构。这一结构的关键因素是维持单一的情境定义,这一定义必须被表达出来,而且这种表达要在面对众多潜在的干扰时得以持续。

就某些方面而言,在剧院舞台上表演的角色不是真实的,它们也不像骗子表演的人为设计的角色那样,能产生一种真实的后果;但是,成功地表演这两种虚假人物中的任何一种,都必须使用真实的技术——人们在日常生活中维持他们真实的社会情境所使用的那些技术。那些在剧院舞台上进行面对面互动的人,必须满足真实情境的主要要求。他们必须富有表现力地维持一种情境定义,但是他们是在这样一种情况下做到这一点的,即这种情况有助于他们为我们所有人都参与的互动发展出一套贴切的术语。

注释

1. 请比较奥斯瓦尔德·霍尔(Oswald Hall)的观点。他就研究封闭系统可能采取的视角写过一篇题为《人际关系研究的方法与技术》("Methods and Techniques of Research in Human Relations")的文章(1952年4月)。此文被收入休斯等人所著的《田野工作实例》(*Cases on Field Work*)(即将出版)。
2. Macgowan, *op. cit.*, pp. 178-179.
3. Ibid., pp. 180-181.
4. Prosser, *op. cit.*, pp. 749-750.
5. M. Gorham and H. Dunnett, *Inside the Pub* (London: The Architectural Press, 1950), pp. 23-24.
6. 例如,参见 Hunter, *op. cit.*, p. 19。
7. 参见 Wilensky, *op. cit.*, chap. iv, 对幕僚专家的"装点门面"功能的讨论。关于这种运动在商业中的对应情况,参见 Riesman, *op. cit.*, pp. 138-139。
8. 最近这方面的论述可见于 Talcott Parsons, Robert F. Bales, and Edward A. Shils, *Working Papers in the Theory of Action* (Glencoe, Ill.: The Free Press, 1953), Chap. II, "The Theory of Symbolism in Relation to Action"。